NANFANG YUYANXUE

南方语言学

第二十二辑

广东省普通高校人文社会科学重点研究基地
暨南大学汉语方言研究中心
中国智库索引（CTTI）来源智库

刘新中　主编

暨南大学出版社
JINAN UNIVERSITY PRESS

中国·广州

图书在版编目（CIP）数据

南方语言学. 第二十二辑/刘新中主编. —广州：暨南大学出版社，2023. 12
ISBN 978 - 7 - 5668 - 3839 - 1

Ⅰ. ①南…　Ⅱ. ①刘…　Ⅲ. ①汉语方言—方言研究—丛刊　Ⅳ. ①H17 - 55

中国国家版本馆 CIP 数据核字（2023）第 234509 号

南方语言学（第二十二辑）
NANFANG YUYANXUE（DI-ERSHIER JI）
主　编：刘新中

出 版 人：阳　翼
策划编辑：李　战　姚晓莉
责任编辑：苏　洁
责任校对：孙劭贤　梁念慈
责任印制：周一丹　郑玉婷

出版发行：暨南大学出版社（511443）
电　　话：总编室（8620）37332601
　　　　　营销部（8620）37332680　37332681　37332682　37332683
传　　真：（8620）37332660（办公室）　37332684（营销部）
网　　址：http：//www. jnupress. com
排　　版：广州市新晨文化发展有限公司
印　　刷：佛山市浩文彩色印刷有限公司
开　　本：787mm×1092mm　1/16
印　　张：15. 75
字　　数：350 千
版　　次：2023 年 12 月第 1 版
印　　次：2023 年 12 月第 1 次
定　　价：59. 80 元

前　言

广东省普通高校人文社会科学重点研究基地暨南大学汉语方言研究中心主持编写的《南方语言学》已有二十二辑，我们的宗旨是汇集、展示以汉语方言、民族语为主的原创性学术科研成果，为相关领域的学者提供一个交流研究成果的园地。

《南方语言学》的内容板块相对固定，主要包括核心板块和重点板块，核心板块是海内外汉语方言、民族语的本体研究，重点板块是语音与音系、语义与词汇、语法与语用。特殊情况下，我们设置专栏或专辑。

本辑的主要内容包括第二届"暨南大学詹伯慧语言学奖"专栏、汉语方言与少数民族语言、语法与语义、海外汉语方言及语言应用等几个部分。

《南方语言学》采取了严格的审稿制度、完整规范的编校流程，以保证所选录文章的学术价值和出版质量，非常欢迎国内外语言学界的新老朋友继续支持，争取让这个学术交流的阵地越办越好！

刘新中

2023 年 12 月

目 录

前 言 ……………………………………………………………………………… (001)

第二届"暨南大学詹伯慧语言学奖"专栏

第二届"暨南大学詹伯慧语言学奖"获奖公告 …………………………………… (001)

第二届"暨南大学詹伯慧语言学奖"获奖作品简介 ……………………………… (003)

"暨南大学詹伯慧语言学奖"章程 ………………………………………………… (027)

"暨南大学詹伯慧语言学奖"组织机构 …………………………………………… (028)

汉语方言与少数民族语言

广丰方言熟语的文化内涵考察 ……………………………… 李 政 胡松柏 (029)

重庆方言的被动标记"着"及其多功能性探究 ……………… 余海燕 王茂林 (046)

佛山南海九江话的音韵特征 …………………………………………… 陈卫强 (056)

鄂赣皖交界地带方言鱼虞韵的读音类型及层次 ……… 姜迎春 陈泓伊 郭晓妍 (063)

浙江青田话的语音特征及其与周边吴方言的关系 …………………… 章 策 (077)

广西贺州市信都土话"熟"的情态义及用法 ………… 刘海芳 邹亚敏 贺福凌 (090)

彝语山苏话的数及其表达方式 ………………………………………… 沐 华 (102)

语法与语义

基于语法化斜坡视角的短时名词分级研究 …………………… 叶彬彬 王衍军 (114)

浅析"很粉"的搭配现象 ……………………………………… 刘皓南 吴姣姣 (125)

汉语"绳子"义词语的历时演变与共时分布 …………………………… 凌 英 (134)

近 70 年"所"字研究状况与热点分析

　　——基于 CiteSpace 可视化图谱分析 ………………………………… 张 艳 (146)

俗字"懒"的考释 ……………………………………………………… 蒋世凤 (159)

海外汉语方言及语言应用

留尼汪顺德话的十个创新词 …………………………………… 陈晓锦 江楚淇 (168)

日本华裔唐通事家传汉语教材的音韵特点

　　——以《琼浦》为中心 ………………………………………… 李　宁（175）

部件教学法在《国际中文教育中文水平等级标准》初等水平汉字中的应用研究

　　………………………………………………………………… 闫慧颖（190）

黑龙江方言对于俄语语音习得的负迁移影响及教学策略研究 …………… 李　慧（203）

"双减"背景下粤语童谣语类关系建构研究 ………………… 陈　倩　陈金诗（214）

后扶贫时代少数民族语言资源的保护与开发

　　——以石棉木雅语为个案 ………………………………………… 杨振法（232）

第二届"暨南大学詹伯慧语言学奖"获奖公告

第二届"暨南大学詹伯慧语言学奖"评奖工作于 2023 年 6 月 20 日圆满结束。经过专家初评，评审委员会终审投票，现将评审结果公布如下：

本届"暨南大学詹伯慧语言学奖"一等奖空缺；评委会评选出二等奖 3 名、提名奖 5 名，具体如下：

一等奖
空缺

二等奖 3 名
（按得票数量排序）

作者	论著名称	单位	出版社/发表刊物	出版/发表时间
盛益民	《吴语绍兴（柯桥）方言参考语法》	复旦大学中文系	商务印书馆	2021 年 7 月
胡松柏	《赣东北徽语调查研究》	南昌大学	中国社会科学出版社	2020 年 10 月
方清明	《现代汉语抽象名词研究》	华南师范大学国际文化学院	商务印书馆	2021 年 3 月

提名奖 5 名
（按得票数量排序）

作者	论著名称	单位	出版社/发表刊物	出版/发表时间
林春雨、甘于恩	《广东东部闽方言语音地图集》	广东技术师范大学/暨南大学	中国社会科学出版社	2021 年 8 月

（续上表）

作者	论著名称	单位	出版社/发表刊物	出版/发表时间
刘　文	《语音学田野调查方法与实践——黔东苗语（新寨）个案研究》	山东大学文学院	山东大学出版社	2021 年 6 月
罗言发	《澳门话近两百年来的音变——兼论广州话、中山话的历史音变》	澳门大学人文学院中国语言文学系	清华大学出版社	2022 年 12 月
姜　静	《葛颇彝语形态句法研究》	中国社会科学院民族学与人类学研究所	中国社会科学出版社	2022 年 3 月
李思旭	《部分量：体貌、量化与论元互动的类型学研究》	安徽大学文学院	中国社会科学出版社	2022 年 3 月

　　"暨南大学詹伯慧语言学奖"是为了奖励近两年在语言学研究中有重要贡献的成果而设立的，已经成功举办第一届，在国内外产生了较好的影响。詹伯慧语言学奖对新时期语言学的研究、繁荣语言学研究事业起到了积极的推动作用。

　　根据第二届"暨南大学詹伯慧语言学奖"的评选工作议程，定于 2023 年 7 月 10 日上午在暨南大学校本部校友楼 4 楼举行第二届"暨南大学詹伯慧语言学奖"颁奖大会。

　　大会期间适逢詹伯慧教授从教 70 周年，为了传承、弘扬中国语言学研究的优良传统，将举办"现代汉语方言学的传承与创新"高端论坛，敬请关注。

"暨南大学詹伯慧语言学奖"评审委员会
2023 年 6 月 28 日

第二届"暨南大学詹伯慧语言学奖"获奖作品简介

《吴语绍兴（柯桥）方言参考语法》专家评语

二等奖获奖作品

　　著作：《吴语绍兴（柯桥）方言参考语法》

作者：盛益民　　　　　单位：复旦大学中文系

推荐专家：游汝杰　　　单位：复旦大学中文系

　　汉语方言语法最早见于西洋传教士的著作，国内学者研究方言语法则始于赵元任（1926）的《北京、苏州、常州语助词的研究》，近百年来，研究成果汗牛充栋。在新时期，方言语法研究需要结合新理论进一步提升。参考语法是其中非常重要的探索。

　　语言类型学界的参考语法属于描写语法之一种，它以单一语言的共时语言特征为描写对象，目的是为语法的理论研究和应用研究提供比较充足的材料。参考语法、词典、语料集这个三件套，成了欧美不少学校田野类语言学博士论文的标配。中国的参考语法写作始于民族语研究，汉语方言领域的参考语法方兴未艾，盛益民的《吴语绍兴柯桥话参考语法》是国内第一篇以参考语法为题的博士学位论文。而参评詹奖的著作《吴语绍兴（柯桥）方言参考语法》正是该博士论文的修订版。

　　本书的研究对象为浙江省绍兴市柯桥区柯桥街道方言，属吴语太湖片临绍小片。全书内容丰富，包括三十一章，七大部分：音系、词和构词法，名词性短语，动词性短语，小句及其构造，复杂句和复合句，句子的功能类型，语义范畴。

　　本书的学术贡献有以下两个方面：一方面，全书根据语言类型学参考语法的描写框架，第一次对绍兴方言的音系、构词、句法、语义等方面进行了系统全面的分析描写，为学界提供了丰富的吴语语法参考语料；另一方面，本书虽然参照国际类型学界的参考语法描写框架，但是充分考虑到汉语的语法特点，积极探索适合描写汉语方言语法的理论框架，为汉语方言学界提供了一个可资参照的参考语法分析描写框架。

相信本书对汉语方言参考语法研究具有示范作用，有助于深化方言语法单点研究和跨方言比较研究。

盛益民多年来植根吴语的调查研究，致力于方言语法类型学研究，成绩斐然，多有创获。他是吴语语法研究，也是国内语法类型学研究的后起之秀。为人为学皆可称道，故我乐意推荐其参评今年詹伯慧语言学奖。

二等奖获奖作品

著作：《吴语绍兴（柯桥）方言参考语法》
作者：盛益民　　　　单位：复旦大学中文系
推荐专家：庄初生　　单位：浙江大学

汉语方言语法调查研究虽起步较晚，但发展很快，目前已经成为汉语语言学的显学，成果丰硕、人才辈出。不过我们也应该看到，过往不同学者面向单个地点的方言语法研究，因为旨趣、内容和体例都很不统一，有的是面面俱到而简单肤浅，有的是强调特色而顾此失彼，所以读者往往很难对单点方言的语法系统获得一个完整、深刻的认识，这对于汉语方言语法的综合比较研究乃至于语法类型学等理论语法的发展都是极为不利的。整体而言，语法材料的分散凌乱和语法知识的支离破碎是当前汉语方言语法研究的瓶颈，亟待研究范式和理论方法的突破。

国外从 20 世纪七八十年代开始兴起参考语法的研究范式，强调要为语法研究提供尽可能全面的语法材料和语法知识，可以说是描写语法的一次革命。特别是面对濒危语言必须编写一本词典和一本参考语法书，早已成为许多描写语言学者和语言类型学者的共识。我国少数民族语言学界较早引入参考语法的理论方法并付诸实践。我国台湾早在 20 世纪 80 年代末就已经出版了高山族诸语言的系列参考语法著作，大陆则在大约十年前开始大量出版少数民族语言的参考语法书。相比之下，汉语方言的参考语法要滞后一些，直到近几年才出版了为数极少的几种，其中特别值得关注的是由刘丹青、胡方、唐正大三位先生主编、商务印书馆出版的"汉语方言参考语法"丛书。

《吴语绍兴（柯桥）方言参考语法》是上述丛书中的一种，也是国内外第一部基于参考语法描写分析框架的吴语研究专著。全书分为音系、词和构词法，名词性短语，动词性短语，小句及其构造，复杂句和复合句，句子的功能类型，语义范畴七个部分，共三十一章。全书学术创新显著，学术水平突出，体现了作者开阔的学术视野和扎实的专业基础，必将对以后类似的单点吴语语法的调查研究起到极好的带头、示范作用。

具体而言，该书在如下三个方面特别值得称道：

第一，语料翔实、内容详备。绍兴（柯桥）方言是作者盛益民的母语，全书的语法材料除了作者的内省自拟，还来自不同发音人的自然口语实录，语料地道、准确、丰富，是非母语者田野调查所难以企及的。内容上，除了篇章分析之外，该书还涉及我们所能想到的所有语法项目，包括与语法相关的连读变调及韵律也有详细介绍，可谓一卷在手，一览无遗。

第二，体例统一、形式规范。该书的记音、用字统一规范，除了本调还标出了连读变调或语法变调，大大增强了它的可读性和应用性；各部分、各篇章之间非常讲究逻辑关系，尽管内容极为丰富，但是对于读者来说完全没有杂乱无章的感觉；语法学术语很多，除了进行统一标注，在行文中也阐释到位，应用自如。

第三，方法科学、分析深刻。该书并非对单一方言语法的平白归纳和简单描写，而是以语法类型学的视角贯穿始终，把绍兴（柯桥）方言置于跨语言的比较之中。例如对于绍兴（柯桥）方言量词的分类，从跨语言的角度分为计量单位词、名词分类词和动词分类词等几类，就比一般的量词分类要显得更加合理和深刻。

欣闻"暨南大学詹伯慧语言学奖"评选在即，鉴于盛益民《吴语绍兴（柯桥）方言参考语法》一书显著的创新和突出的水平，以及未来在学界产生重要学术影响的预期，专门郑重推介如上，备供卓裁。

《赣东北徽语调查研究》专家评语

二等奖获奖作品

著作：《赣东北徽语调查研究》

作者：胡松柏　　　　　单位：南昌大学

推荐专家：刘纶鑫　　　单位：南昌大学

江西省境内除主要分布有赣语和客家话之外，还分布有吴语、徽语和官话。赣东北徽语是分布在江西省东北部婺源、浮梁、德兴三县市与皖南徽语、浙西徽语相对的徽语局部区域。江西的汉语方言调查研究中，长期以来徽语都是一个相对薄弱的方面。胡松柏教授于 21 世纪初开始对赣东北徽语作调研，《赣东北徽语调查研究》一书是他带领团队完成的国家社会科学基金项目的结项成果。该书是第一部对江西境内的徽语作全面系统调查的专著。

该书丰富了汉语方言中关于徽语的研究成果，对赣东北徽语进行了面更广、点更多的全面研究，为学术界提供了 13 处代表方言点、1840 个单字音、1535 个词语、130 句语法例句的最新语料，提供了 30 余种清代方言韵书的韵目信息，构拟归纳了 5 种具有代表性的韵书音系。通过赣东北徽语的内部比较研究，考察归纳了赣东北徽语的共同性特点和差异性特点，全面反映了其共时面貌；也通过方言韵书的历史语音面貌的考察，概括反映了赣东北徽语中最具代表性的婺源方言的历时演变。

该书把对赣东北徽语的研究置于赣东北徽语、赣语、吴语三大方言交接的背景下考察，反映了赣东北方言交接地带这一特定区域的方言接触面貌，为汉语方言接触研究提供了具有价值的个案材料，有关徽语与赣语、吴语之间的接触演变规律的归纳丰富了语言（方言）接触的理论。

该书注重从语言地理上观察方言状况，所编绘的 50 余幅赣东北徽语的语言项目地理分布图和所归纳的赣东北徽语区、赣东北方言交接地带语言项目分布类型，在语言地理学方面有其独具的价值。

该书对赣东北徽语三县市方言作了全面深入的考察，反映了赣东北徽语区这一方言复杂区域内居民的语言生活现状，在基本国情调研方面也有其重要价值。

本人特此推荐胡松柏教授的《赣东北徽语调查研究》一书参评詹伯慧语言学奖。

二等奖获奖作品

著作：《赣东北徽语调查研究》

作者：胡松柏　　　单位：南昌大学

推荐专家：游汝杰　　　单位：复旦大学

在十大汉语方言中，徽语的成因和历史最为模糊，研究成果也最少。胡松柏所著《赣东北徽语调查研究》一书，是第一部对徽语的一个次区域的方言现状和历史作全面系统调查、记录和研究的学术著作，其主要建树如下：

调查地点密集、全面，能精细反映赣东北徽语的面貌，充分展现其在地理上的分布和演变特点。

通过多角度、全方位的比较，展示了赣东北徽语内部区片之间、赣东北徽语与皖南徽语之间、赣东北徽语与边邻赣语之间、赣东北徽语与边邻吴语之间的异同，包括现状和历史演变。

通过研究居民史，理清赣东北徽语区居民播迁的线索，更为深入地揭示了赣东北徽语形成和演变的历史过程。

通过整理研究赣东北徽语（主要是婺源县方言）的方言韵书资料，推溯了200年前赣东北徽语的面貌。

作为国家社会科学基金项目的优秀结项成果，《赣东北徽语调查研究》一书的学术价值主要表现如下：

对徽语研究的薄弱部分有所加强，使汉语方言研究中有关徽语研究的成果更加全面。

为方言学界提供更全面、更系统的有关赣东北徽语的现状和历史的最新研究成果，同时对徽语形成、演变和发展的研究也有重要的参考价值。

以语言地理学的方法展示赣东北徽语与赣语、吴语的联系和分野，赣东北徽语与皖南徽语的源流关系以及赣东北徽语的内部差异，从而反映了赣东北徽语的演变发展，加深了对徽语历史层次的深入研究。

从方言接触角度探讨赣东北徽语的形成，为汉语方言接触演变的研究提供了具有类型学意义的个案实例，有助于了解汉语方言的演进历史和方言之间的融合过程，更好地认识方言语音、词汇、语法发生接触演变的方式和规律，从而丰富语言（方言）接触理论。因此，该书不仅为徽语研究提供第一手语料，同时也具有理论创新价值。

有鉴于此，本人郑重推荐《赣东北徽语调查研究》一书参与"暨南大学詹伯慧语言学奖"的评选。

《现代汉语抽象名词研究》专家评语

二等奖获奖作品

　　　　著作:《现代汉语抽象名词研究》
　　　　作者: 方清明　　　　单位: 华南师范大学国际文化学院
　　　　推荐专家: 袁毓林　　　单位: 澳门大学人文学院

　　2022 年 8 月, 收到方清明博士邮件, 方博士请我为其专著《现代汉语抽象名词研究》写推荐信, 以申请"暨南大学詹伯慧语言学奖", 我欣然同意。

　　方清明博士的专著《现代汉语抽象名词研究》是 2014 年国家社会科学基金青年项目"基于语料库与 ANTCON3.2.4W 技术的汉语抽象名词搭配研究"(14CYY033)的结项成果。该书入选"中国语言学文库", 2021 年由商务印书馆出版。

　　抽象名词是名词大本营中的一个重要类别, 在汉语语法学界, 长期以来, 人们对抽象名词的研究并未引起足够的关注和重视, 因此该书在选题上就显得颇有意义。迄今为止, 该书是对现代汉语抽象名词进行系统深入研究的第一部著作, 对现代汉语抽象名词进行了全面综述, 尤其是对国外相关研究成果进行了较为详细的梳理和介绍; 并且该书从多角度对现代汉语抽象名词进行了考察, 基于语料库定量方法等对诸多典型高频抽象名词进行了组合搭配研究, 获得了很多新的认识。

　　该书摆脱了以往只限于笼统分类的粗浅研究倾向, 首次对汉语抽象名词进行了全方位、多角度的系统论述, 使研究在广度上有了很大拓展。以较多个案为基础, 对汉语抽象名词的搭配属性和语义特征进行了精细考察, 使研究在深度上有了很大推进。

　　可以说, 该书研究理念先进, 研究方法独特新颖, 研究结论多有创见, 定量统计数据准确翔实, 定性解释科学合理。该书促进了汉语抽象名词研究的同时, 也促进了现代汉语名词大类的细化研究。

　　基于此, 我非常乐意推荐方清明博士的专著《现代汉语抽象名词研究》申请"暨南大学詹伯慧语言学奖"。

二等奖获奖作品

著作：《现代汉语抽象名词研究》

作者：方清明　　　　　单位：华南师范大学国际文化学院

推荐专家：周国光　　　单位：华南师范大学

汉语抽象名词是汉语语法研究的难点之一。抽象名词语义空灵，使用频率高，组合关系非常复杂，值得深入研究。

方清明博士的《现代汉语抽象名词研究》是现代汉语学界第一部系统深入研究抽象名词的专著，该书整体研究方法明确，结构思路清晰，语言表述严谨，语料翔实可靠，分析具有逻辑性，符合学术规范，在理论、方法和应用等方面都有着较高的价值，是一项优秀的研究成果。

该书运用语料库方法和计算分析方法，考察了汉语抽象名词的搭配及意义扩展类型、修饰语依赖性质，分析了抽象名词与具体名词、动词、形容词等词类的复杂关系，彰显了抽象名词的词类性质与地位。该书通过"有＋抽象名词＋VP""有＋VP＋的＋抽象名词""有＋抽象名词""没有＋抽象名词"句法格式以及量化标记"一种"，对抽象名词的量性特征进行了考察。该书还对汉语抽象名词的语义倾向表现进行了细致的分析考察，挖掘"脸色、滋味、情绪、状况、脾气"等词语的消极语义倾向，并重新论述"影响"一词的语义倾向。考察抽象名词与后置词"上"的搭配情况，揭示"程度、东西、景象、名堂"等词语的修饰语依赖性质。该书还通过较大规模语料库对抽象名词"问题、时候、时间、原因、事实、结果、部分、条件"等个案进行了详细分析。

该书系统梳理了中外抽象名词研究，深入分析了抽象名词语义倾向，揭示了诸多抽象名词的搭配倾向，探查了易混淆抽象名词的教学处理情况，这些方面的研究都有很高的创新度。

我认为，方清明博士的《现代汉语抽象名词研究》使汉语抽象名词研究乃至于汉语名词词类研究前进了一大步，具有重要的理论价值和应用价值。为此，我郑重推荐该书申请"暨南大学詹伯慧语言学奖"。

《广东东部闽方言语音地图集》专家评语

提名奖获奖作品

著作：《广东东部闽方言语音地图集》
作者：林春雨、甘于恩　　　　单位：广东技术师范大学、暨南大学
推荐专家：蓝庆元　　　　　　单位：中国社会科学院民族学与人类学研究所

《广东东部闽方言语音地图集》一书是关于粤东闽方言语音的方言地图集，从目前看到的各界评价看，它是地理语言学研究的一个重要成果，"对于整个广东方言研究都是闪亮的旗帜，是一个值得关注的新起点"（严修鸿教授评价），"可以说在粤东地理方言学上立下里程碑"（洪惟仁教授评价）。学界都很清楚，语言地图出版困难较大，需由具有资质的地图绘制单位承担制图任务，并且审批程序复杂，该书能够出版，的确克服了种种困难，前后花费了十年时间。潘悟云教授在书评中评价"语言地图的出版物比较严格，该书的出版为地理语言学的同行起了很好的示范作用"。林伦伦教授也在序言中评价"十年磨一剑，图上读语音，学术价值颇高"。

该书的主要学术价值体现在以下几个方面：

第一，该书在一定程度上填补了广东闽语地理语言学研究的空白。广东闽语研究成果丰硕，但从地理语言学的角度对广东闽语进行研究的成果并不多，这是一次较大型的粤东闽语语音调查，丰富而翔实的材料为闽语奠定了比较研究的基础。

第二，跨学科的研究方法为研究者开辟了新的研究领域和视角。研究者可以直观地从地图上感知语音的特征差异与分布特点，拓宽研究视野，激发研究灵感，在方言地图的基础上研究语音的演变、语言的传播路径以及方言分区的实际，更加形象直观、有理有据。

第三，语音地图技术专业科学，是语言学与地理学跨界合作的一个成功案例。该地图集由广东省最权威的地图研制单位广东省地图院绘制，可谓制作科学精良，据悉该书也得到广东省地图院的收藏。该书作为语言学和地理学跨学科研究的成果，无论对汉语方言、中国少数民族语言研究者，还是对语言学、地理学学者来说，都是一个很好的示范和参考。

该书也具有一定的学术影响或社会效益。2021年10月23日，该书在中国民族语言学会描写语言学专业委员会2021年年会暨中国少数民族语言与华南汉语方言研究学术研讨会上举行了新书发布会和签名赠书仪式，作者林春雨老师对该书作了介绍和报告。该书吸引了与会学者的兴趣，与会学者纷纷取经，一致评价该书的方言田野调查与

地理语言学研究工作相当扎实,方言地图绘制非常专业科学。随后羊城派公众号和中国民族语言学会公众号也对本次会议和新书发布会进行了报道,进一步提升了该书的学术知名度和社会影响力。

据悉,该书还入选了由商务印书馆、中华书局领衔全国共 19 家专业出版社共同推荐的全国"2021 语言学百大好书榜"。2021 年度中国社会科学出版社也仅有 6 部作品入选。这份榜单是同行和市场、学术和销量的双认证。

同时,该书是 2016 年度教育部人文社会科学研究青年基金项目"粤东五市闽语语音的地理类型学研究"的阶段性成果;也是 2021 年度国家社会科学基金一般项目"广东闽方言地图集与地理类型学研究"的前期成果;辐射出一批科研项目,值得继续关注和深挖。

此外,该书还得到多部门的采纳收藏和推介以及诸多电视台、报纸、网媒等新闻媒体的宣传报道,获得了社会的关注和认可。

我愿意作为推荐人推荐该书。

提名奖获奖作品

著作:《广东东部闽方言语音地图集》
作者:林春雨、甘于恩　　　单位:广东技术师范大学、暨南大学
推荐专家:林伦伦　　　　　单位:广东技术师范大学

一、主要内容

《广东东部闽方言语音地图集》是关于广东东部闽方言语音特征分布的全彩色方言地图集,是广东省内首部正式出版的方言地图集,是广东东部闽方言语音地理类型学的研究成果。

方言地图集建立在历时 4 年的方言田野调查基础上,调查选取广东东部汕头、潮州、揭阳、汕尾、梅州五市 77 个方言点的闽方言语音作为研究对象,进行语音采集、记音和比较研究后将其绘制成图,共包含声母图 72 幅、韵母图 160 幅、声调图 16 幅、分区图 4 幅。为了更加细致地呈现广东东部闽方言各点之间的差异,地图集从声母、韵母、声调 3 个方面的语音特征归纳出闽方言语音的声母分区图、韵母分区图和声调分区图,权衡差异后再进行方言整体语音分区的地理语言学研究,进而绘制出方言整体语音分区图。地图做到有分又有合,既兼顾了声韵调各自的分布特征,又综合考虑了语音的分区实际。同时,本次调查中的新发现,如双唇清擦音［ɸ］、齿唇塞擦音［pf］和擦音声母［f］的分布;前鼻音韵尾［n］、舌尖前塞音韵尾［t］的消变等,也在方言特征图中进行了展示。

二、创新性和学术价值

该书在学术上具有一定的开创性。

首先，该书在一定程度上填补了广东闽语地理语言学研究的空白。广东闽方言一直以来受到许多学者的重视，传统音韵学、方言学的研究成果可谓丰硕。但从地理语言学的角度对广东闽方言进行研究的材料多集中在语音的某一方面，如文白异读或者韵尾等问题，整体语音的地理类型学研究成果并不多。清晰度高、可感性强的语音地图让读者可以直观地从地图上感知语音的特征差异与分布特点。

其次，该书调查点的设置均衡合理、选点精密、覆盖面较完整。该书涵盖了广东东部五市闽方言区的 77 个方言点，是一次较大型的粤东闽语语音调查，绘制地图共计252 幅，较全面客观地反映了 77 个方言点的语音特征。

再次，调查项目（选字）具有科学性和语言学音系的代表性。该书每个例字一图，每一个字都是与古汉语音韵的对应规律有密切关系的典型例字。研究者完全可以根据这些地图归纳出 77 个方言点的语音系统及其区别性特征。

最后，语音地图绘制技术精良，质量上乘。该书由广东省内最权威的地图制作单位——广东省地图院绘制，空间感强烈，表现力丰富，读者可以通过图上的读音联想到当地方言中的实际发音。

三、同行的学术评价

该书在学界引发了广泛的关注和讨论。几位国内知名学者为该书撰写了书评，分别是：我国著名语言学家，上海师范大学、复旦大学潘悟云教授的《地理语言学的新探索》；中国语言保护工程广东省首席专家、广东外语外贸大学严修鸿教授的《〈广东东部闽方言语音地图集〉述评》；闽方言地理语言学家、台中教育大学洪惟仁教授的《闽南语地理语言学研究之我见》等文章。书评均对《广东东部闽方言语音地图集》一书的学术价值予以充分肯定。

潘悟云教授评价该书"是近年来不可多见的全彩图语言地图集。语言地图出版物困难较大，该书能够出版难能可贵，也为地理语言学的同行起了很好的示范作用"。

严修鸿教授评价该书"是广东省第一部出版的方言地图集。这本语音地图集的出现，不仅仅对于粤东闽语，而且对于整个广东方言研究都是闪亮的旗帜，是一个值得关注的新起点"。

洪惟仁教授评价该书"不单是第一本粤东闽南语方言地图集，同时也是第一本闽南语方言地图集，可以说在粤东地理方言学上立下里程碑"。

该书在中国民族语言学会描写语言学专业委员会 2021 年年会暨中国少数民族语言

与华南汉语方言研究学术研讨会上举行了新书发布会与签名赠书仪式,作者林春雨老师在大会开幕式上对该书作了介绍和报告,提升了作品的学术知名度和社会影响力。

同时,该书得到了广大读者的喜爱,上市不到半年荣登由商务印书馆、中华书局领衔全国共 19 家专业出版社共同推荐的"2021 语言学百大好书榜"(语言学联合书单、当当网人文社科频道联合发布),该榜单在业内具有相当高的认可度和知名度,是同行和市场、学术和销量的双认证。

四、社会影响

该书先后得到了诸多新闻媒体的关注和肯定。

(1)报纸媒体的新闻报道。

①《羊城晚报》2021 年 10 月 14 日 A10 版刊登《潮汕方言,可以按图索"音"了——广东东部闽方言首部语音地图集历时 10 年终出炉》的报道;

②《羊城晚报》2021 年 10 月 31 日 A7 版刊登《十年"磨"出语音地图集》的报道;

③《汕头日报》2021 年 10 月 19 日第 3 版刊登《广东东部闽方言首部语音地图集出版 潮汕话可按图索"音"》的报道;

④《汕头日报》2021 年 11 月 21 日第 6 版阅读专栏刊登《历时十年,广东东部闽方言首部语音地图集出版 从地图上感知闽方言语音特征》的报道;

⑤《汕头大学报》2021 年 10 月 26 日第 486 期第 4 版刊登《十年磨一剑,图上读语音——序〈广东东部闽方言语音地图集〉》的报道。

(2)视频媒体的采访报道。

N 视频 2021 年 10 月 21 日对作者林春雨老师进行了视频专访,标题为"历时 10 年、77 个田野调查点!广东东部闽方言首部语音地图集来了",播放量超过 5.2 万次。

(3)部分网络新闻媒体的宣传报道。

①羊城派公众号 2021 年 10 月 11 日发布《历时 10 年终出炉!广东东部闽方言首部语音地图集出版》的报道;

②南方+广东教育头条 2021 年 10 月 12 日发布《填补空白!广东学者出版首部潮汕方言语音地图集》的报道,报道荣登该平台"TOP 热文榜五十佳"名单;

③南都即时 2021 年 9 月 17 日发布《广东东部闽方言语音特征地图集出版!可从地图上感知语音特征》的报道;

④学习强国平台 2021 年 11 月 5 日发布《广东三大方言研究的第一部语音地图集出版发行》的报道;

⑤汕头橄榄台(汕头官方公告平台)2021 年 10 月 12 日发布《潮汕方言也可以"按图索音"?这部语音地图集有意思!》的报道。

除此之外，知名语言学公众号"语言资源快讯"、今日头条、搜狐网、揭阳日报等媒体也有转载报道。同时，该书也被广东省地图院收藏，并获得汕头图书馆和汕头大学图书馆的馆藏推介。

该书让方言语音跃然图上，以方言地图的形式补充研究手段和研究方式，从而弥补了传统语言学专业仅仅使用文字和表格去表达的不足，探索了语言学与地理学交融的新研究路径。该书得到了学界的认可和广大读者的喜爱，受到了众多知名媒体的广泛关注，对闽语的宣传和语言保护产生了积极影响。

我愿意为该书作推荐。

《语音学田野调查方法与实践——黔东苗语（新寨）个案研究》专家评语

提名奖获奖作品

　　著作：《语音学田野调查方法与实践——黔东苗语（新寨）个案研究》
　　作者：刘文　　　　单位：山东大学文学院
　　推荐专家：鲍怀翘　　单位：中国社会科学院民族学与人类学研究所

《语音学田野调查方法与实践——黔东苗语（新寨）个案研究》从单一语言点入手，通过严格的田野调查获取数据，利用声学分析、嗓音生理分析、合成听辨感知实验等研究方法和技术，深入研究了一种语音类型十分特殊的语言——黔东苗语（新寨）。该书选题很新颖，研究颇具难度，并得出了诸多富有创见的结论，具体如下：

　　一、该书在语言田野调查中除了采用传统的"口耳之学"外，还有计划地运用了当前语音学（实验语音学）普遍采用的声学、生理和感知研究的理论和方法，其结果是本书在语音转写时选用了更能反映其本质的标注符号。因此，本书所归纳的黔东苗语（新寨）语音系统是科学的、可信的和完整的。只有将传统听音记音的数据与现代语音学捕获的声学、生理和感知等语音数据结合起来，才能更好地用于语言记录、描写与保护。

　　二、在声调描写方面，除了关注基频或音高外，该书强调将嗓音发声类型包含在内，因为嗓音发声类型能够影响声调的感知。具体来说，黔东苗语（新寨）低平调（11调）中的特殊嗓音发声类型（气嗓音）不仅可以扩展其自身的感知音域，还可以扩展与之相邻声调（22调）的感知音域。这一点对民族语言调查或方言调查都是有意义的。

　　三、该书研究了五个平调这一十分有价值的声调现象的发音生理特性和感知特性，发现尽管五个平调之间的感知结果表现为经典范畴感知范式中的连续感知模式，但是母语者无论是在发音中还是在感知中都能将它们清晰地区分开来，这就说明声调的音位范畴与范畴感知之间并非一一对应的关系。

　　四、书中依据五个平调的研究结果评论了当前关于赵元任先生五度标调法的争论，认为五度标调法中的五度不是等分的，并且跨语言的证据显示五度是够用的。我认为这种评价是十分中肯的，也是有事实依据的。

　　五、该书研究了前人文献中并没有统一标写方案的声调类型，即黔东苗语（新寨）中基频曲线由两个部分组成的声调（基频曲线先升后平），结果发现母语者在听辨此类声调时只关注其中的一部分，即基频中上升的部分。因此，在标注这类声调时，研究者只需将母语者关注的有区别意义的部分标示出来，而没有必要标注那些冗余的基频信息。这一发现进一步证实了基频并不等同于声调的观点。近年来，随着实验语音学的普及，很多调查者采用声学分析进行标调，并宣称自己标写的声调要比前人基于听音记音给出的方案更为精准。事实上，这种做法没有真正理解声调的本质。作者在书中给出了他关于准确标调的见解："严格来说，要想准确标调，首先需要将基频计算出来，进而在具体语言中进行声调感知实验，让母语者进行听辨，并根据感知结果确定调类的范畴，从而确定调值。"我认为这对有争议或不确定的调型或调值的标定是有借鉴意义的。

六、该书还基于声调调型异同对范畴感知模式的不同影响，提出了一个判定声调是否为平调的标准："如果一个待判定声调与其语言系统中的平调之间的感知模式属于连续感知，那么就可以将这个声调判定为平调；相反，如果一个待判定声调与其语言系统中的平调之间的感知模式属于范畴感知，那么这个声调就不是平调。"这样的操作标准对今后的声调调查与研究无疑具有指导性意义和作用。

总之，《语音学田野调查方法与实践——黔东苗语（新寨）个案研究》显示出作者具有扎实的语言学、语音学功底和较高的理论修养，并具有独立调查一种少数民族语言语音系统的能力；而且书中所使用的语音声学分析方法、生理分析方法和感知分析方法准确得当，所得数据可靠，相关结论论证翔实，真实可信。因此该书对于实验语音学研究、音系学研究、语言田野调查和语言保护等领域都有有益的参考意义和借鉴价值。

综上，我认为该书是一部优秀的语音学著作。因此我十分乐意推荐刘文博士申请"暨南大学詹伯慧语言学奖"。

提名奖获奖作品

　　著作：《语音学田野调查方法与实践——黔东苗语（新寨）个案研究》
　　作者：刘文　　　　单位：山东大学文学院
　　推荐专家：孔江平　　单位：北京大学语言学实验室/北京大学中文系

　　语言研究要基于文本，然而，世界上绝大部分语言都没有自然产生的文字系统，因此没有记录的文本资料，这无疑影响了人类对语言的研究和探索。为了对世界的语言进行研究，语音学和音位学应运而生。在过去的一百年中，传统语音学主要是采用听音和记音这种"口耳之学"的方法对未知的语言进行记录和调查，在记录语音材料的基础上，利用音位学的方法进行音位系统的归纳和整理。传统的语音学和音位学在语言的研究中起了巨大的推动作用，作出了很大的贡献。

　　众所周知，每个时代都有每个时代的学问，这主要是基于这个时代一个学科的基础理论和方法论。传统语音学在方法论上主要基于听音和记音，由于调查者母语认知系统的影响，听不准的现象普遍存在，这为音位学的研究埋下了隐患。目前音位学的基本理论和研究方法主要是基于结构主义，而非语言的认知系统。基于结构主义的方法论势必只能将研究的重点放在语言的表层结构上，较难深入语言的认知层面，这从结构主义音位学的基本归纳原则就能反映出来，其结果是不同的人调查同一种语言会得出不同的音位系统。

　　随着语音科学和认知心理学等理论和方法的发展，语音田野调查趋于实证，如声学语音学、生理语音学、心理语言学、认知神经科学、言语工程等。无论是声学分析的方法、生理分析的方法，还是感知分析的方法，这些新方法和新技术的使用都大大提高了语音的描写精度，深化了对语音生理、声学和感知机制的解释，使语音学的研究从传统的方式逐渐进入科学的领域。

　　近年来，语音学研究方法的更迭和理论的提升，特别是语音感知和认知研究的发展，行为学感知测试以及脑电仪、功能性核磁共振仪、脑磁仪等成像设备的介入，为从语音学的角度研究音位的心理实体提供了更为科学的方法，也为建立更为科学的音位学理论体系奠定了坚实的基础。人类在演化的过程中自然选择了声音作为交际的介质，因而，语音学和音位学正在成为脑科学研究的一个重要组成部分，这些发展势必会改变语音田野调查的方法和音位学的理论基础。

　　刘文的专著《语音学田野调查方法与实践——黔东苗语（新寨）个案研究》正是基于"语言学的语音学"这一研究理念而展开的工作。该书以黔东苗语（新寨）为研究对象，利用田野调查、音位分析与归纳、声学分析、生理分析和行为学感知等手段，系统全面地阐释了语音学田野调查的理论、方法与具体实践操作程序，并研究了该语言的音位系统、辅音、元音、声调、嗓音和感知，为研究和认识该语言的共时语音系统、声学特性、生理特性、语音感知特性、音位范畴实质和历史音变等提供了新的研究方法和理论基础。在当下语言保护的大时代背景下，这一选题既有很大的理论意义，又具有很强的应用价值。该书的创新点与价值主要体现在以下四个方面：

一、挖掘出一种在语言类型上具有独特价值的语言，即黔东苗语（新寨）。具体来说，在声母方面，该语言的塞音存在软腭塞音和小舌塞音的对立，鼻音分清浊，擦音和边音均存在清不送气、清送气和浊三分。在声调方面，该语言有 8 个单字调，其中的 5 个平调是语言类型中一种十分罕见的声调现象。此外，低平调 T11 在发音时还伴随着气嗓音这一特殊嗓音发声类型。

二、在声学研究方面，该书采用声学分析系统全面地研究了该语言的辅音、元音和声调，发现了一些重要的声学数据。例如：在主观听感上，调查者在听音、记音时可以在黔东苗语（新寨）的清鼻音上感知出同部位的塞音，但在声学表现上并没有冲直条这一声学指标；声学元音图可以将母语者的发音生理活动与声学表征（即共振峰）联系起来，从而更为直观地呈现元音发音的生理特性和声学特点；根据声学分析给出的描写黔东苗语（新寨）单字调和双字调的区别性特征系统，可以发现五个平调在母语者的发音空间中可以进行很好的区分，上升调的基频曲线呈现"先升后平"的模式，双字调组合时并没有产生连读变调。由此可见，采用声学分析这种技术手段不仅可以准确反映发音时发音器官的接触部位、气流机制、声带振动与否，还可以通过声学分析反推我们发音时的舌头运动和舌位变化，这些研究为调查者在田野中选择合适的记音符号提供了客观依据。

三、在嗓音发声类型上，该书利用生理 EGG 信号呈现了单字调及双字调的嗓音区别特征表，发现反映声带振动模式的开商和速度商在同一个音节内部基本上呈现出镜像分布模式，并且嗓音发声特性在同一音节内部并非一成不变，而是动态变化的，特殊嗓音发声类型可以用来阐释语言对生理的塑造。另外，嗓音发声类型的发声特性与声调的演变有着密切联系，借助嗓音发声分析可以研究声调的起源和预测声调演变的方向。

四、在感知研究方面，该书系统研究了该语言中五个平调和两个升调的范畴化感知模式，首次揭示出五个平调两两间呈现连续感知的感知模式，并发现五个平调虽然可以被母语者清晰地区分开，但是它们在发音音域和感知音域中的分布都不是等分的，这可以加深学界对五度标调法的理解与认识。此外，该书还论证了特殊嗓音发声类型对声调感知的影响。考察同型声调感知的范畴化程度及其背后的心理物理基础，可以为揭示声调范畴化感知的形成机制提供关键信息。

在此基础上，基于调型异同对声调感知模式的影响，该书提出了一套用于判定声调调型的可操作的感知标准。这一成果不仅加深了学界对声调的认识，同时还可以指导语言田野调查中声调音位的归纳和整理，尤其有助于判定基频斜率呈微升或微降的声调。同时，这一研究成果对确定声调的音位范畴具有重要参考价值，可以为解释共时语言系统中声调分布的类型与数量、窥探和预测声调的演变方向等提供验证标准。

《语音学田野调查方法与实践——黔东苗语（新寨）个案研究》涉及语言记录、声学研究、嗓音发声类型研究和言语感知研究四个领域，该书选题视角独到，研究方法全面，首次系统呈现了单点语音数据研究的全貌，为语言调查与语言描写提供了一种研究范式，对深化语音分析与感知研究具有开拓性意义。该书行文流畅，表述清楚，论证周密，显示了作者优秀的学术素养和表达能力。从书中不难发现，刘文具有敏锐的学术洞察能力和广阔的学术视野，兼备扎实的语言学基础和现代语音学理论知识；并且他具有很强的语言田野调查能力，书中做了大量的语言调查、数据采录、声学分析、生理分析、行为学实验等工作，这也展现了他良好的观察能力和分析能力。该书对既往研究态度严谨，理解准确，概述精要，善于捕捉漏洞盲点，问题意识敏锐。我认为这些都反映出了刘文良好的语言学素养和在语言学研究方面的潜质。

总之，《语音学田野调查方法与实践——黔东苗语（新寨）个案研究》一书可以为当下方兴未艾的语言保护工作提供一种新的研究范式和参照，书中所涉及的理论探讨、技术手段和研究成果，无论是对调查一种未知的语言还是描写前人没有深入调查和研究的强势语言来说，都具有重要的借鉴意义。从这本专著中我们可以清晰地看出，在理论上田野调查的方法怎样从传统语音学向语音科学过渡，结构主义音位学存在的问题怎样利用感知和认知的方法得到解决。因此，该专著具有一定的学科导向和重要的基础理论意义。

综上，我郑重推荐刘文的专著《语音学田野调查方法与实践——黔东苗语（新寨）个案研究》参评"暨南大学詹伯慧语言学奖"。

《澳门话近两百年来的音变——兼论广州话、中山话的历史音变》专家评语

提名奖获奖作品

著作：《澳门话近两百年来的音变——兼论广州话、中山话的历史音变》
作者：罗言发　　　　单位：澳门大学人文学院中国语言文学系
推荐专家：王洪君　　单位：北京大学中文系

罗言发 2013 年毕业于北京大学中文系方言学方向，导师是李小凡教授。

他的博士论文《澳门粤语音系的历史变迁及其成因》写得很踏实。后经增订，更名为《澳门话近两百年来的音变——兼论广州话、中山话的历史音变》，由清华大学出版社出版。这反映了作者对学术不断深究的认真态度，正式出版是对该书学术水平的最好认可。

该书利用大量的近代传教士注音材料，构建了 1809 年以后澳门粤语一条线下来的音系发展脉络。书中一共使用 6 种材料，分成了 5 个阶段来论述澳门粤语的语音发展变化。论文有第一手的田野调查材料，也有来华传教士著作和传统韵书等历史文献，是共时和历时结合的一次成功尝试。

该书的一大特色是不光有主线还有副线。主线是澳门粤语的历史发展情况，副线有两条，分别是广州和中山两百年间的历史语音发展脉络。书中使用了 7 种广州材料，4 种中山材料，因为材料充分，书中归纳的广州、中山的历史语音变化清晰可信。

正因为澳门、广州、中山三地粤语的语音发展脉络描述清楚，我们可以看出三地方言变化的根本原因是什么，是自然演变还是语言接触，是哪个方言影响了哪个方言，是什么时候出现的影响，这些问题都能在书中找到相应的答案。

该书是粤方言史构建的一个新尝试，从三条线索对比看语音史发展的时间节点和动因，在材料、理论和方法上有积极的探索意义，属于音韵和方言的成功结合。

综上，我乐意推荐该书参评"暨南大学詹伯慧语言学奖"。

提名奖获奖作品

著作：《澳门话近两百年来的音变——兼论广州话、中山话的历史音变》
作者：罗言发　　　　　单位：澳门大学人文学院中国语言文学系
推荐专家：项梦冰　　　单位：北京大学中文系

澳门粤语是珠江三角洲粤语的一个重要成员。随着詹伯慧、张日昇两位先生主编的《珠江三角洲方言字音对照》(1987)、《珠江三角洲方言词汇对照》(1988)、《珠江三角洲方言调查报告之三：珠江三角洲方言综述》(1990) 的先后出版，珠江三角洲粤语的研究呈现出一派繁荣的景象。罗言发《澳门话近两百年来的音变——兼论广州话、中山话的历史音变》(2022) 可谓这一领域令人关注的重要新成果，是澳门粤语音韵的一部分量之作，也是贯通共时和历时的一次有益尝试。

《澳门话近两百年来的音变——兼论广州话、中山话的历史音变》根据作者第一手的田野调查材料以及来华传教士著作和传统韵书等历史文献，构建了 1809 年以来澳门粤语的语音发展脉络。其显著特点是不光有主线，还有副线。主线是澳门粤语的语音发展，副线则是广州、中山两百年间的语音发展。论述澳门、广州和中山情况时分别使用了 6 种、7 种和 4 种文献材料。因为材料较为充分，书中归纳的澳门、广州、中山的语音发展脉络可谓清晰如镜。而三地音变的动因，是自然演变还是语言接触，谁影响谁，何时施加的影响，在两个时空维度扎实的比较下，就不难作出结论了：澳门话在 20 世纪以前是典型的香山型粤语（可用 1897 年的《香山或澳门方言》为代表，中山旧称香山），20 世纪 20 年代前后由于人口激增开始发生重大变化，到 20 世纪中叶就已经接近广州型粤语了（可用 1941 年的《粤葡辞典》为代表）。相比而言，广州话和中山话的变化要缓慢得多：广州话两百多年来变化不大，以内部演变为主，内部演变又以高元音裂化为主；中山话的变化稍多一些，主要表现为不断向广州话靠拢。例如合口介音越来越多、蟹摄一等分出开合的区别等。本书还通过二维码扫描提供现代新派澳门话同音字表（林小雯发音，2008 年调查时 21 岁）、现代老派澳门话同音字表（罗玉铭发音，2008 年调查时 71 岁）Excel 电子表的下载，在语料方面也给读者提供了极大的便利。

总之，《澳门话近两百年来的音变——兼论广州话、中山话的历史音变》作为一部青年语言学工作者的专著，我认为是相当优秀的，对推动珠江三角洲粤语尤其是澳门粤语的研究走向深入有重要的意义，特向"暨南大学詹伯慧语言学奖"评委会推荐。

《葛颇彝语形态句法研究》专家评语

提名奖获奖作品

著作：《葛颇彝语形态句法研究》
作者：姜静　　　　　单位：中国社会科学院民族学与人类学研究所
推荐专家：黄成龙　　　单位：中国社会科学院民族学与人类学研究所

葛颇彝语是我国彝族葛颇支系使用的语言，分布在我国西南边陲云南省红河哈尼族彝族自治州泸西县，过去曾有学者对其进行过零星调查，但不系统、不全面，无法体现该语言的整体面貌和特点。该支系的研究对"一带一路"语言服务以及巩固边疆安全具有重要的战略意义和学术研究价值。

姜静博士专著《葛颇彝语形态句法研究》一书，于 2022 年由中国社会科学出版社出版。该专著采用浸入式田野调查方法，花费长达 120 多天在云南省红河哈尼族彝族自治州泸西县小直邑村获取第一手真实资料的基础上，对葛颇彝语的形态句法进行系统分析。全书共由十四章组成，前三章分别介绍相关历史文化背景、音系、形态，第四章描写名词性短语与动词性短语的结构，第五章至第十四章描写了信息结构、存在结构等十个专题。该书并没有将传统《参考语法》着重笔墨描写的词类单独设章节描写，而是将词类的描写与形态和句法相结合，从具体结构中考察词的功能，是一种新的尝试。专题式的描写框架，将每一个专题结构都进行细致深入的挖掘，还对个别专题进行了跨语言、方言的对比，力求深入描写。各专题之间，有交叉、有延展，共同构成了一本较为完整的形态句法描写的著作，内容较有深度，体现了作者对该语言及背后隐藏文化的深刻理解。

该书是打破传统语法描写形式的一次新的尝试，采用新描写主义的研究方法，将语言类型学研究框架与具体的、尚未被描写过的民族语言实际相结合，描写与归纳并举，对葛颇彝语的形态句法体系进行了较为全面、深入的分析。该书具有较高的学术价值和创新性，可为往后的民族语研究提供一定的参考价值。

本人郑重推荐该专著参评"暨南大学詹伯慧语言学奖"。

提名奖获奖作品

著作：《葛颇彝语形态句法研究》

作者：姜静　　　　　　单位：中国社会科学院民族学与人类学研究所

推荐专家：罗仁地　　　单位：北京师范大学（珠海校区）

我推荐这本书是因为我认为这本书不但写得好，而且在好几个方面有贡献：

语言学自 19 世纪初就着重记录濒危语言，威廉·冯·洪堡（Wilhelm von Humboldt）是这项工作的奠基人，之后由弗朗兹·博厄斯（Franz Boas）、爱德华·萨丕尔（Edward Sapir）、玛丽·哈斯（Mary Haas）、詹姆斯·A. 马提索夫（James A. Matisoff）、本人和黄成龙等一系列语言学家一脉相承。姜静博士是这一脉络源源不断的语言学家中的最新一代，我很高兴看到这条脉络的延续，因为它在语言学和人类学的发展中非常重要。

葛颇彝语是属于汉藏语系藏缅语族彝缅语支彝语东南部方言，是典型的濒临灭绝的语言。也就是说，说这种语言的人已经很少了，而且当地的年轻人都陆陆续续地在远离自己的家乡、自己的语言，这种语言很可能在几代人之后就会消失。在姜静博士的这本书出版之前，语言学界尚未有关于葛颇彝语语法研究的相关成果出版，该书可以说是首屈一指。姜静博士对葛颇彝语形态句法进行了较完整的剖析，相信该书将成为日后参考该语言语法的基础。

编写参考语法是一份很艰难的工作，因为研究者必须长时间在偏远的村落驻地生活，学习和记录、收集语料，之后再针对所学到、所观察到以及所收集到的庞大语料，日夜无休地处理、分析、编写。研究工作的庞大与艰难可想而知。工作虽然艰难辛苦，但是对语言学领域来说，甚至对葛颇彝语说话者来说，作者作出了最扎实、最持久的贡献，我相信一百年以后，学者们很可能仍在引用这本著作。

如上所述，这类工作在语言学中有着悠久的传统，并且普遍地构成了语言类型学和比较语言学所有工作的基础。没有这种语言记录，就没有语言类型学或比较语言学，因为没有什么可比较的。姜静博士这本书是对其博士论文的完善。这种博士项目也是语言学家对语言学学生最好的培训。记录语言需要学习和描述语言的所有不同方面，因此学生在语言分析的各个方面都得到了扎实的培训。正因为如此，我们现在对不同语言的许多重要特性有了很好的记录，这不仅是对语言学和人类学的一项服务，而且对现在使用该语言的人的后代意义非凡，虽然他们即将失去他们的传统语言，但是他们将来可以通过这份记录与描述去了解自己的语言、自己的文化，也有可能以此作为将来复兴该语言的基础。

特此推荐。

《部分量：体貌、量化与论元互动的类型学研究》专家评语

提名奖获奖作品

　　　　著作：《部分量：体貌、量化与论元互动的类型学研究》
　　　　作者：李思旭　　　　　单位：安徽大学文学院
　　　　推荐专家：金立鑫　　　单位：江苏师范大学语言科学与艺术学院

　　李思旭教授的学术专著《部分量：体貌、量化与论元互动的类型学研究》，结合汉语普通话、古代汉语、汉语方言、中国境内的民族语言和国外语言的实际语言现象，探讨了一个在国内外语言学研究中较少涉及的课题——部分量。选题较为新颖，属于语言学前沿研究的热门课题。该书从跨语言（方言）角度探讨了部分量的四种编码方式：部分量化、部分受影响、偏称宾语和部分格。

　　量化问题是当代语义学的前沿课题。长期以来汉语学界对量化的研究主要着力于全称量化，取得了较为丰硕的成果。但是与全称量化相对的部分量化，研究相当薄弱，尚未形成基本的框架。这种不均衡局面严重制约了学界对量化问题的整体认识。另外，跟国际语言学界沟通时，存在着对接无力的现象。

　　该书的最大创新在于，努力打破上述不均衡的局面，对汉语部分量问题进行全面系统的爬梳和整理，为汉语部分量的研究搭建了一个框架，奠定了一个基础，有开创之功。该书最突出的特色是，虽然讨论的是汉语的部分量问题，却将问题置于人类语言的部分量这一大背景下，其语言类型学的视野使研究有了正确的基础和较高的起点。

　　即使是研究较多的全称量化，也大多是基于汉语或单个方言点的个案研究或个别语言现象的对比（主要是汉英常见现象的对比），大范围的跨语言（方言）类型学研究很少。该书在这方面也显示了其长处，对全称量化的进一步研究也具有较大的启发性。

　　从主观大量和全称量化的研究可以看出，虽然近年来国内语言类型学发展迅速，但是围绕某个主题进行大范围跨语言类型学研究的专著目前还是很少。该书在这方面所作出的努力比较突出：打破了普通话和方言之间，民族语言和国外语言之间，以及现代汉语和古代汉语之间的界限，仅仅跟部分量有关的语料就引用了世界范围内不同地区、不同语系、不同语种类型的语言74种，中国境内少数民族语言47种，加上汉语7大方言区近102个方言点方言，共计223种。

　　由于专门研究部分量编码的文献并不多，零星散见于海量的各类文献之中，能收集到这么广泛的有关语言语料，实属不易。因此，该书对我国语言类型学中大范围跨语言比较这一方法，特别是跟境外语言的比较，能起到一定的推动作用。

该书的主要建树有：①在芬兰语、匈牙利语、爱沙尼亚语等语言部分格的基础之上，明确提出了"部分量"这一新的句法语义范畴，改变了学界长期过度关注全称量化的格局，扩大了量范畴的研究广度。②运用语言类型学的理论和方法，对部分量的编码方式作了较大规模的跨语言（方言）调查和研究，作者得出 10 条语言共性，涉及宾语完全受影响和部分受影响、处所转换构式、蕴含共性 O 部分格⊃SVO、动词重叠的全称量化功能、论元分裂式话题句、偏称宾语处置式、偏称宾语被动句等，均是作者的独到发现。③运用部分量这一语义参项，将表面上看起来毫无关联的语言现象如语序、及物性、定指度、体貌等贯穿起来，也是作者的一大创见。④在句法、语义、语用三个平面之间建立了三个"关联标记模式"，对沈家煊的新标记理论也有所推进。⑤对"处所转换构式"语序动因、构式语义的解释具有一定的开创性。

总之，该书选题较新、视野开阔、结构合理、例证充分、结论可信，所探讨的部分量是当代语言学研究中较为薄弱而实际上很有潜力的课题，对语言类型学的理论和实践都具有创新性的贡献。

特此推荐。

提名奖获奖作品

著作：《部分量：体貌、量化与论元互动的类型学研究》
作者：李思旭　　　单位：安徽大学文学院
推荐专家：张谊生　　单位：上海师范大学语言研究所

近些年来，随着各种语言学理论的引入和借鉴，研究方法的不断改进和完善，研究手段的一再更新和提升，汉语各种演化现象的研究取得了多方面的进展，研究成果与日俱增，质量也持续提高。李思旭教授的《部分量：体貌、量化与论元互动的类型学研究》，正是在整体研究与探究的基础上，针对汉语部分量与体貌、量化等一系列相关语言现象，根据研究对象与性质的不同，展开的多方面的系统性与专题性研究。毫无疑问，著作在精细调查的基础上，设置了系统合理的研究框架，制订了清晰有效的论证方案。我认为，这本专著的学术贡献与理论价值主要体现在以下三个方面：

首先，该书在全面梳理、评述汉语量范畴研究取得的成就以及存在不足的基础上，以当前国内外语言学界较少涉及的课题"部分量"为切入点，从多个角度加以探讨，在一定程度上解决了汉语量范畴研究的诸多问题与不足，取得了不少创获。比如，该书对不同语法层面，包括形态、句法、语义、语序等各个方面的量编码方式进行了较为深入的专题研究，不仅涉及大量有关汉语及方言量范畴的研究，而且引进并介绍了不少与部分量有关的国外研究。

其次，该书对由于分裂移位而产生的"部分格"的推导过程也作了比较客观的分析，并且从"部分量"的角度，对生成语法中的"部分格"进行了阐释。作者尝试从"部分量"的角度，沟通生成语法中的部分格和语言类型学中有形态标记的部分格，找到两种部分格之间的共性特征。我认为，该著作论证的研究视角比较独特，论证过程富有启发性，所得结论也基本可信。作者依据有效的理论，采用精确的方法得出的基本结论，既具有一定的创新意识，也具有特定的实用价值。尤其是从汉语量化的运用与学习的角度看，该专著对于汉语相关语言现象的研究与学习，对于一系列语法现象的阐释，无疑具有重要的参考与借鉴功用。

最后，作者的创新追求体现在多个有效的方面。作者尝试建立一个新的量范畴——部分量范畴，引用和介绍了国外一些与部分量有关的论文或专著，促进了国内外量范畴研究的沟通和对接。作者力图把当代语义学中的量化这一热门话题与语言类型学相结合，对全称量化和部分量化方式作跨语言的类型学考察，改变了汉语量化研究中"部分量化"研究的滞后局面，使量化研究获得均衡发展。作者着力在已有研究基础之上运用语言类型学的理论方法，尤其是区域类型学理论，对"部分格"进行跨语言的类型学研究，并且以部分量的不同编码方式的跨语言类型学考察为载体，尝试把国内三个平面理论与国外当代语言类型学相结合，从跨语言类型学角度证明句法、语义、语用三个平面之间互动的普遍性。论著的一系列学术结论，不仅适用于汉语，也同样适用于其他语言。

总之，我认为，李思旭的这本学术专著选题新颖，视野开阔，内容扎实，而且材料相当丰富，论证富有条理，体系安排严密；涉及语法学界不少前沿课题，无论在研究的深度还是广度上，都达到了一定的高度，具有较大的学术价值。所以，特此推荐。

"暨南大学詹伯慧语言学奖"章程

詹伯慧先生是我国著名语言学家，对我国的语言学事业作出了卓越的贡献。为弘扬中华优秀文化传统，保护丰富的语言资源，繁荣我国的语言学研究，特设立"暨南大学詹伯慧语言学奖"。

第一条　本奖项授予对中国语言和汉语方言研究有贡献的学者。参评论著必须是在规定的评选日期前三年之内公开发表的，首届为一至五年内公开发表的。经评审未获奖的参评作品不得再次参评。

第二条　每两年评选一届，于单数年份举行。首届于 2021 年 7 月前评出，10 月底举行颁奖典礼。每届获奖名额为 9 人（集体论著按 1 人计）。一等奖 1 名，奖金 10000 元（暂定），二等奖 3 名，奖金各 5000 元（暂定），提名奖 5 名，奖金各 3000 元（暂定）。获奖成果将在《南方语言学》（半年刊）中以专栏形式进行介绍。

第三条　成立"暨南大学詹伯慧语言学奖"管理委员会（以下简称管委会），由暨南大学教育发展基金会、暨南大学汉语方言研究中心及捐赠方代表共 9 名成员组成管委会。管委会负责该奖项及奖项基金的日常管理运营。

第四条　暨南大学汉语方言研究中心聘请知名专家担任评审委员，组成詹伯慧语言学奖评审委员会。

第五条　本奖项只对专家（教授、研究员、编审等）推荐的论著进行评选，不接受申请者本人的申请。每份成果需由两位专家推荐。

第六条　推荐人将推荐意见表报送管委会，随后申请人将论著 3 份和作者简介 1 份报送管委会，上述材料请于评选年的上一年 12 月 31 日前送达。推荐意见表可从暨南大学汉语方言研究中心网站（dialects. jnu. edu. cn）"詹伯慧语言学奖"专栏中下载。

第七条　本章程解释权归"暨南大学詹伯慧语言学奖"管理委员会所有。

"暨南大学詹伯慧语言学奖"管理委员会

暨南大学汉语方言研究中心

2021 年 9 月 9 日

"暨南大学詹伯慧语言学奖"组织机构

"暨南大学詹伯慧语言学奖"评审委员会

中国社会科学院：江蓝生、张振兴
北京大学：唐作藩、王洪君
北京师范大学：黄行
香港大学：单周尧
复旦大学：许宝华、陈忠敏
中央民族大学：戴庆厦
北京语言大学：李宇明
浙江师范大学：曹志耘
陕西师范大学：乔全生
南方科技大学：李蓝
深圳大学：刘丹青
暨南大学：甘于恩、彭小川、邵宜、刘新中、侯兴泉

"暨南大学詹伯慧语言学奖"管理委员会

主任：程国赋
副主任：甘于恩、魏霞
委员：刘新中、侯兴泉、彭志峰、肖自辉、周治、王振华

广丰方言熟语的文化内涵考察①

李 政 胡松柏②

（华中师范大学语言与语言教育研究中心 湖北武汉 430079；
南昌大学人文学院 江西南昌 330031）

【提 要】编写方言语文辞书有着方言资源保护和方言文化传承方面的社会价值。方言熟语的文化内涵包含丰富的社会语境信息。方言熟语的文化内涵可以从理据角度作考察。广丰方言熟语的文化内涵可依据包含的社会语境信息分出若干表现类型，这些信息类型包括历史文化信息、制度习俗信息、思想观念信息、空间环境信息、生活画面信息、书面语官话信息。方言中熟语与谚语在文化内涵表现上有着异同和联系。方言语典编写要注意对熟语文化理据的梳理与阐释。方言文化保存要注意发掘具有文化内涵的熟语。

【关键词】广丰方言 熟语 文化内涵

一、引言

本文是《广丰方言③语典》④书稿的章节摘选。本文依据《广丰方言语典》书稿中辑录的熟语条目材料，从文化内涵角度对广丰方言中的熟语初做系统考察。

---

① 本文是 2022 年国家社会科学基金后期资助项目"广丰方言语典（批准号：22FYYA003）"和 2015 年度江西省高校人文社科重点研究基地（南昌大学客赣方言与语言应用研究中心）"招标项目"广丰方言俗语与区域文化研究（项目编号：JD1514）"的阶段性研究成果。

② 李政（1986— ），男，江西广丰人，华中师范大学语言与语言教育研究中心讲师，华中师范大学博士生，研究方向为汉语方言学；胡松柏（1952— ），男，江西广丰人，南昌大学人文学院中文系教授，研究方向为汉语方言学、社会语言学。

③ 广丰方言是江西省上饶市广丰区（原广丰县）境内通行的主流方言，属于吴语上丽片上山小片。

④ 《广丰方言语典》系本文作者所计划编撰的《广丰方言辞典》系列（包括《广丰方言词典》《广丰方言语典》《广丰方言谚典》）率先完成之一种。本文作者于《南方语言学：第九辑》（2015 年）发表论文《方言语典编写的分类与归类——以〈广丰方言语典〉为例》（胡松柏）、《方言语典编撰的几点体会——以〈广丰方言语典〉为例》（李政），就《广丰方言语典》编撰的基本构想和具体实施作出安排。《广丰方言语典》书稿辑录广丰方言中的"语"（即通常所说熟语）包括成语、惯用语和歇后语三类语汇成分。目前书稿共辑录熟语条目 9300 余条，其中成语 2400 余条、惯用语 6700 余条、歇后语 200 余条。

（一）方言文化的保护传承与方言语文辞书的编撰

语言是文化的载体，语言与文化关系密切。自 20 世纪 50 年代罗常培先生所著的《语言与文化》问世以来，语言和文化关系的研究日渐为人们所重视。20 世纪 80 年代，我国学者明确提出了文化语言学这一概念，语言学界掀起了文化语言学的研究热潮。

近年来，语言（包括方言）濒危和语言文化流失日趋严重的现象引起了政府和社会各界的高度重视。2017 年，中共中央、国务院颁发《关于实施中华优秀传统文化传承发展工程的意见》，提出了"保护传承方言文化"的重要命题。目前，方言文化的保护传承已成为政府高度重视、社会大众普遍关注的热点问题。只是作为新时代的一项语言学研究新任务，具体该做什么、怎么做，目前尚未形成明确的思路和采取有效的举措。曹志耘结合浙江省方言的情况提出了具体设想，强调基础建设是方言文化保护的瓶颈工作，必须下决心、下力气做好。他把方言词典的编写放在非常重要的地位，提出："词典可以承载语言方言里最基本、最重要的语言和文化信息，是保护传承方言文化的一种非常重要和有效的手段。"①

这里所说的方言词典，我们的理解是，其所收条目不仅仅是作为方言中能单说单用的最小的语言单位——词，而且包括结构上表现为大于词而固定为词组（也称短语）形式的熟语和谚语。如近期我们见到的《崇明方言大词典》②《福州方言大词典》③ 等所收条目即包括单词、熟语、谚语等。

我们较长时间以来一直在做广丰方言语汇的调研并着手开展广丰方言语文辞书的编撰。结合编撰实践，我们认为方言语汇成分可以分为词、语（熟语）、谚（谚语）三类，相应地，辑录方言的词、语、谚的语文辞书可以分别称为方言词典、方言语典、方言谚典，这个辞书系列总称为方言辞典。④

汉语方言中，作为表示一个复合概念的语言单位，熟语和谚语比仅表示一个简单概念的词，组合结构更为复杂，更能显示出方言不同于共同语的地域特点。同时，由于熟语和谚语的构造更加依赖于社会语境，从而使熟语和谚语表现出相对于词更为显著浓郁的方言文化色彩。方言语典和方言谚典的编写对于发掘、反映汉语区域文化有着积极作用。邢向东就谈道："当地独特的民俗事象，往往是地方特色浓郁的俗语、谚语、歇后语的来源，是该现象（词语）在地方文化体系中重要价值的具体体现，在调查中对这种内在联系绝不能视而不见。"⑤

---

① 曹志耘. 论浙江方言文化的保护传承［J］. 浙江社会科学，2021（2）：121.
② 张惠英、顾晓东、王洪钟. 崇明方言大词典［M］. 上海：上海辞书出版社，2014.
③ 陈泽平、林勤. 福州方言大词典［M］. 福州：福建人民出版社，2021.
④ 关于方言辞典作词典、语典、谚典分设，本文作者另以"方言语汇成分的词、语、谚三分与方言辞典的词典、语典、谚典分设"为题撰文作专门说明.
⑤ 邢向东. 汉语方言文化调查：理念及方法［J］. 语言战略研究，2017，2（4）：34.

因此，对方言中的词汇（语汇）作深度调查，发掘辑录以往调研注意不够的熟语和谚语，专项编写方言语典和方言谚典，在方言资源保护和方言文化传承方面有不容忽视的社会价值。

（二）方言熟语的文化内涵包含丰富的社会语境信息

本文主要结合《广丰方言语典》的编撰来讨论方言语汇成分的文化内涵问题，以下所涉及的是方言中的熟语的文化内涵。

语言中词语的文化内涵是指时代和历史赋予词语的社会文化含义，或在词汇（语汇）意义的基础上附加上文化象征意义、文化比喻意义、文化引申意义、文化色彩意义。这些词语的语言系统的语义内容，由词语的文化内涵所包含的社会语境信息支撑形成。以下例举广丰方言的几条熟语：

（1）【三国归司马】三国纷争，最后归并于司马氏一统天下。借指几方争夺利益均不得，反而被相争几方以外的人收获了好处。✣①语出《三国演义》故事：魏、蜀、吴三国鼎立，为司马炎建立的晋朝所统一。

（2）【张天师邓②鬼谋着】邓：被，表示被动。张天师被鬼给迷惑了。比喻有本事的人反遭暗算。✣东汉张道陵创立五斗米道，又称天师道，为天师派第一代天师，曾在江西贵溪龙虎山结庐而居，筑坛炼丹。天师职位的继承采用世袭嗣教制度，第四代天师回归定居龙虎山，子孙世传其业。民间传说张天师法术高强，善捉妖鬼。

（3）【佮得归耖】佮：人之间相处。归耖：用耖把水田的泥推平，耖推过泥面的痕迹叫"耖路"，第二趟的耖路与前一趟的耖路重合叫"归耖"。比喻人之间的心思相同，行动协调。用于表示人与人非常要好。

（4）【鲢鱼学哐草】哐：吃。鲢鱼本不吃草，学着吃草。比喻人学做某事，还显得很稚嫩。用于表示自谦。

这些熟语条目中文化内涵所包含的社会语境信息，有的属于宏大叙事，如上述例（1）、例（2）的三国归晋史实和张天师传说，有的则属于生产、生活知识一类小事，如上述例（3）、例（4）的耖田、养鱼。但不论哪一类社会语境信息，对于熟语的理解和运用都是至关重要的。

熟语的文化内涵有的直接体现在熟语的语义上，使用者从熟语的语形（结构）上就可以了解其具体内容。这时候文化内涵实际成了熟语的语义的一部分。使用者不了解熟语的文化内涵便无从了解熟语的语义。如上述例（3），若不知"归耖"为何，便不知这条熟语何所云。熟语的文化内涵有的并不直接体现在熟语的语义上，而是隐含在熟语的语义背后。使用者未必了解熟语的文化内涵，但从熟语的语形上也可以大概知晓其

---

① 部分熟语条目释义有补充说明的内容，前加"✣"号表示，列于注释文字之后。

② 方言中有部分词语没有音义相合的本字可用，以方言中同音或音近的字记写，下画波浪线表示。

语义。如上述例（4），仅从"鲢鱼学吃草"这个比喻的本体形象上也能了解其用作比喻的语义引申过程。不过，对熟语的社会语境信息掌握不够，会影响对熟语语义的深透理解。水塘里养鱼通常是草鱼、鲢鱼混养的，草鱼由人割草喂养，而鲢鱼则以草鱼的粪便为食物。要鲢鱼吃草是强其所难，只能学着吃，很不老练。这样看来，例（4）的释义似还可以再作斟酌，以使其更加准确丰满。

（三）从理据角度考察方言熟语的文化内涵

理据是语言中表示事物、现象观念的词语构造的依据，即一个词语用这样的音节或这样的语素（词），而不是那样的音节或那样的语素（词）来组合而成的道理。任何事物现象都有其突出的特征，给人以深刻的印象而特别引人注意。在给这样的事物现象命名时，人们首先就选择能突出其特征的方面作为命名的依据、理由，这就是词、熟语、谚语等语汇成分的理据。本文讨论方言中熟语的理据。

语言中的词除最早产生的由音义任意结合而成的词以外，大多数的词都是有理据可寻的。熟语在词的基础上将词组合而构造，所有的熟语都有其理据。熟语的理据与词的理据一样，其表现有不同的情况，由此可以将熟语的理据分为不同的类型。

根据理据与语形的联系，熟语的理据可以分为直接理据和间接理据两类：直接理据是语形即可直接显示的理据；间接理据是语形难以直接显示而呈间接显示的理据。根据理据的构成范围，熟语的理据可以分为内部理据和外部理据两类：内部理据是反映熟语的内部构成要素彼此结合的理据，是一种语言体系内的理据；外部理据是反映熟语与外部世界的联系的理据，是一种语言体系以外的理据。熟语的理据还可根据所表现的内容分类，常见的有形象理据和文化理据两类：形象理据表现具体生动的直觉形象感，包括形体、动作、色彩和声音等方面的感觉；文化理据反映熟语的社会文化背景，包括历史、地域、文化、文学、民俗等方面的内容。

具有文化内涵的熟语，其理据属于间接理据、外部理据、文化理据。试分析以下几个熟语例子：

（5）【捗骹捗手】捗：抱，搂。骹：脚，腿。自己抱着手脚。形容人手脚不动弹，闲待着不干活。

（6）【捗头捗骹】抱着头和脚。借指子女收殓去世的父母。✣旧俗：父母去世入殓时由子女（一般为儿子）依长幼次序分别抬着头、身、脚放入棺木。

（7）【偷冷饭�】偷吃尚未蒸热的米饭。比喻男女在婚前发生性关系。

（8）【偷末豆羹子�】豆羹子：摆放在棺木前祭奠逝者的供饭叫"豆羹饭"，碗面上放着一个煮熟的鸡蛋叫"豆羹子"。旧俗认为人吃了豆羹子能变得胆大，往往有人特意让小孩子去偷偷拿来吃。借指人胆子大。

上述例（5）、例（7）不具有文化内涵。其中例（5）的理据属于直接理据、内部理据和形象理据；例（7）的理据属于间接理据、内部理据和形象理据。例（6）、例（8）具有文化内涵，其理据都属于间接理据、外部理据和文化理据。

二、广丰方言熟语的文化内涵表现类型

（一）熟语理据包含历史文化信息

历史前行在语言中必定会留下足迹，语汇是最能反映历史文化的一种媒介。广丰方言中熟语的文化内涵从理据角度可以分析出若干表现类型。方言中具有文化内涵的熟语，其理据有部分包含丰富的历史文化信息。如以下熟语例子：

（9）【卑污勾践】卑躬屈膝、受尽侮辱的勾践。借称忍受屈辱而立志报仇的人。♧语出春秋故事：吴越交战，越王勾践被俘，忍辱而乞得归国，卧薪尝胆，奋发图强，终于灭掉吴国。

（10）【打翻天印】借指矢口否认自己说过的话，或不兑现自己作出过的承诺。♧语出《封神演义》故事：翻天印是道家祖师广成子的镇洞法宝，威力无比。

（11）【无尾龙做清明】比喻人做事这里做一下，那里做一下，没有耐心把一件事做好。♧语出民间故事：一青年误食火珠化为龙而作孽，遭神仙镇压砍断尾巴。无尾龙逃亡外乡，每年清明回乡为母亲扫墓。因找不着墓地，携风雨四处游走。

（12）【挖着黄巢窖】挖着黄巢埋藏财宝的地窖。借称意外发财。♧语出民间传说：唐时黄巢率军曾占住广丰，据传将大量财宝就地埋藏。

上述例（9）的理据是历史故事，所述说历史以故事形式流传，例（10）～例（12）的理据是神话传说和民间故事。这些历史信息多非信史，而是历史在民众文化认知中的投射。例（11）、例（12）还与广丰具有地域上的密切联系。例（11）是赣东北地区流传的神话，传说中无尾龙南逃闽北，清明时节北返家乡，故当地龙风暴（龙卷风）均从闽地南来。例（12）的说法为广丰方言所特有。

地方戏曲是最具地域特色的艺术。戏曲舞台语言往往与地方语言即方言有关，剧种也往往流行在特定的方言区域内。广丰是源起于赣东北的江西省代表剧种赣剧的发源和主要流播区域之一。戏曲是旧时民众接受历史文化教育的主要传播媒介。因此广丰方言中熟语的理据来源于戏曲剧目的有很多。如以下熟语例子：

（13）【三请樊梨花】借指怀有歉意地多次请求。♧语出《说唐》"薛丁山征西"故事：唐时大将薛丁山因误会休妻樊梨花，后番兵来犯，薛丁山向樊梨花认错，三次诚请，终请得樊梨花挂帅出征。

（14）【水满金山寺】借指水势很大，淹没了大片地方。♧语出《白蛇传》故事：白素贞、小青为了救出被法海和尚扣留在金山寺的许仙，引东海之水漫淹金山寺，以此与法海和尚斗法。

（15）【百花台大姊——好管闲事】《百花台》剧中的大姐。意指人好管闲事。✚语出戏曲《百花台》剧：书生李文进家遭变故，到为官告老还乡的岳父穆桂府上投亲。穆桂欺贫爱富，逼李写退婚书，在穆家做下人，每日打扫百花台。穆桂小女玉英去百花台观景，与李相逢相认，私相赠银让李逃出穆家，李上京赴考得中状元。穆桂的长女对妹妹的婚事横加阻挠，是一个令人讨厌的角色。

（16）【张保啯嘴】戏曲多出剧目中有名叫张保的小丑配角，插科打诨以逗笑，惯说不吉利的话。借指人爱说不吉利的话而遭人讨厌。

上述例（13）、例（14）虽是故事，但这些故事都有相应的戏曲剧目流传。

戏曲剧目中为人所熟知的人物、情节常常成为熟语理据。同时戏曲舞台表演的其他一些元素也有作为熟语理据的。如以下熟语例子：

（17）【做包台旦】包台旦：戏曲剧中主要的旦角。比喻在有多人参与的事情中全过程承担做主要的事情。

（18）【头发笄子打散】头发笄子：发髻。把发髻散开。指拼了老命、下了决心、做了最坏的打算去与人斗争。✚古装戏剧中人物常散开发髻以表现激愤或悲苦的心情。

（二）熟语理据包含制度习俗信息

制度习俗是人类社会在相当长的一个历史时期里具有稳定性的社会规范体系，它由一系列的社会规范构成，也是相对持久的社会关系的定型化表现。特定区域的历史社会制度和习俗往往以各种方式沉淀于区域语言生活之中。广丰方言中具有文化内涵的熟语，其理据有部分包含丰富的制度习俗信息。如以下熟语例子：

（19）【半路接圣旨】出行走在途中接到下达的圣旨。比喻获悉未必可靠的传闻。

（20）【死侬占官山】官山：旧时村落中属于宗族公共所有的山场，可为穷困族人提供免费墓地。死人占着官山的地。比喻占用公共资源。带贬损义。

（21）【头骸端正】将放入棺木里的逝者的头和脚摆放端正，完成入殓。借指人把事情做完。指只顾做自己的事情而让等候自己的他人心生不满。带贬损义。

（22）【楔纸墩】楔：嵌入，塞进。纸墩：叠起来的纸张，此指作冥币用的成沓的黄表纸。焚烧纸钱祭奠祖先时把供焚烧的纸墩在下面以物垫高架空，以方便燃烧。借指做孝子贤孙，为祖先尽孝。

（23）【大水牛卖末，搣条牛绳是手里】搣：拿。是：在。大水牛卖了，拿着一根牛绳在手里。比喻财物大部分已经损失，仅剩一点儿而于事无补。✚旧俗：牛上市交易，买主付清牛款要牵走牛时，卖主可不给拴牛的绳子而以"牛绳钱"的名义再索要一笔小钱。

（24）【杂八乱过中秋】杂八乱：杂七杂八，乱七八糟。描写场面非常混乱。✚旧俗：中秋夜里有"偷亲"活动，即偷摘别人家菜园中的冬瓜等蔬菜瓜果，送往婚后未育而又盼望生育的夫妇家中，可以庇佑女主人怀上孩子，以此讨要酒食招待。这种"偷"瓜菜是一种半公开的游戏行为，一村之中，常常互相偷来偷去。

（25）【哓百家米大嗰】吃百家米长大的。✢旧俗：家中孩子多病，大人乞讨多户人家的米给孩子食用，以求消灾化难。借指孩子多灾多难，抚养大不容易。

上述例（19）以旧时政治制度物品为理据。例（20）以旧时宗族制度为理据。例（21）、例（22）的理据与殡葬、祭祀制度有关。例（23）的理据与经贸交易习俗有关。例（24）、例（25）的理据与乡村生活其他一些习俗有关。

熟语理据中的制度习俗信息可以帮助我们更好地了解、认识社会人际关系。如以下熟语例子：

（26）【大伯娘归间——大话大说】大伯娘：大妯娌。大妯娌进了房间，说着大话。意指人仗着资格老或有权势，大大咧咧地什么话都敢说。✢旧俗：长兄的妻子在众妯娌中具有权威。

（27）【做新妇囝】新妇囝：小媳妇，即童养媳。当童养媳。比喻受人欺凌奴役。

（28）【七切老娘联保婆】七切：女子不安分守己。联保婆：旧时联保长的妻子，仗势欺人，多为邻里所讨厌。借称喜欢撩拨别人、惹是生非、好管闲事的妇女。带蔑视义。✢联保：民国时期所设一级行政区域，在乡之下、保之上。

上述例（26）、例（27）展示了旧时家庭中成员的地位与彼此关系。例（28）反映的是旧时与基层政权人员有关的乡村邻里关系状况。

有一些熟语的理据显示出广丰地区与其他某些地区有所不同的习俗。如广丰人也吃狗肉，但不像有些地方那样作兴、推崇，而是认为吃狗肉是上不得台面的。于是就有了这样的熟语：

（29）【狗肉弗上秤】买卖狗肉不能用秤来称。比喻本来不怎么样的人受到别人抬举，居然就自以为有多大的能耐了。带蔑视义。✢广丰地区习俗不崇尚食用狗肉，以为其不够洁雅。

（30）【杀狗散场】最后杀狗聚餐，活动就结束了。借指众人聚集活动在很不好的氛围下草草收场。✢旧俗：狗肉不能上正式宴席。

（三）熟语理据包含思想观念信息

语言是文化和思想的载体，分析方言熟语的理据有助于挖掘熟语形成的社会思想文化根源。广丰方言中具有文化内涵的熟语，其理据有部分包含丰富的思想观念信息。如以下熟语例子：

（31）【八字相生】命里注定彼此相生。借指人与人之间天然的要好，彼此相知赏识。✢命相学用五行理论分析人的命相关系，命相彼此配合的谓之相生。

（32）【祖公坟头踢洞】踢洞：物体凹陷，形成窟窿。祖宗坟头上出现窟窿，即风水受到破坏。借指家庭没落，后人没有出息。

（33）【头世揌末好木鱼】揌木鱼：敲木鱼，指修行。上辈子做了好事修来今世的福分。借指家庭和个人现状很好。

（34）【做年猪】年猪：过年时宰杀的猪。借指在农历年前死去。旧俗认为人在农历十二月十五日至除夕这段年关时间内死亡，是为不祥。带不敬义。

（35）【倒稿堆】堆叠好的稻草垛子倒塌了。借指倒霉，不吉利。

（36）【手无脶】脶：圆形的指纹。手指纹没有脶。①借指人拿东西手不稳，东西掉落地上。②借指人没有能力，做不成事。✤旧俗认为男人的指纹要有脶才有能力。

上述例（31）、例（32）的理据反映了命理风水学等思想文化在民间的影响。此外，自古以来的生死轮回观念一直占据人们的精神领域，故不难理解方言中总有像例（33）这样的一类熟语存在。生死本是一个自然现象，但是"崇生重死"的观念总是赋予其更多的思想内容，所以就有例（34）人们对死亡丧葬的认识和理解。例（35）、例（36）的理据则反映人们对一般生活中的某些事物现象的认识。

最能够系统体现人们思想认识的，是人们依据对现实世界的认知而形成的宗教世界。如以下熟语例子：

（37）【五曜神揸着】五曜神：五曜之神。木星、火星、金星、水星、土星称为五星，又称五曜。被五曜神抓着，借指小孩子生病。✤旧俗认为，小孩得病有惊悸的表现是冲犯了五曜神所致。

（38）【鬼见桃牌】桃牌：桃木制作的符板，用以镇鬼。比喻见了所害怕的人或物赶紧躲避逃离。

（39）【茅山法使出来】茅山法：茅山宗派道士的法术。借指把看家的本领都用出来去做某事。✤语出"茅山道士"故事：茅山坐落于江苏省句容市和常州市金坛区交界处，道教"茅山宗"发源于此。民间故事中茅山道士多以捉鬼降妖而闻名于世。

（40）【地仙手一比，打井嗰累出屎】地仙：看坟地风水的先生。打井：挖金井，即挖掘墓坑。地仙手随便指一指，选了个难以开掘的位置，可把挖墓坑的人累死了。借指管干活的人瞎指挥，干活的人深受折腾。

（41）【死侬等功德】功德：僧道所做追荐死者的法事。死人等待为其举办追荐活动。比喻迫切等待。带贬损义。

（42）【打鼓掺瘟船】掺：撵走。✤旧俗：把纸折小船放在河边水面让其顺流漂去，以便带走瘟神，其时以鼓乐伴奏。借指急切地送走令人讨厌的人或物。

上述例（37）、例（38）的理据与神仙鬼怪有关。例（39）的理据与道教有关。例（40）的理据与堪舆有关。例（41）、例（42）的理据与宗教仪式活动有关。

佛教是对乡村社会影响最广的宗教，对语言生活产生了深刻的影响。广丰方言中的熟语有很多以佛教元素为理据。试举以下以"老佛"（佛教中的菩萨）一词构成的熟语例子：

（43）【老佛袍——有前无后】老佛：菩萨。菩萨塑像所穿的袍子，只有前身的衣片而没有后背的衣片。意指人做事情顾前不顾后。

（44）【糯米老佛】糯米蒸熟捏塑而成的菩萨塑像。喻指遇事无主见、懦弱无能、受人摆布的人。带戏谑义。

（45）【抬泥老佛过江——越抬越滞】滞：涩滞，沉重。抬着泥菩萨过江，浸了水变得越来越重。意指对人越是抬举奉承，越是难以伺候。✛抬菩萨出庙周游巡行，是庙会活动的重要仪式。

（四）熟语理据包含空间环境信息

方言因地域空间而存在。特定区域的空间位置和地理形貌必然会在区域语言中有所反映。地名是表示特定地域范围的名称，一个特定的地名见证了当地文明的历史演进，反映了特定地域的地貌特征、生态特征、信仰文化、历史发展和心理特征等。从广义上说，方言熟语的理据都包含地域空间的因素。这里所说理据中的空间环境信息，指熟语的文化内涵表现为理据与地域空间相关。如以下熟语例子：

（46）【上街下府】到街上去，到府里去。借指去往城市。泛称。✛旧时称广丰县城为街，称广信府治（今上饶市城区）为府。以广丰境内主要河流丰溪流向为标准，县城在上，府城在下。

（47）【下九江】走水路去九江。借指尿床。带揶揄义。✛广丰去九江，由丰溪入信江，再经鄱阳湖至九江，顺水而下。

（48）【十五都俫归城】十五都：地名，位于广丰南部山区，武夷山北麓。旧时十五都人难得进县城，进城来十分好奇地东张西望。借指人没有见识，对什么都感到新奇。

（49）【徛三条岗】站在三条岗拦路抢劫。借指做强盗。✛三条岗为从广丰区去往上饶市城区路上的一处地名，位于区交界处，旧时有劫道强人出没。

（50）【花棚底阮（软）家】"阮"谐音"软"。软家，借指势薄软弱者。✛花棚底：片村地名，位于广丰五都镇。阮家：花棚底自然村地名。

（51）【担浦城担】【担崇安担】浦城：广丰南边相邻的福建浦城县。崇安：广丰南边相邻的福建崇安县（今改置武夷山市）。旧时广丰人往福建邻县行商，都步行挑担。借指长途往来买卖货物。

（52）【姚川嗰命】姚川的命运。借指人诸事不顺、屡遭厄运。✛语出民间故事：县人姚川，幼年贫寒，后考中武举。在总兵任上，遭奸佞诬告谋反，押入京城问罪。金銮殿庭审，姚川见雕梁上一条蜈蚣跌落皇帝肩膀，跃上拍打护驾，更被以为欲刺皇上而判斩首。

（53）【猪肝弗哝】借指人烂醉如泥。✛旧时一嗜酒者醉卧路边，狗以舌头舔食其嘴边的呕吐物，醉者朦胧中说"猪肝我不吃"，遂以成为乡土掌故。

上述例（46）、例（47）是关于空间方位的。广丰境内的主要河流丰溪横亘境域，自东向西，到上饶市城区汇入信江。丰溪水最终到九江入长江，去九江自然是"下"九江。由此可见"上街下府"中的"上"和"下"不是用字互文，而是方位实指。例（48）～例（50）是以地名作理据，这些地名包含具体的空间环境信息，成为熟语的文化内涵的承载。例（51）还展示了广丰地区的居民活动与外地空间的联系。旧时广丰人有专门做长途挑夫的，"担浦城担""担崇安担"因此而成为一种职业名称。

广丰方言中熟语理据的空间环境信息，还表现在一些熟语的运用有空间范围的差异。例（52）中的本土历史人物因实有其人且影响较大，这条熟语基本通行于整个境域。而例（53）只通行于广丰西南乡部分乡镇。

（五）熟语理据包含生活画面信息

词语是社会生活的映照，方言以词语反映方言地区社会生活的方方面面。广丰方言中的熟语共同构成了"清明上河图"式的社会风情画面。这些熟语单个看未必有很明显的文化意蕴，但汇集起来便是对广丰这一特定区域某一时间阶段的社会风貌的全面描绘，在整体上提供了区域社会的生活画面信息。如以下熟语例子：

（54）【駲露水】駲：撵，赶走。早晨走过草地或庄稼地，把草上和庄稼上的露珠碰落了。比喻为别人做事，走在前头开路。——气象

（55）【旱死过水丘】过水丘：灌溉时水流经过的水田。过水丘的水稻因干旱而枯死。比喻最方便惠顾的事物却因疏于关照而遭受损失。——地理

（56）【野荸荠——弗走正路】野生的荸荠，其地下茎生长方向不整齐。意指人不依正当途径做人做事。——植物

（57）【痴狗上头面】痴傻的狗爬到主人的头上去。比喻娇憨的小孩对大人做出过分的动作，提出过分的要求。也比喻人际交往中不识礼节、逾越规矩而言行过分。——动物

（58）【颠倒颠，拆末瓦屋盖稿苫】稿苫：稻草编成，用以盖房顶。把瓦房的瓦拆了，改用稻草盖。描写人做事完全颠倒胡来。——屋宇建筑

（59）【个条脏套股臀】脏：肠子。股臀：屁股。一根肠子直接套接着屁股（肛门）。比喻说话行事不懂得拐弯抹角，直来直去。——身体

（60）【骹踭向前】骹踭：脚跟。脚跟朝前走路。描写人狂妄自大、不可一世的情状。——动作

（61）【里锅未滚外锅先滚】里锅位于炉膛中央，水本应比炉膛边上的外锅先开，然而里锅的水没开外锅的水却先开了。比喻当事人自己对事情不急着去处理，而周围的人却在一旁着急，为其想办法出主意。带揶揄义。——炊事

(62)【瞵着咸鱼咥白饭】瞵：看。咥白饭：没有菜下饭，光吃饭。眼睁睁看着咸鱼，只能干吃白饭。指能望见，但达不到或不能接近。比喻事物目前还不能得到或实现。——饮食

(63)【锄头无欚柄里锯】欚：楔子。锄头斗装木柄时没有木楔加固，就从木柄上锯下一截来削成楔子。比喻做事情时遇上问题从本身找解决方法，或就地取材解决。——器具

(64)【掉直犁】掉：拉，扯，提。牛拉犁只会直走，不会拐弯。比喻人做事戆直。——农事

(65)【杀到猪讲猪价】屠户把养殖户的猪宰杀了才来商谈买卖猪的价钱。借指做事情事先没有说定，做了再说，惹出麻烦。——屠宰

(66)【比股臀裁裤】比照屁股的大小裁剪裤子。比喻精打细算，根据有限的材料或条件做事，没有一点儿自由伸缩的余地。——裁缝

(67)【斧头打凿凿打树】在木头上凿孔时，斧头敲凿子，凿子凿木头。比喻从上而下，逐级施加压力或追究责任。——木匠

(68)【箍桶弗虮底】虮：敲。虮底是箍桶的最后一道工序，箍桶的时候不把桶底敲紧。比喻没有把一件事情彻底做好。——箍桶匠

(69)【挨篾撞节】挨：爱护物品，不使损坏。想剖出好的篾片，却碰上了竹节。比喻偏偏发生了力求避免的事。——篾匠

(70)【登铁屎】登：装。看别人打铁，被铁锤敲打烧热的铁件溅起的火星烫了。比喻只是因为出现在某个场合空间而遭受本不相干的意外损失。——打铁

(71)【打铳跟烟走】用火铳打猎，放铳之后跟着火铳冒出的火烟飘散的方向去寻找猎物。比喻人说话应声附和。——打猎

(72)【推车就末壁】就：挨，靠。推独轮车子靠了墙壁就会侧翻。比喻做事陷入十分局促的境地。——推车

(73)【死秤活俬使】秤是死的，使用秤的人是活的。借指处理问题依据具体情况对规矩作变通。——经商

(74)【黄病未去，赤痢亦来啵】黄疸病还没有痊愈，又患上了痢疾。比喻既有的困厄尚未消除，接着又遭遇新的困境。——行医

(75)【捉倒囡儿骟卵子】捉住女孩子要为其阉割睾丸。借指逼迫人做力所不能及的事情。——阉猪

(76)【做媒包养儿】做了媒人还包生儿子。比喻超出了做某事的责任和能力范围。——做媒

(77)【打锣对腹子】腹子：肚脐，位于人体中心。敲锣对着锣面的正中，锣声响亮。比喻说话讲到点子上。——娱乐

(78)【教化子死末蛇】教化子：乞丐。乞丐用蛇作杂耍以求钱物，蛇死了便无以

谋生。比喻人没有了做事情的基本条件。——行乞

以上熟语例子涉及社会环境与生活的各个方面，一般来说，其中理据大体为各地共有。但有些事物现象在广丰地区较为常见，用作理据从而体现出地方特色。如广丰境内雨量充足，主要河流丰溪春夏常有洪水发生，以"大水"构成的熟语便不少。如以下熟语例子：

（79）【大水过末十八丘】洪水泛滥漫过了十八块田。比喻事情过去已久，不值得再提。

（80）【徛得高山覷大水】站在高山上看洪水。比喻置身事外，看事态发展。

（81）【捞大水柴】在河里捞到从上游被洪水冲卷下来的柴火。比喻意外得到白捡来的财物。✤广丰境内丰溪及其支流上游山区砍伐的木头旧时主要以结排漂放方式外运，涨洪水时堆放于河滩的木头往往冲散漂下，为沿河各地人捞得。

广丰境内有较多的山地，山林中多动物，麂子是其中一种常见动物，以之为理据构造的熟语就有多个。如以下熟语例子：

（82）【飞獐走麂】獐：毛较粗，外形像鹿的动物。麂：腿细，皮毛软，外形像鹿的动物。借指獐、麂一类善跑的野生动物。泛称。

（83）【野猫驮麂——有力尽使】野猫：野猫子。野猫子体型较小，麂子体型较大，野猫子要叼走麂子，所有的力气都用上了。意指人做事竭尽全力。

（84）【打赤膊麂】打赤膊，背脊光光像剥了皮的麂子一样。描写人不穿上衣、光膀子的状貌。

由于时代发展，有一些作熟语理据的事物现已少见甚或不见，这就使得如今在使用熟语时了解其文化内涵显得更加要紧。如半个世纪以前草鞋是农村的常见物品，当下的年轻人要把握下面的熟语的含义已殊为不易。实际上他们未必会说，便是听了也不甚明白。因此，草鞋的形制、功用以及使用的环境都成为重要的文化背景信息。如以下熟语例子：

（85）【依恃草鞋踢破骹】依恃：自恃。自以为穿了草鞋走路就不会像打赤脚一样踢了脚，不料还是踢破了脚趾头。比喻自以为有好的条件做保障，但意外还是发生了。

（86）【草鞋一家着一只】着：穿。一双草鞋，两个人各穿一只。比喻经济交易讲价钱时双方各作退让，以便各有得利。

（87）【跟倷扱草鞋】扱：捡，拾。在别人后面走，一路为其捡拾穿烂了扔下的草鞋。比喻追随别人做跟班、打下手。

（六）熟语理据包含书面语官话信息

与共同语书面语比较，方言词语的语体色彩有一个突出的特点是"俗"。考察方言

语汇，有把"俗语"作为方言语汇成分的名称的。① 方言中的熟语绝大部分具有"土俗"的特点。只不过非常值得注意的是，广丰方言中的少部分熟语有着与"土俗"相对的"文雅"的特点，表现为其理据中包含着书面语官话信息。如以下熟语例子：

（88）【长长如是②】是：文言中的指示词，此，这。长久地像这样子。用于人际交往中劝人不要在乎短暂的热情，而是要长久维持目前的关系。

（89）【懵懵如也】懵：懵懂。如：文言中的形容词词尾，相当于"……的样子"。也：文言中的语气词，表示判断、论断。形容懵里懵懂、不明事理的样子。

（90）【撒乎散扬】撒：抛，扔。乎：文言中的动词、形容词词尾。形容东西四散抛撒、凌乱无序的样子。

（91）【之乎者也】泛称文言虚词。借指多种事物混杂在一起，乱七八糟。✦ "者"读"dza²¹"，为"tɕie⁵⁵"音讹读。

（92）【夹辣蛮之】夹辣蛮：坚决、执拗或勉强地（做某事）。之：文言人称代词，此为虚用，无所指。指人做事不考虑情况、条件。有文雅意味。✦ "之"凑齐音节，构成成语格式。

例（88）～例（90）都是典型的文言表述方式，但在方言中由于通用和常用，一般都不会有文绉绉的感觉。从语源上来说，这些熟语当初应该是由旧时读书人带入方言口语中的。只是推广开来时日一久，习焉不察，没有人会注意到熟语原本的文言色彩。例（91）"之乎者也"由于语义引申，一般人更不会想到这个看起来很土俗的说法居然还有很文雅的由来，应该作这样的文字记写。例（92）由口语词"夹辣蛮"和文言词"之"组合，则别有语体风味。再如：

（93）【这七那八】这又不是，那又不是。形容做事不耐烦，故意挑剔。

（94）【不知来路】不知来自何处。借指人得意忘形。

（95）【老哥哇老哥】老哥：借用作第一人称。我自己吃自己。借指没有沾别人的光，揩别人的油。带谐趣义。✦ "老"方言中一般读阳上调，此处借用旧时地方官话的发音读阴上调。

（96）【老罔老，吃得三把草】罔：虽然。牛虽然老了，还能吃三把草。比喻人老还有一定能力，用于表示自己并不很老，有自嘲意味。✦ "老"借用旧时地方官话的发音读阴上调，"把"读文读音，"草"的韵母借用旧时地方官话的读音。

例（93）的指示代词"这""那"和例（94）的否定词"不"都是共同语的说法。例（95）、例（96）的"老"和"草"分别借用通行于广丰地区的旧时地方官话的声调和韵母的音读，例（96）的"把"读方言的文读音。③

---

① 目前研究者关于"俗语"一词的内涵与外延不尽一致，有的与成语、歇后语、惯用语同一层次，有的则是成语、歇后语、惯用语的上位概念，更大范围的还包括谚语。

② 下画双横线的字读方言文读音。

③ 清朝和民国时，在文化教育普及率极低的情况下，一般民众对官话的知晓习得实际上都是通过听戏曲观剧而实现的。这也反映了地方戏曲舞台语言对方言的影响。

熟语理据中所包含的书面语官话信息反映了共同语对方言的影响，也表明方言中构造熟语时有着对典雅正统的追求。

三、余论

（一）方言中熟语与谚语在文化内涵表现上的异同和联系

方言语汇成分中，词具有概念性，而熟语、谚语具有叙述性。熟语与谚语不同的是，熟语的叙述表义属于描述性质，即描写记述事物现象的性质状态、动作行为和时空存现，而谚语的叙述表义属于表述性质，即说明道理规律、表达评价观念、提出允禁祈求。

就所表现的文化内涵的情况来看，熟语与谚语这两类语汇成分有所不同。文化内涵包含着社会语境信息，主要见于转指（转义指称）式的熟语，不见于直陈（直接陈述）式的熟语。而谚语则有所不同。谚语的文化内涵有两类，一类是与熟语的文化内涵相同的社会语境信息，一类则是熟语所没有的社会文化意识。社会文化意识是一定社会历史背景下固定化和公理化的社会集体认识，它直接体现在谚语的语义上。试比较以下熟语与谚语：

（97）【依实道实】依照实际情况说实在的话。

（98）【狗归水碓——个头嘲灰】水碓：旧时一种借水力春米的工具或设施。狗进到水碓里，沾了一头的糠灰。意指人触了霉头，灰头土脸的。

（99）【善侬管田，恶侬管山】种植水田与周边水田的所有者发生矛盾冲突的相对较少，由和善的人管理就可以了；垦殖山林容易与周边山林的所有者发生矛盾冲突，得由凶恶的人管理山林。

（100）【水碓月轮，百转弗匀】月轮：水碓里由水流冲击带动转轴转动的立式木轮，形似满月。水碓里的月轮，转动一百圈，转速不会是均匀的。比喻事情发展有快有慢，人生之路有高有低。✤河水流量和流速不是恒定的，因此水碓月轮转速也不均匀。

上述四例，例（97）是直陈式的熟语（成语），例（99）是直陈式的谚语，两例都没有隐含于理据中的社会语境信息。例（98）是转指式的熟语（歇后语），例（100）是转指式的谚语，两例都有隐含于理据中的社会语境信息。例（99）、例（100）都属于谚语，其中例（99）说明道理、提出建议，例（100）说明事物规律。两例都有着通过谚语释义表现出来的社会文化意识。

从语言应用者的需求来看，希望对熟语有深刻透彻了解从而有助于运用的，关注的重点往往是隐含于理据中的社会语境信息；希望对谚语有深刻透彻了解从而有助于运用的，关注的重点往往是谚语的社会文化意识。作为方言语文辞书的编撰者，我们正是基于读者的不同需求才考虑把熟语和谚语分别编成专项辞书——方言语典和方言谚典。

熟语与谚语在文化内涵表现上的联系是指谚语也与熟语一样，有部分谚语也包含社会语境信息。如以下熟语例子：

（101）【瓦砾头翻身】瓦砾头：小的碎瓦片。比喻人的悲苦际遇得到了根本性的改变。

（102）【瓦砾头都有翻身日】意指人不会一直处于悲苦中，命运总会得到改变。

例（101）是熟语（惯用语），例（102）是谚语。"瓦砾头翻身"的理据蕴含屋舍建筑类的社会语境信息：在旧宅基上建新房子，埋藏地下多年的旧房子遗下的碎瓦片得以翻身出土，重见天日。

（二）方言语典编写要注意对熟语条目文化理据的梳理与阐释

方言语典对方言中的熟语应作全面收录。编写的目标是要对所辑录的熟语作合适的汉字记写和准确的音标注音，其主体部分则是对熟语的语义和用法作出详细说明。承载文化内涵的文化理据往往属于外部理据，这就需要我们在对熟语作语义系统释义的基础上，做好对文化理据的梳理和阐释。例如"十五都未涨大水——无有炭篓"这个歇后语，依据词"炭篓"（装木炭的篾篓）和惯用语"戴炭篓"（同普通话"戴高帽"）的语义，可知歇后语作"注"的后一部分意指"不作阿谀奉承之词"，但作"引"的前一部分是如何与后面发生语义联系的？考之对条目作释义如下：

（103）【十五都未涨大水——无有炭篓】十五都为广丰南部山区，在丰溪上游。山区出产木炭，旧时多以篾篓盛装，由竹木排漂放外运。涨水时常有在河滩待运的炭篓被冲散漂浮到下游，为人捞得。方言中称对人说恭维话为"戴炭篓"。没有涨水便没有炭篓可捞，意指不作阿谀奉承之词。

又有"社公回篮"的惯用语指人长相太难看。"社公"和"回篮"两词意义都不难理解，但熟语整体的语义是怎样形成的？见下：

（104）【社公回篮】社公：社神，土地神。回篮：接受别人送礼时，留下部分礼品或以其他物品置于送礼者提来的篮子中让其带回，表示回赠。借指人长相极其不佳。
♣旧俗以猪头作供品祭祀土地神。猪头通常都较难看，土地神一般也都收下。有的猪头连土地神也嫌太过难看便拒收而以之回篮。

只有对熟语的文化理据作出充分的说明，才能避免熟语的释义仅有概念义或基本意义而语焉不详，从而达到使释义准确详尽的目的。熟语的释义中，文化理据的分析或就放在条目主体释义部分之中，如上述例（103）；或作为补充说明的部分置于后，如上述例（104）。

（三）方言文化保存要注意对具有文化内涵的熟语的发掘

汉语方言从整体上看都处在趋于衰微的状态。方言衰微反映在表达功能上，是方言的语言表现力贫乏化；反映在语言材料上，是熟语、谚语等语汇成分的流失。与词相比较，熟语的主要作用是使语言表达更加丰富生动，若仅满足于一般的交际，从某个角度来说也许只需使用词即可。方言调查实践中，新派发音人与老派发音人的代际差异，最突出的一个表现就是方言不地道的新派发音人已经少了很多老派发音人所使用的固定的表述语式。

本文作者两人，作者 1 为"80 后"，作者 2 为"50 后"，虽都系广丰籍人，但对母语方言中词语的掌握，特别是对熟语的知晓和运用，已经有着明显的代际差异。例如"到末下四府"这一说法，对作者 1 来说当是闻所未闻的。甚至作者 2 田野调查时询诸许多乡里同龄者，也都表示不清楚所说为何。作者 2 之所以还有此语料积累，是因 20 世纪 60 年代末返乡参加农业劳动时便从有生活经历的老一辈处习得，至撰写书稿时方才内省重现。这一条目兹录于下：

（105）【到末下四府】到了下面的四个府。借指长时间干活，到了活计将要结束而人已经极度困顿的时候。✤清代福建省辖八个府，即上四府（建宁、延平、邵武、汀州）和下四府（福州、兴化、漳州、泉州）。旧时广丰人做挑夫挑担前往福建，经闽北最远到达位于闽东南和闽南的下四府。

这个熟语反映了明清至民国赣闽两省间的民间经贸活动情况，具有值得注意的社会语境信息而表现出丰富的文化内涵。只是当年做挑夫到过福建下四府的人，如健在至少也年逾 90。如今能知晓并使用这一语料的方言母语者几稀矣。

由是，我们深深感到，注意发掘方言中具有文化内涵的熟语对于方言文化保存不仅有其重要性，而且更有其紧迫性。

参考文献

[1] 曹志耘. 论浙江方言文化的保护传承 [J]. 浙江社会科学，2021（2）.

[2] 陈泽平，林勤. 福州方言大词典 [M]. 福州：福建人民出版社，2021.

[3] 胡松柏. 方言语典编写中语的分类与归类：以《广丰方言语典》为例 [M]//甘于恩. 南方语言学：第九辑. 广州：世界图书出版公司，2015.

[4] 李政. 方言语典编撰的几点体会：以《广丰方言语典》为例 [M]//甘于恩. 南方语言学：第九辑. 广州：世界图书出版公司，2015.

[5] 罗常培. 语言与文化 [M]. 北京：北京出版社，2004.

[6] 邢向东. 汉语方言文化调查：理念及方法 [J]. 语言战略研究，2017，2（4）.

[7] 张惠英，顾晓东，王洪钟. 崇明方言大词典 [M]. 上海：上海辞书出版社，2014.

A Study on the Cultural Connotation of Idioms in Guangfeng Dialect

LI Zheng， HU Songbai

Abstract：The compilation of dialect language dictionaries has the social value of protecting dialect resources and inheriting dialect culture. The cultural connotation of dialect idioms contains rich social context information. The cultural connotation of dialect idioms can be investigated from the props of evidence. The cultural connotation of idioms in Guangfeng dialect can be divided into several expression types according to the social context information, which includes historical and cultural information, policy and custom information, ideological information, spatial environment information, daily life's visual information, and written official language information. There are similarities and differences between idioms and proverbs in the expression of cultural connotation. The compilation of dialect phrase dictionary should focus on the sorting and interpretation of the cultural justifications of idioms. The preservation of dialect culture should focus on the discovery of idioms with cultural connotation.

Keywords：Guangfeng dialect, idioms, the cultural connotation

重庆方言的被动标记"着"及其多功能性探究①

余海燕　王茂林②

（暨南大学华文学院　广东广州　510610）

【提　要】"着［tsɑu²¹］"作为重庆方言唯一的被动标记，其语义来源于"遭受"，主要表达糟糕、倒霉、不幸等消极意义。"着"字被动句的基本结构形式是"受事＋着＋施事＋VP"，其中受事和施事在一定的语境下均可省略，其时间概念可以表示过去，也可以表示将来。"着"字被动句表达方式具有现代汉语"被"字句式的绝大多数特征，但"着"的虚化程度要低于"被"，重庆方言的"着"除了作介词以外，仍然保留了原动词用法，在句子中充当谓语。

【关键词】重庆方言　被动标记　"着［tsɑu²¹］"　遭受

一、引言

在现代汉语七大方言中，"着"作为被动标记的地域分布非常广阔，李蓝（2003）调查发现："'着'字式被动句主要出现在西南官话中，与西南官话关系比较密切的湘语、赣语和湖南土话比较常见，还见于闽语、胶东官话和兰银官话中。""着"作为被动表达，其作用相当于普通话的"被"。例如：她着₍被₎狗咬了一口。"着"字被动句具有显著的方言特征，截至目前已有很多学者对其展开了调查研究，并取得了丰硕的成果。李海霞（1994）、左福光（2005）、王平（2021）、张霁（2010）、王树瑛（2017）、张鹏飞（2020）等探讨了四川、湖北等地方言中"着"字句的语义转变路径及其用法

① 本文是国家社会科学基金项目"广东粤、闽、客方言韵律特征研究"（项目编号：18BYY187）以及国家社会科学基金重点项目"广东粤闽客三大方言语言特征的系统分层实验研究"（项目编号：22AYY010）的阶段性研究成果。本文语料均已标注出处，若未标注均为笔者自省，外加他人帮助：李钢（重庆渝中区）、彭娟（重庆沙坪坝区）、王钲冕（重庆南岸区）、张见（重庆江北区）、熊菊花（恩施）、赵雅（贵阳），在此一并感谢。

② 余海燕，暨南大学华文学院语言学及应用语言学专业在读博士生；王茂林，暨南大学华文学院教授，博士生导师。

特征。但作为重庆方言的专职被动表达方式"着"（陈章太、李行健，1996）至今仍未被进一步深入研究。重庆（主城九区）是巴渝文化的发祥地，位于中国内陆西南部、长江上游地区，因其特殊的地貌特征，又别称"山城、雾都"。重庆方言隶属于西南官话区的成渝片，具有入派阳平的特点［参见《中国语言地图集（第2版）》官话之十一］。本文基于重庆方言"着"的特殊性，探讨它的多功能性、语义来源，以及与其他方言的异同，从而深入挖掘其存在的原因。

二、重庆方言"着"的多功能性

"着"在重庆方言中的用法具有多功能性。作为动词，常充当谓语，表示"完了""糟糕""倒霉""受损失"等义；作为介词，充当被动式的语法标记，相当于"被"。

（一）"着"的动词用法

"着"常用作动词，充当句子中的谓语，可独立使用，亦可带宾语或补语。它一般表示消极的意义，比如受到惩罚、遇到不好的情况或者遭受某些损失。

1. 单独使用

表示受到伤害，意为"完了"。

（1）着了(糟糕)！我又迟到了。

（2）莫在水边边儿耍，小心要着哦。(别在水边玩，小心掉进去/遇到危险)

（3）今天重庆40度，我们热着了。(出乎意料的感叹)

例（1）、例（2）、例（3）是在重庆日常生活中最常使用的表达句式，意为"糟糕、倒霉、没有预料到的一种感叹"。说话人采用该表达仅是泛指自己或他人会处于不利的境地，产生不良的后果，并不具化到某一项具体的事情。

2. 带宾语

表示有不愉快或者不幸的事情发生。

（4）张三着了李四的圈套。(张三遭了李四的骗)

（5）他是着了几个鸡子的。(损失)

（6）恁个冷的天，洗冷水澡要着感冒。(要感冒)

从上面的示例可以看出，"着"可以表示过去，结尾常带"了""是……的"表示已经发生的事情；同时，它也可表示将来预计发生的事情，常在句中加"要"。

3. 带补语

表示倒霉、糟糕、损失。

（7）你都着了三回儿了，还没长记性啊！(倒霉)

（8）勒回儿世界经济就着得很咯。(损失)

（9）不能从楼上头丢东西，哪个着到都不好。(砸到)

"着"所带补语，可以是表结果的，例（7）后直接跟的是数量短语，表次数已经很多了。例（8）"得很"表结果，意为损失很严重，亦可为表状态的。

（二）"着"的被动用法

"着"可以用作介词，充当被动标记，并且在重庆方言中该词作为唯一的被动表达式，其在句式特点、语义特点和语用意义方面都有自己独一无二的特征。

1. 句式特点

在重庆方言中，"着［tsɑu²¹］"字被动句的句式表达有完全句和非完全句两种用法。完全句的基本格式："受事 + 着 + 施事 + VP"。例如：

（10）那些扫地的经常着别个瞧不起。

（11）伞着你打烂了。

（12）茶杯着她打破了。

例（10）、例（11）、例（12）是重庆方言被动句表达中最基本的构式，这与普通话"被"字句相似，受事、施事、动作动词均呈现出来，让听话人瞬间了解事情的来龙去脉。

但是，在日常生活中，人们却常通过省略"受事"来表达被动义。例如：

（13）（你）着人暗算还在高兴，不晓得高兴些啥子。

（14）（他）从堡坎儿上摔下来，脚着石头砸断了。

（15）这一下（她们）着朋友逼急了把真话都说出来了。

以上几例中的"受事"虽未直接体现，但听话人一般都能明白说话人表达的准确含义，因为他们之间的话轮交替已表达清楚，如例（14）中的话题中心就是"他"，听话人已询问"他怎么了，为什么没来"，或者"他为什么进医院"，等等。

因为"着"的被动义来源于"遭受"义，后边本就可以是只隐含施事的非完全句。例如：

（16）手着（绳子）捆麻了。

（17）她着（别人）吓哭了。

（18）兔儿着（猎人）逼急了也要咬人的哟。

例（16）、例（17）、例（18）中的施事为不定指，与受事之间不具备百分百的匹配关系。如例（17）吓哭她的可能是人，也可能是别的生物或者非生物，如老虎、蛇、地震、电影等。

在重庆方言中，被动句表达还可以只保留"着 + VP"，呈极简单式。例如：

（19）A：妹妹啷个了？(怎么了)

　　　　B：（妹妹）着（妈妈）骂了。

（20）A：徐芳到哪点儿去了？_(去哪儿了)

B：（徐芳）着（老师）喊走了。

（21）A：他得不得着（骗子）骗哦？

B：他啷个精灵_(非常聪明)，不得着（骗子）骗。

以上三例的存在必须匹配超强的语境，即例（19）、例（20）、例（21）必须是在同一话轮中，若游离于外，很容易会引起误会，产生沟通障碍。

重庆方言的"着"字被动句与普通话的"被"字句相比，二者句型句式相同，均为"弱式被动句"。例如：

（22）你快点儿，别被_(着)班长发现了。

（23）《禁止生物武器公约》的职能，包括联合国安理会关切的事项，不应被_(着)其他机制替代。

（24）牛钰的故事告诉我们，不要被_(着)困难征服，而是去征服困难，让生命在淬炼中绽放光彩！

虽然"着"的地方方言特色浓厚，多用否定词"莫""莫要""不得"，"被"通常使用"没""不要""不想""不愿意"等，但是其否定结构是可以互换的，即"受事＋否定词＋被/着＋施事＋VP"。

除此之外，我们发现"被"和"着"还可以和"把"字句嵌套使用。例如：

（25）朱熹太看重这些，71岁时，被_(着)忧郁把生命借走了，且不再还。

（26）前一段儿曝出不少新闻，老年人被_(着)骗子把棺材本儿都骗走了。

（27）她被_(着)石头把脚踝压碎了。

由此可见，在重庆方言中"着"之所以是唯一的被动标记，皆是因为它具有和普通话被动标记互通的结构类型。

2. 语义特点

被动表达是一个"非自愿"的受动过程，前一小节的分析发现"着"字被动完全句包括四个基本语义要素（施事者、受事者、动作和行为结果）和两个事件（施动事件和受动事件），受动过程具体体现在施事者通过动作行为作用于受事者，导致受事者遭受一定的损失或者产生一定的变化。例如：茶杯着她打破了。茶杯是受事者，她是施事者，打是动作行为，破是这个打的行为产生的损失。她打茶杯是施动事件，茶杯破了是受动事件，她打茶杯和茶杯破了之间有因果关系，由此可见，"着"字被动表达字句的受动性语义特征是句型结构产生的，句子的每一个成分都是整个事件发生的重要一环。

（1）被动标记"着"字完全句表达中的受事和施事都是一个较大的聚合体。

①最具代表性的就是人，包括个人以及与人构成整体和部分关系的身体器官。例如：头、眼、鼻、喉、手、脚等。

（28）憨憨儿着我追得到处跑。

（29）婆婆的脚着踩痛了。

（30）我发现舌田儿老是着牙齿咬。

②与人类有着紧密联系的飞禽走兽。例如：鸟、虎、鹰、蛇、老鼠等。

（31）苹果树里的虫子着雀儿（麻雀）吃了。

（32）恁个好的一颗小白菜着猪拱了，真是可惜了。

（33）一头正在吃草的角马着狮子们盯倒起了。

③被影响的自然现象或者非自然现象。例如：海水、电灯、台风、经济等。

（34）蜡烛着风吹熄了。

（35）疫情后的经济着拖惨了。

（36）沿海多个城市着海水倒灌，从而引起了城市内涝。

（2）"着"字被动句中的谓语动词涵盖面也非常广阔。

①可以是表示与人类有关系的动作动词。例如：打、撕、割、骗、骂、炸、收拾、残害、羞辱、断送等。

（37）这个意见着否决了。

（38）屋团转已经着她收拾好了。

（39）回来就看电视，不做作业，爸爸回来了，看你得不得着打。（爸爸回来可能要打你/骂你）

②可以是一些自然物作用的动词。例如：吹、泡、晒、堵等。

（40）屋头的菜籽都着榨完了。

（41）哎呀，妹妹的衣服着吹跑了。

（42）地表温度已经到了60度，勒牛肉一哈哈儿（一会儿）就着晒成了牛肉干。

3. 语用意义

邢福义（2001）结合丁声树（1961）的观点并通过分析现代作品中的"被"字句，总结出："被动句所表达的感情可以是拂意、称心、中性，但表示拂意的居多数。"而重庆方言中的被动标记"着"与"被"的表情传意有相似之处，也存在不同之处。在重庆方言中，对受事或者说话者而言，"着"多传达的是倒霉、不幸之事，极具消极意味，其程度可深可浅，主观性强。例如：

（43）莫拍了，小心门要着（被）拍垮。

（44）太阳着（被）云遮到了。

（45）明天，车要着（被）老汉儿开走了。

当动词为"提、升、选拔、表扬、推选"等明显具有积极色彩的词时，是不可以替换成"着"的，所以现代汉语"被"的谓语动词的选择性比"着"更加多元化。例如：

（46）程广被评为三好学生。

*程广着评为三好学生。

（47）难怪她最近满面春风，原来是被升为合伙人了。

*难怪她最近满面春风，原来是着升为合伙人了。

（48）王莉被推选为我们的学生代表。

* 王莉着推选为我们的学生代表。

例（43）、例（44）、例（45）中的"着"和"被"可互换，其动作动词是"拍垮""遮到""开走"，着对于说话人而言都是负面的、不好的。但是，例（46）、例（47）、例（48）中的动词却是"评为""升为""推选为"，皆为蕴涵积极意味的词，这与表达消极意义的"着"不相吻合，因此此处不可使用"着"。普通话"被"的谓语动词走的是一条"概略化"路子，可统辖"积极、中性和消极"范畴。而重庆方言"着"走的却是一条"具象化"路子，大多表达的是"消极"范畴。

三、重庆方言"着"的语义来源

现代汉语方言丰富多元，其被动标记的语义来源也多种多样。黄伯荣（1996）发现："22 个方言点的被动式都颇具代表，而且其特点突出，这些方言被动标记的词汇来源有三种，它们分别是'使令''给予'和'遭遇'。"

据《说文》，重庆方言的被动标记"着"是从"箸"演化而来的。"箸"：《说文·竹部》："箸，饭攲也。从竹，者声。"并解释为吃饭的筷子，绝非本义。金文箸是⺮（竹，借代竹制餐具）和煮（者，即"煮"，代表熟食）的组合，表示将竹制餐具插在熟食上。篆文箸将金文字形中的"者"煮写成煮。隶书箸将篆文字形中的"竹"⺮写成⺮，将篆文字形中的"者"煮写成者。当"箸"引申出形容词"突出、显著"后，俗体隶书箸用⺾的"著"代替⺮的"箸"。当"著"的引申义动词"穿着"消失后，草体隶书箸又用变形的"着"代替"著"。

谷衍奎主编的《汉字源流字典》（2008）分析："箸，本义是指'拨火的筷子，即烧火棍'，后逐渐引申为：①吃饭的筷子：昔者纣为象箸而箕子怖。②附着：兵箸晋阳三年矣。③明显：致忠信，箸仁义，足以竭人矣。"为了分化字义，"箸"专指"筷子"，会意兼形声字，读作 [ʈʂu⁵¹]。后又分化出将"⺮"头改为"⺾"头，成为"著"，意为"明显"，诚则形，形则著，著则明，读作 [ʈʂu⁵¹]。后又引申为：①写作：不能道说，而善著书。②作品：巨著。③土著：其俗土著。而分化出来的"着"，基本义为"附着"，引申为：①着落：形容事情有归宿、有结果。②穿着：邀人傅脂粉，不自着罗衣。③接触到：上不着天，下不着地。④感受到：着急。⑤使用：别着脚踢。⑥达到目的：猜不着。⑦燃烧：着火了。⑧放置：着点儿盐。"着"随着语义的增多，读音也分化出了 [ʈʂuo³⁵] [ʈʂe]，在重庆方言中，被动标记"着"读作 [tsɑu²¹]。

据《学生新华字典（第 5 版）》："着 [ʈʂao³⁵]"包含了六个义项：①接触，挨上；②遭受（某种侵袭），着凉；③陷入（某种状态），着忙；④用于动词后，表示有了结果或达到了目的；⑤入睡，睡着；⑥点燃，着火。并且李蓝（2003）曾在研究中发现贵阳、成都、黎川、海口、厦门各地的方言都是来源于遭受义的"着"，且提出：判断一个地方方言的"着"到底是遭受义还是使役义，就看该地方方言是否同时使用"叫""教""让"等使役义动词的被动标记。

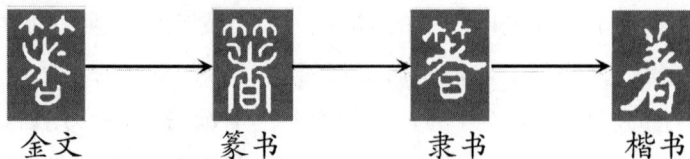

图1 "着"的字体变化过程

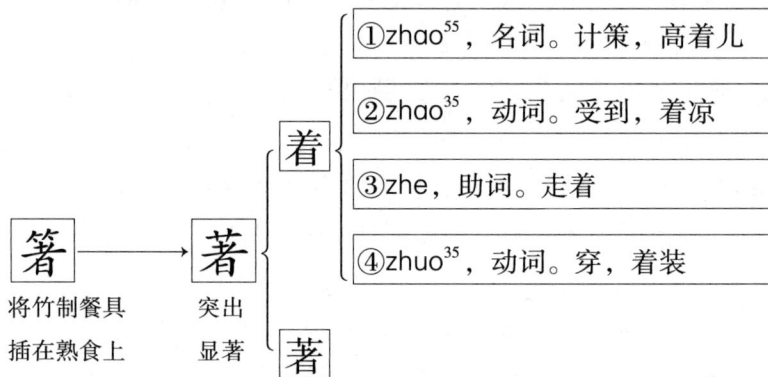

图2 "着"的演化路径

重庆方言使用"遭受""着火""感受到"等义非常普遍。例如：长沙电信大楼着燃了。据陈章太、李行健（1996）所介绍现代汉语"着"标的使用情况看，重庆方言被认定为专独使用地之一。鉴于此，"着"之所以在重庆方言的书面表达形式通常被写成"遭"，那是"着"有"遭受"义的缘故。

四、被动标记"着"的跨方言比较

被动标记"着"的地域分布非常广泛，据李蓝（2003）调查研究发现："着"字式被动句主要分布在西南的云南、贵州、四川、重庆，华中的湖北、湖南，华南的海南等省市，以及华东地区的山东、江西、福建，和西北地区的宁夏等地。这些地区的被动标记"着"与重庆方言的又存在哪些异同之处？

通过已有的调查资料发现：

（1）很多地区的被动标记并不仅局限于"着"，比如：四川南充是"着、挨"二合共现，湖南益阳是"着、把得、挼"三合共现，云南昆明是"被、挨、着、给"四合共现，等等。但是，在重庆方言（主城区）中被动标记"着"却保持着专职的地位。

（49）四川南充：米着老鼠糟蹋哒。（《普通话基础方言基本词汇集》）

花瓶挨他打破了。

（50）湖南益阳：他在路上着狗咬呱了一口。（《益阳方言语法研究》）

他拨别个弄咖三千块钱。(他被别人骗去三千块钱)（《"着"与相关被动标记的共现数目、类型及成因》）

他把得别个打咖一轮死的。(他被别人狠狠打了一顿)（《"着"与相关被动标记的共现数目、类型及成因》）

（51）云南昆明：咯是着你摧毁了。（肖图龙《打渔》）

那娃娃被毒品害惨了。

毛衣挨衣柜的虫把边边咬了几个洞洞。

豆芽儿给你炒咸了。

（52）重庆市：茶杯着他打破了。（《普通话基础方言基本词汇集》）

（2）从语音角度分析，"着"作为被动标记保留的语音大部分集中在 $[tsau^{21}]$ $[tʂuo^{22}]$ $[tʂuo^{53}]$，重庆方言的被动标记"着"所持的语音为 $[tsau^{21}]$。

（53）湖北恩施：一个大母鸡着 $[tʂuo^{22}]$ 鹞鹰叼起走哒。

（54）四川宜宾：他着 $[tʂau^{13}]$ 工商所罚了五百元。

（55）湖北竹山：太阳着 $[tʂuo^{53}]$ 天狗吃了。

（56）重庆：晒在外头的小鱼干儿着 $[tsau^{21}]$ 猫儿吃了。

（3）从句型结构出发，所有地区的被动句表达都有完全句和非完全句，但重庆方言的被动标记"着"是其中最为宽松的，既可以有包括受事、被动标记、施事和谓语动词各部分俱全的完全句，又可以有隐含受事或者施事的非完全句等四种结构类型，并且其否定结构为直接在"着"前面加上"莫""不得""没有"等否定词。

（57）重庆：A：（你喉咙）都着（医生）捅成茧茧儿了唛？

B：没有，才七天，不得着捅成茧茧儿了。

这与张霁（2010）的调查研究不同，他发现贵阳方言中的"着"字式被动句必须保留受事。

（58）贵阳：A：你喉咙都着（医生）捅起老茧咯。

B：我喉咙都着捅起老茧咯。

同时，王树瑛（2017）考察发现恩施方言中的"着"一般不用于否定句，不可以说"莫着别个拿起走哒"。

（59）恩施：你喉咙莫着捅成茧哒。

（4）从时间适用范围来看，"着"的被动表达主要表示已经发生的事情，但是也可以表示对将来未发生事情的预知。而王树瑛（2017）却考察发现恩施方言中的"着"仅限于已经发生的事情，用完成体标记"哒"来标识。

（60）重庆：我们已经着封了七天，后边还要着封几天就不晓得了。

（61）恩施：三年的新冠感染，全球经济都着拖惨哒。

长江后浪推前浪，我们得不得着拍死在沙滩上，那就找不到喂。

（5）从语用意义的角度出发，我们发现在各地方言中"着"主要表达的是消极、糟糕、不利的消极情况，但有时为了表情传意的效果也可以表示积极或者中性的情况。例如：他着张家招为女婿了（左福光，2005）。

综上所述，重庆方言中的唯一被动标记"着［tsɑu²¹］"可以用完整句式"受事＋着＋施事＋VP"来表达，亦可省略其受事和施事，但其语境强度要求要高些。"着"字句表示的时间既可以指过去，也可以表将来，并且该句式主要表达的是说话者非预期不想发生的事件。

五、结语

重庆方言中，被动标记"着"代表了所有的被动表达，其结构形式多元化，可以省略受事和施事单独存在，也可以同时兼备一个完全句。"着"字句主要表达一些倒霉、不愉快、不如意等消极情况，但也可偶尔用以表达称心和中性的现象，这是由于被动标记"着"源于"遭受"义；并且"着"在时间使用范围上比较宽泛，既可以表已完成，也可以表将来未发生的情况。重庆方言的被动句"着"可以用"A不A"作为回答，这可以看出"着"除了作介词，还可以作动词，并未完全虚化。

在语言共同演变机制的作用下，重庆方言"着"字句的发展过程沿袭了历史上被动句演变的路径之一，为汉语"遭受→被动"的规律性演变提供了一个鲜活的例证。重庆方言（主城区）的被动标记"着"到底与重庆周边区县的被动标记还有哪些联系，还需进一步考证。

参考文献

［1］甘于恩. 南方语言学：第十三辑［M］. 广州：世界图书出版广东有限公司，2018.

［2］李荣. 海口方言词典［M］. 南京：江苏教育出版社，1996.

［3］陈章太，李行健. 普通话基础方言基本词汇集［M］. 北京：语文出版社，1996.

［4］丁声树，等. 现代汉语语法讲话［M］. 北京：商务印书馆，1961.

［5］甘于恩. 南方语言学：第一辑［M］. 广州：暨南大学出版社，2009.

［6］谷衍奎. 汉字源流字典［M］. 北京：语文出版社，2008.

［7］李海霞. 四川方言的被动式和"着"［J］. 西南师范大学学报（哲学社会科学版），1994（1）.

［8］李蓝. "着"字式被动句的共时分布与类型差异［C］//全国汉语方言学会第十二届年会暨学术研讨会第三届官话方言国际学术研讨会论文集. 北京：商务印书馆，2003.

［9］屈哨兵. "着"与相关被动标记的共现数目、类型及成因［J］. 华南农业大学学报（社会科学版），2004（1）.

［10］王力．汉语史稿（重排本）［M］.2 版．北京：中华书局，2004.

［11］王平．四川合江方言的被动标记［J］.方言，2021，43（2）.

［12］王树瑛．恩施方言的被动标记"着"［J］.汉语学报，2017（2）.

［13］邢福义．说"句管控"［J］.方言，2001（2）.

［14］徐慧．益阳方言语法研究［M］.长沙：湖南教育出版社，2001.

［15］杨合鸣．学生新华字典［M］.5 版．武汉：崇文书局，2015.

［16］杨秋泽．利津方言志［M］.北京：语文出版社，1990.

［17］杨子仪．固原话语法特点撮要［J］.宁夏大学学报（人文社会科学版），1986（1）.

［18］叶蜚声，徐通锵．语言学纲要［M］.北京：北京大学出版社，1997.

［19］张霁．贵阳方言被动标记"着"探究［J］.长春理工大学学报（高教版），2010（1）.

［20］张鹏飞．竹山方言的被动表达［J］.汉语学报，2020（2）.

［21］李荣．厦门方言词典［M］.2 版．南京：江苏教育出版社，1998.

［22］左福光．四川宜宾方言的被动句和处置句［J］.方言，2005（4）.

［23］黄伯荣，等．汉语方言语法类编［M］.青岛：青岛出版社，1996.

［24］中国社会科学院语言研究所，中国社会科学院民族学与人类学研究所，香港城市大学语言资讯科学研究中心．中国语言地图集［M］.2 版．北京：商务印书馆，2012.

On the Passive Marker "着"
in Chongqing Dialect and Its Multifunction

YU Haiyan, WANG Maolin

Abstract："着［tsɑu²¹］"，as the only passive marker in Chongqing dialect, derives its meaning from "suffering" and expresses negative meanings mainly, such as bad luck and misfortune. The typical passive structure in Chongqing dialect is "PATIENT + 着 + AGENT + VP", in which the PATIENT and AGENT can be omitted in a certain context, and also its temporal concept can represent the past or the future. The expression of the passive sentence of "着" has most of the features of the sentence pattern of "被" in modern Chinese, but the degree of grammaticalization of "着" is lower than that of "被". In Chongqing dialect, "着" still retains the original verb usage and acts as a predicate in the sentence, except as a preposition.

Keywords：Chongqing dialect, passive marker, "着［tsɑu²¹］", suffering

佛山南海九江话的音韵特征①

陈卫强②

（华南师范大学文学院 广东广州 510631）

【提 要】九江镇为广东省佛山市南海区辖镇，位于佛山市中南部，2005 年南海区区划调整后，原九江镇和沙头镇合并为新的九江镇。九江镇现辖区内方言归属为粤语广府片，根据语音差异，可分为九江、河清、海寿、沙头等小片。本文整理了南海九江下西话的音系，并讨论其声母、韵母以及声调等音韵特点。九江话总体上具备广府片粤方言的共性特征，其个性差异反映出广府片粤方言内部的多样性和复杂性。佛山南海九江地处广府片粤语区，其方言兼具勾漏片粤语和四邑片粤语的特点，体现了粤语在珠三角地区地理分布的连续性和渐变性。

【关键词】广府粤语 佛山南海 九江话

一、九江方言概述

九江镇为广东省佛山市南海区辖镇，位于佛山市中南部，地处南海区最南端，由原九江、沙头两镇合并而成，位于北江与西江之间，东与顺德区龙江镇相邻；隔西江，西南与鹤山市相望，西北与高明区相望；隔北江，与禅城区南庄镇相望；北与南海区西樵镇接壤。2005 年，南海区区划调整后，原九江镇和沙头镇合并为新的九江镇。全镇辖区面积 94.75 平方千米，下设 20 个社区居委会、7 个行政村，总人口约 24.2 万人，其中常住人口约 11.6 万人。③ 九江镇辖区内方言归属为粤语广府片，根据语音差异，可分为九江、河清、海寿、沙头等小片。九江话分布于城区、下西、上西、下北、南方、下

---

① 本文为广东省哲学社会科学规划 2022 年度后期资助项目"广东南海方言音韵研究"（GD22HZY02）及佛山市南海区人民政府地方志办公室、南海区档案馆地情文化保育项目阶段成果。

② 陈卫强（1974— ），男，博士，华南师范大学文学院副教授。

③ 南海区人民政府．九江基本情况［EB/OL］．（2023 - 03 - 03）http：//www.nanhai.gov.cn/fsnhq/bmdh/zj/jjz/rsjj/zjjj/jjgk/．

东、大谷、上东、文昌、梅圳、沙嘴、新龙、敦根、璜矶等行政村。河清话分布于河清、镇南、烟南等行政村。海寿话分布于西江海寿岛上的海寿村。沙头话分布于原沙头镇大部分地区（山根乡的寨边村、新村与朝阳村讲西樵话）以及原九江镇的富贤村。①本文记录的方言为九江话，发音人关耀淮（男，1945 年生，九江下西村人，高中文化程度），调查时间为 2021 年 8 月。

二、九江话的声韵调系统

（一）声母 19 个（见表 1）

表 1 　九江话的声母

p 巴布半冰笔	pʰ 爬盘粪平拍	f 火禾飞黄福	m 马米万问木	
t 多刀灯东读			n 女闹年娘纳	l 罗老乱凉六
ts 借照九斤俗	tsʰ 茶薯求床束	s 蛇树神生石		j 鱼耳饮样肉
k 哥高间江局	kʰ 区梯琴穷确	h 河雨庆空铁	ŋ 我牛岩眼额	
kw 果瓜乖光国	kwʰ 夸葵困裙			w 花伟还婚或
ø 阿爱暗安屋				

说明：

①ts、tsʰ、s 声母的调音部位为舌叶—齿龈。

②k、kʰ、h 声母后接细音时发音部位稍微靠前，但未到硬腭。

（二）韵母 55 个（见表 2）

表 2 　九江话的韵母

a 下过	ai 大我	au 闹好	am 衫甘	an 饭干	aŋ 冷耕	ap 答立	at 辣渴	ak 握客
	iɐ 米肥	ɐu 牛路	ɐm 林金	ɐn 文吞	ɐŋ 灯幸	ɐp 汁急	ɐt 罚骨	ɐk 塞北
ɛ 借夜		ɛu 饱炒	ɛm 咸斩	ɛn 眼见	ɛŋ 镜钉	ɛp 夹插	ɛt 八滑	ɛk 石踢
œ 锯				œn □啄	œŋ 羊房		œt 栗术	œk 国
	øy 趣女			øn 信春			øt 出蜶	
					eŋ 蒸形		ek 色滴	
i 纸基		iu 表条	im 盐添			ip 接叶	it 别热	
y 去字				yn 乱村			yt 脱血	

① 九江方言分片参考《南海市九江镇志》和《南海市志》。

（续上表）

ɔ 河初	ɔi 开水			ɔŋ 帮江	ɔk 薄壳
				oŋ 总红	ok 木鹿
u 布母	ui 杯对		un 官搬		ut 泼阔
ŋ̩ 五吴					
m̩ 唔					

说明：

①a 音位的实际读音为 A。

②a、ɛ、œ、ɔ、i、y、u 是长元音，在带韵尾时，韵尾较短；ɐ、e、ø、o 是短元音，总要带韵尾，且韵尾较长。

③韵母 ɛŋ、ɛk 的实际读音为 ɛːAŋ、ɛːAk。ɛ 为主要元音，发音较长、较响；A 为滑音，发音短暂。

④韵母 ɔŋ 主要元音的开口度较小。

（三）声调 8 个（见表 3）

表 3　九江话的声调

阴平 45	家粗秋牵通	阳平 31	爬蛇咸蝇农
上声 25	朵土饮市咬		
阴去 33	破透浸变送	阳去 13	巨弟汗硬洞
上阴入 5	七出握色祝	阳入 2	叶立食碟熟
下阴入 3	割塔八脚踢		

说明：

①阴平调调尾下降，调值为 453。部分阳平调前段微升，调值为 231。

②部分阴去调为微升调，为 34。

③上阴入、下阴入和阳入调微升。

④阳去调在语流中常变读为 22 调。

三、九江话的音韵特征

（一）声母特点

（1）古全浊声母今读塞音、塞擦音字主要表现为平、上声念送气清音，去、入声念不送气清音；其中古全浊上声字部分读上声，部分读阳去，后者依去声途径变化。例如：婆 pʰɔ³¹、锄 tsʰɔ³¹、琴 kʰɐm³¹、抱 pʰau²⁵；步 pu¹³、大 tai¹³、住 tsy¹³、巨 ky¹³、薄 pɔk²、断 tyn¹³（文）、淡 tam¹³（文）。

（2）古非、敷、奉母一般读 f 声母，但部分口语常用字念双唇音。例如：孵 pu²²、痱热 ~pui¹³、粪 pʰɐn³³。

（3）古明、微母合流读为 m 声母。例如：模 mu³¹、武 mu²⁵、眉 mɐi³¹、面 min¹³、万 man¹³、门 mun³¹、网 mɔŋ²⁵。

（4）古透母及古定母今读平、上声字为 h 声母。例如：拖 hɔ⁴⁵、土 hɐu²⁵、图 hɐu³¹、台 hɔi³¹、体 hɐi²⁵、退 hui³³、条 hiu³¹、偷 hɐu⁴⁵、探 ham³³、贴 hip³、天 hin⁴⁵、停 heŋ³¹、踢 hɛk³。这部分字广州话一般读作 tʰ 声母。

（5）古泥、娘母读作 n 声母，古来母读作 l 声母，两者从分。例如：女 nøy²⁵、闹 nau¹³、南 nam³¹、年 nin³¹、吕 løy²⁵、老 lau²⁵、蓝 lam³¹、联 lyn³¹。

（6）古精、知、庄、章组声母合流，读作 ts、tsʰ、s 声母。例如：左 tsɔ²⁵、猪 tsy⁴⁵、炸 tsa³³、蔗 tsɛ³³、坐 tsʰɔ²⁵、茶 tsʰa³¹、初 tsʰɔ⁴⁵、车 tsʰɛ⁴⁵、锁 sɔ²⁵、沙 sa⁴⁵、鼠 sy²⁵。古船、禅母个别常用字读塞擦音声母。例如：船 tsʰyn³¹、薯 tsʰy³¹、绳 tsʰeŋ³¹，这类字广州话读擦音声母。

（7）古见系字不论洪音细音，今读多为 k、kʰ、h 声母。例如：家 ka⁴⁵、巨 ky¹³、高 kau⁴⁵、见 kɛn³³、区 kʰy⁴⁵、抗 kʰɔŋ³³、吸 kʰɐp⁵、河 hɔ³¹、起 hi²⁵、去 hy³³、汗 han¹³。

流、臻、深三摄的三等开口见系字读为 ts、tsʰ 声母，与一等见系字 k、kʰ 声母形成对立。如流摄一等：狗 kɐu²⁵、够 kɐu³³、扣 kʰɐu³³；流摄三等：九 tsɐu²⁵、救 tsɐu³³、旧 tsɐu¹³、舅 tsʰɐu²⁵、求 tsʰɐu³¹；深摄三等：金 tsɐm⁴⁵、锦 tsɐm²⁵、急 tsɐp⁵；臻摄一等：跟 kɐn⁴⁵；臻摄三等：紧 tsɐn²⁵、斤 tsɐn⁴⁵、近 tsɐn¹³、吉 tsɐt⁵。

（8）古溪母、晓母合口一般读 f 声母。例如：科 fa⁴⁵、苦 fu²⁵、阔 fut³、欢 fun⁴⁵、训 fɐn³³。部分合口常用字读 w 声母，念同匣母。例如：花 wa⁴⁵、婚 wɐn⁴⁵。

（9）古疑母一、二等读为 ŋ 声母，与古影母读零声母有别。例如：我 ŋai²⁵、牙 ŋa³¹、咬 ŋɐu²⁵、乐 ŋɔk²；爱 ɔi³³、呕 ɐu²⁵、暗 am³³、安 an⁴⁵。

（10）古云、以母及部分匣母口语常用字多读为 h 声母。例如：爷 hɛ³¹、夜 hɛ¹³、雨 hy²⁵、以 hi²⁵、姨 hi³¹、盐 him³¹、叶 hip²、贤 hin³¹、圆 hyn³¹、远 hyn²⁵、养 hœŋ²⁵、药 hœk²、蝇 heŋ³¹、翼 hek²、赢 hɛŋ³¹，这部分字广州话读作 j 声母。

（11）部分古匣母合口字读为 f 声母，念同晓母。例如：禾 fa³¹、胡 fu³¹、壶 fu³¹、会 fui²⁵、回 fui³¹、活 fut²、黄 fœŋ³¹、镬 fœk²，这部分字广州话读作 w 声母。

（二）韵母特点

（1）果摄字一般读作 ɔ 韵母，但果摄合口见系字读作 a 韵母，读同假摄合口二等字。例如：多 tɔ⁴⁵、哥 kɔ⁴⁵、河 hɔ³¹、磨 mɔ³¹、坐 tsʰɔ²⁵；过 kwa³³、课 fa³³、火 fa²⁵、禾 fa³¹。

（2）遇摄合口一等舌齿音字和合口三等生母字读为复元音韵母 ɐu，遇摄合口一等唇音字、见系字和合口三等非组字读单元音韵母 u。例如：布 pu³³、苦 fu²⁵、鼓 ku²⁵、夫 fu⁴⁵、舞 mu²⁵；路 lɐu¹³、租 tsɐu⁴⁵、数 sɐu³³；遇摄合口三等泥来母、精组字读为复元音韵母 øy，遇摄合口三等知组、章组、日母、见系字读单元音韵母 y。例如：女 nøy²⁵、趣 tsʰøy³³、序 tsøy¹³、需 søy⁴⁵、猪 tsy⁴⁵、去 hy³³、区 kʰy⁴⁵；止摄开口帮组、端组、泥来母和合口非组字读复元音韵母 ɐi，止摄开口知章组、见系字读单元音韵母 i。例如：皮 pʰɐi³¹、地 tɐi¹³、李 lɐi²⁵、肥 fɐi³¹、知 tsi⁴⁵、戏 hi³³、时 si³¹、几 ki²⁵、易 ji¹³。

（3）蟹摄开口一等字读作 ɔi 韵母，与二等字读作 ai 韵母有别。例如：抬 hɔi³¹、袋 tɔi¹³、菜 tsʰɔi³³、改 kɔi²⁵、开 hɔi⁴⁵、爱 ɔi³³；买 mai²⁵、柴 tsʰai³¹、街 kai⁴⁵。

（4）蟹摄合口一等包括端组、泥来母、精组等字读 ui 韵母。例如：堆 tui⁵²、退 hui³³、雷 lui³¹、催 tsʰui⁴⁵、碎 sui³³。蟹摄、止摄合口三等舌齿音字读 ɔi 韵母。例如：税 sɔi³³、脆 tsʰɔi³³、岁 sɔi³³、锐 jɔi¹³、吹 tsʰɔi⁴⁵、追 tsɔi⁴⁵、水 sɔi²⁵。

（5）止摄开口精、庄组跟知、章组韵母有别，精、庄组读为 y 韵母，知、章组读为 i 韵母。例如：资 tsy⁴⁵、次 tsʰy³³、师 sy⁴⁵、子 tsy²⁵、字 tsy¹³、寺 tsy¹³；知 tsi⁴⁵、池 tsʰi³¹、纸 tsi²⁵、屎 si²⁵、齿 tsʰi²⁵、时 si³¹。

（6）效摄开口一等字为 au 韵母，与二等字读音相同。例如：宝 pau²⁵、报 pau³³、刀 tau⁴⁵、稻 tau¹³、早 tsau²⁵、造 tsau¹³、高 kau⁴⁵、稿 kau²⁵、好 hau²⁵、号 hau¹³。

（7）效摄、咸摄、山摄二等韵一般读 au、am/ap、an/at 等韵母，但不少口语常用字主要元音多变读为 ɛ，部分四等韵字亦如此。例如：饱 pɛu²⁵、炒 tsʰɛu²⁵、咬 ŋɛu²⁵、交 kɛu⁴⁵、斩 tsɛm²⁵、咸 hɛm³¹、插 tsʰɛp³、眼 ŋɛn²⁵、间 kɛn⁴⁵、闲 hɛn³¹、铲 tsʰɛn²⁵、山 sɛn⁴⁵、八 pɛt³、滑 wɛt²；扁 pɛn²⁵、见 kɛn³³、烟 ɛn⁴⁵。

（8）保存古阳、入声韵尾 -m/p、-n/t、-ŋ/k 的配对，咸摄、深摄为 -m/p 韵尾（唇音字变读为 -n/t 韵尾），山摄、臻摄为 -n/t 韵尾，宕摄、江摄、曾摄、梗摄、通摄为 -ŋ/k 韵尾。例如：衫 sam⁴⁵、杂 tsap²、心 sɐm⁴⁵、十 sɐp²、饭 fan¹³、发 fat³、运 wɐn¹³、物 mɛt²、床 tsʰɔŋ³¹、江 kɔŋ⁴⁵、两 lœŋ²⁵、朋 pʰɐŋ³¹、特 tek²、冰 pɐŋ⁴⁵、蒸 tsɐŋ⁴⁵、力 lek²、冷 laŋ²⁵、白 pak²、幸 hɐŋ¹³、景 kɐŋ²⁵、英 jɐŋ⁴⁵、滴 tek²、梦 mɔŋ¹³、木 mok²。

（9）咸摄开口一等见系字多读为 am/ap 韵母，与深摄见系 ɐm/ɐp 韵母有别。例如：合 hap²、甘 kam⁴⁵、暗 am³³、敢 kam²⁵；金 tsɐm⁴⁵、禁 tsɐm³³、级 kʰɐp⁵、琴 kʰɐm³¹、饮 jɐm²⁵、吸 kʰɐp⁵。

（10）山摄开口一等见系字读作 an/at 韵母，与其他声类韵母相同。例如：干 kan⁴⁵、寒 han³¹、安 an⁴⁵、割 kat³、渴 hat³；炭 han³³、兰 lan³¹、餐 tsʰan⁴⁵、辣 lat²。

（11）臻摄一般读 ɐn/ɐt 韵母，而合口三等以及部分合口一等、开口三等舌齿音字多读作 øn/øt 韵母，两者相区别。例如：跟 kɐn⁴⁵、民 mɐn³¹、身 sɐn⁴⁵、棍 kwɐn³³、均 kwɐn⁴⁵、分 fɐn⁴⁵；轮 løn³¹、俊 tsøn³³、准 tsøn²⁵、润 jøn¹³、出 tsʰøt⁵、顿 tøn¹³、论 løn¹³、邻 løn³¹、进 tsøn³³、信 søn³³。

（12）宕摄合口一、三等字读同开口三等字。例如：光 kwœŋ⁴⁵、广 kwœŋ²⁵、黄 fœŋ³¹、霍 fœk³、房 fœŋ³¹、王 fœŋ³¹。

（13）梗摄开口字有文白两读，二等文读韵母为 eŋ/k，白读韵母为 aŋ/k，三四等文读韵母为 eŋ/k，白读韵母为 ɛŋ/k。例如：生 seŋ⁴⁵/saŋ⁴⁵、行 heŋ³¹/haŋ³¹、争 tseŋ⁴⁵/tsaŋ⁴⁵；名 meŋ³¹/mɛŋ³¹、净 tseŋ¹³/tsɛŋ¹³、灵 leŋ³¹/lɛŋ³¹、正 tseŋ³³/tsɛŋ³³、惊 keŋ⁴⁵/kɛŋ⁴⁵、惜 sek⁵/sɛk³。

（三）声调特点

（1）古平、去、入声均大致依古声母清、浊分为阴、阳两类，上声为一类，阴入调依元音分两类，共 8 个声调。例如：分 fen⁴⁵、坟 fen³¹、粉 fen²⁵、奋 fen³³、份 fen¹³、忽 fet⁵、法 fat³、佛 fet²。

（2）古全浊上声字今读主要分为阳去和上声两类。古全浊上声字中，约 60% 的字今读阳去调。例如：下 ha¹³、部 pu¹³、巨 ky¹³、稻 tau¹³、后 heu¹³、善 sin¹³、尽 tsøn¹³、丈 tsœŋ¹³、动 toŋ¹³。约 20% 的字今读上声。例如：社 sɛ²⁵、柱 tsʰy²⁵、徛 kʰi²⁵、市 si²⁵、抱 pʰau²⁵、厚 heu²⁵、舅 tsʰeu²⁵。有些字存在文白异读，一般文读阳去，白读上声。例如：断 tyn¹³（文）/hyn²⁵（白）、淡 tam¹³（文）/ham²⁵（白）、近 tsen¹³（白）/kʰen²⁵（白）、重 tsoŋ¹³（文）/tsʰoŋ²⁵（白）。

（3）古次浊上声字今读上声。例如：美 mei²⁵、藕 ŋeu²⁵、有 jeu²⁵、懒 lan²⁵、养 hœŋ²⁵、勇 joŋ²⁵、瓦 ŋa²⁵、五 ŋ̩²⁵、雨 hy²⁵、米 mei²⁵、耳 ji²⁵、蚁 ŋei²⁵、老 lau²⁵、咬 ŋeu²⁵、眼 ŋen²⁵、远 hyn²⁵、网 mɔŋ²⁵、两 lœŋ²⁵。

（4）小称变调不发达，其他点读变调的词在九江话中多读为原调。例如：蚊公 men³¹koŋ⁴⁵（蚊子）、阿姨 a³³hi³¹（姨妈）、大蝇 tai²²heŋ³¹（大头苍蝇）、台 hɔi³¹（桌子）、豆 teu¹³、草帽 tsʰau²⁵mau¹³、雪条 syt³tʰiu³¹（冰棍）、鸭 ap³、蛋 tan¹³。

四、结语

九江话"古船、禅母常用字读塞擦音声母""古云、以母口语常用字多读 h 声母""古溪母、晓母部分合口常用字念同匣母""效摄、咸摄、山摄二等韵元音多变读为 ɛ"等特点是勾漏片粤语的常见特征，在南海西樵、丹灶一带方言中很普遍。九江话"流、臻、深三摄的三等开口见系字读为 ts、tsʰ 声母"和"变调较少"等特点在勾漏片粤语中也存在。此外，九江话"古透母及古定母今读平、上声字为 h 声母"这个特点则是邻近四邑片粤语的典型特征。该特点在佛山地区粤方言中并不鲜见，据相关报道和本人所了解，佛山禅城，南海罗村，顺德均安、杏坛的左右滩一带方言中也可见此特征。

九江话总体上具备广府片粤方言的共性特征，其个性差异反映出广府片粤方言内部的多样性和复杂性。佛山南海九江粤方言处于广府片粤语的核心区域，兼具勾漏片粤语和四邑片粤语的特点，体现了粤语在珠三角地区地理分布的连续性和渐变性。

参考文献

[1] 佛山市南海区地方志编纂委员会. 南海市志 [M].广州：广东人民出版社，2009.

[2] 佛山市南海区九江镇地方志编纂委员会. 南海市九江镇志 [M].广州：广东经济出版社，2009.

[3] 马蔚彤. 佛山（市区）话h声母浅析 [J]. 佛山科学技术学院学报（社会科学版），2008（4）.

[4] 彭小川. 粤语论稿 [M].广州：暨南大学出版社，2004.

[5] 邵慧君，甘于恩. 广东四邑方言语音特点 [J].方言，1999（2）.

[6] 伍巍. 粤语 [J].方言，2007（2）.

[7] 詹伯慧，等. 广东粤方言概要 [M].广州：暨南大学出版社，2002.

The Phonological Characteristics of Jiujiang Dialect in Nanhai，Foshan

CHEN Weiqiang

Abstract：Jiujiang town is a town under the jurisdiction of Nanhai district，Foshan city，Guangdong province，located in the central and southern part of Foshan city. After the adjustment of Nanhai district in 2005，the former Jiujiang town and Shatou town were merged into the new Jiujiang town. The dialect in the current area of Jiujiang town belongs to Guangfu Cantonese，which can be divided into Jiujiang，Heqing，Haishou，Shatou and other smaller dialects according to phonetic differences. This paper summarizes the phonological system of Xiaxi dialect of Jiujiang in Nanhai，and discusses its phonological characteristics such as initials，vowels and tones. On the whole，Jiujiang dialect has the common characteristics of Guangfu dialect，and its individual differences reflect the internal diversity and complexity of Guangfu dialect. Jiujiang town in Nanhai district of Foshan is located in the core area of Guangfu Cantonese. Its dialect has the characteristics of both Goulou Cantonese and Siyi Cantonese，which reflects the continuity and gradual change of the geographical distribution of Cantonese in the Pearl River Delta region.

Keywords：Guangfu Cantonese，Nanhai，Foshan，Jiujiang dialect

鄂赣皖交界地带方言鱼虞韵的读音类型及层次①

姜迎春　陈泝伊　郭晓妍②

（惠州学院文学与传媒学院　广东惠州　510000）

【提　要】本文通过选取鄂赣皖交界地带 33 处方言点考察交界地带方言鱼虞韵的读音类型，在此基础上归纳鱼虞韵的读音层次。本文总结出黄孝片与北部赣语鱼虞韵读音拥有相同的三个层次，这是黄孝片和北部赣语共享的音韵特征，是二者同源性的体现，是历史移民过程中语言转用的结果。但各个小片在鱼虞韵层次关系内部演变中有不同的演变方向，这种局部演变没有突破语言的根本性结构，是在其同源性特征基础上产生的接触性和流变性特点。

【关键词】鄂赣皖交界地带　鱼虞韵读音层次　同源性和流变性

一、关于鄂赣皖交界地带的定义

本文中的鄂赣皖交界地带特指江淮官话黄孝片与北部赣语在地理上毗邻的交界地带，即本文涉及的方言点（片）为江淮官话黄孝片、鄂东南赣语大通片部分方言点、赣北赣语昌都片和鹰弋片部分赣语点，以及皖西南赣语怀岳片部分方言点。在地理位置上，该交界区域赣语大通片、昌都片和怀岳片都与黄孝片直接接触，并且江淮官话黄孝片和怀岳片历史上都曾接受了远超原住人口比例的来自赣语鹰弋片的乐平和鄱阳地区的移民。方言材料来源说明：关于本文的英山、孝感、星子、都昌阳峰、湖口江桥、乐平、鄱阳、宿松二郎、宿松高岭乡引用文献材料，英山材料来源于陈淑梅（1989）《湖

---

①　本文研究受 2022 年度惠州学院教授、博士科研启动项目"语言接触视角下鄂赣皖三省交界地带方言的鱼虞韵读音类型及层次研究"（2022JB036）和 2016 年度国家社会科学基金重点项目"区域通语视角下江西地方戏曲音韵研究"（16AYY009）的资助。

②　姜迎春（1990—　），博士，惠州学院文学与传媒学院讲师，主要研究方向为汉语方言学和地理语言学；陈泝伊（2004—　），在读本科，惠州学院文学与传媒学院 2022 级汉语言文学专业本科生；郭晓妍（2004—　），在读本科，惠州学院文学与传媒学院 2022 级汉语言文学专业本科生。

北英山方言志》；孝感材料来源于王求是（2014）《孝感方言研究》；星子材料来源于刘纶鑫（1999）《客赣方言比较研究》和曹小霞（2012）《星子方言语音研究》；都昌阳峰材料来源于卢继芳（2007）《都昌阳峰方言研究》；乐平、鄱阳材料来源于胡松柏等（2009）《赣东北方言调查研究》和何磊（2011）《江西乐平方言语音初探》；宿松二郎材料来源于孙宜志（2002）《安徽宿松方言同音字汇》；宿松高岭乡材料来源于唐爱华（2005）《宿松方言研究》，其他方言点材料均为本人亲自调查所得。

二、鄂赣皖交界地带方言鱼虞韵的读音类型及层次

郭丽（2009）具体论述了湖北黄孝方言鱼虞韵的历史层次，认为黄孝片鱼虞韵的历史可以分为三个层次：第一层次为鱼虞有别层，体现在鱼韵见系"锯、去"；第二层次为鱼虞相混次晚层，鱼虞韵端系读为 i；第三层次为鱼虞相混最晚层，鱼虞韵读为 y，是受权威官话影响所致。陈忠敏（2007）认为赣语"鱼虞有别"层读音有三种：－i、－iɛ（ie），ɛ，－i，－iɛ（ie）之间是高元音裂化，发生"－i > －iɛ（ie）"的演变，而"－iɛ > ɛ/舌根声母____"是一种条件音变，赣语鱼虞有别层对应吴语鱼韵的 C 层次。陈忠敏（2007）论证江淮官话（南京、扬州）鱼韵只有 2 层，只有一个"去"字读 ki⁵，对应吴语的 C 层，文读对应吴语的 D 层。谢留文（2020）总结赣语"鱼虞有别"的特点时，认为赣语普遍存在"鱼虞有别"，大多数赣语只有一个鱼韵区别虞韵的层次，鱼韵白读韵母主要为［e/ie　ɛ/iɛ］，与虞韵不同，赣语鱼韵白读并非由 *i > iɛ（ie）的音变而来，且［e/ie　ɛ/iɛ］白读层次是早已有之的层次，覆盖整个赣语，不仅仅限于鱼韵，而且还涉及三等虞韵和一等模韵字。赣语"鱼虞有别"的核心地区是江西中东部的抚州地区，"鱼虞有别"的字数最多，涉及《切韵》各组声母。其他地区的赣语后来受北方"鱼虞相混"的方言影响，"鱼虞有别"的字数逐渐减少，目前主要保留在见系字，其他声组少见。在鄂赣皖交界地带的北部赣语中我们也证实了确实有鱼韵读为［e/ie　ɛ/iɛ］与虞韵相区别的情况，但该区域读为［e/ie　ɛ/iɛ］没有涉及三等虞韵和一等模韵。本文在前辈学者研究的基础上，即在梳理黄孝片鱼虞韵层次的基础上，进一步将对鱼虞韵历史层次的探讨扩大到鄂赣皖交界地带的方言，通过挖掘黄孝片和北部赣语在鱼虞韵层次上的共性和差异来探寻黄孝片与北部赣语的相互关系。

陈忠敏（2007）和谢留文（2020）对鱼韵见系白读 i 是否为赣语的鱼虞有别层存在不同的意见，陈氏认为鱼韵见系白读 i 是赣语的鱼虞有别层，谢氏认为鱼韵见系白读 i 是赣语的鱼虞相混层。本文考察了鄂赣皖交界地带 33 处方言点，认为在黄孝片中鱼韵见系白读 i，是属于鱼虞有别层次，赣北赣语中湖口江桥方言鱼韵见系白读 i，也属于鱼虞有别层次，只有都昌阳峰方言鱼韵见系读 i，是属于鱼虞相混层次，但这是都昌阳峰方言音系里没有撮口呼 y 韵母，鱼虞韵在见系细音字韵母前全部读 i 所造成的。据此，

本文认为的鱼虞有别层的鱼韵韵母不仅仅有［e/ie］或［ɛ/iɛ］，还包括鱼韵见系白读韵母 i，即本文还是采用陈忠敏（2007）和郭丽（2009）的观点。

（一）武穴方言鱼虞韵的层次

本文先以母语方言为基础探讨武穴方言鱼虞韵的层次，在此基础上再探讨黄孝片方言鱼虞韵的层次，用同样的方法探寻鄂赣皖交界地带赣语大通片部分方言点、怀岳片部分方言点以及赣北赣语部分方言点鱼虞韵的层次。本文选取武穴方言若干鱼虞韵代表例字及其读音，例字见表1：

表1　武穴方言鱼虞韵代表例字

吕鱼来	女鱼泥	蛆鱼清	序鱼邪	初鱼初	猪鱼知	书鱼书	举鱼见	余鱼以	锯鱼见
ᶜli白/ᶜʮ文	ᶜȵʮ	₌tsʰi	si²	₌tsʰu	₌tʂʮ	₌fʮ	ᶜtʂʮ	₌ʮ	ke²白/tʂʮ²文
去鱼群	渠他鱼群	父虞奉	屡鱼来	趣虞清	需虞心	数动庄崇	厨虞澄	主虞章	区虞溪
tɕʰi²	₌xe	fu²	ᶜli	tsʰi²	₌si	ᶜsu	₌tʂʰʮ	ᶜtʂʮ	₌tʂʰʮ

通过表1可归纳出武穴方言鱼虞韵在声组后的读音类型，见表2：

表2　武穴方言鱼虞韵在声组后的读音

	鱼韵		虞韵
非组	–		u
泥来组	i（白）	ʮ（文）	i
精组	i		i
庄组	u		u
知章组	ʮ		ʮ
见系	i/e（白）	ʮ（文）	ʮ

从鱼虞韵各声组的读音类型可知，庄组鱼虞韵读如遇摄一等模韵，因此在讨论鱼虞韵的层次时要将庄组读音除外。鱼韵泥来母有两个层次，白读 i，文读 ʮ，其白读层与虞韵相混，鱼虞韵知章组相混只有一个层次，见系文读层鱼虞韵相混，虞韵没有鱼韵的白读层［i/e］。据陈忠敏（2013）可知文白异读反映的是不同层次的历史关系，不是可推导的音变关系，可以将文白异读作为探究历史层次的一项条件。鱼虞韵的知章组只有一个层次，且知章组的读音与见系文读层的读音相同，见系文读音读 ʮ 是晚近层次，应为受普通话影响所致的层次，因此可知知章组的层次也为晚近层次。但同为鱼虞韵的字，非组、庄组跟知章组读音却不相同，这说明早期武穴方言非组、庄组跟知章组声母

读音就是不同的。鱼韵见系白读 i/e，主要体现在"锯 ke²""去 tɕʰi²""渠_他ᵦxe"上，虞韵没有对应的白读层，在鄂赣皖交界地带的星子、都昌阳峰、鄱阳、乐平，"去""渠_他"字还读为 iɛ（ie），虞韵也没有相应的白读层，由此鱼韵见系白读 i/e 应为鱼虞有别层。见系"去"字读为 i 与泥精组的 i 是否属于同一层次，我们认为答案是否定的。见系鱼韵"去"字除读为 -i 外还有读为 iɛ（ie）/e 的，这几种读法都是在 i 上发生了音变，应该发生了 i＞iɛ（ie）的裂化音变，以及 iɛ（ie）＞e/擦音声母＿＿＿的条件音变。裂化音变在黄孝片方言中很常见，庄组字在黄孝片中除武穴方言外都发生了裂化音变，擦音声母后接 iɛ（ie）容易使介音 i 脱落，这在方言中也是常见的现象。泥精组的白读 i 为鱼虞韵共同的韵母，这可以看作鱼虞相混次晚层，是鱼韵和虞韵开始合并后发生的合流。综合可知，武穴方言鱼虞韵的历史层次与郭丽（2009）黄孝片方言鱼虞韵的历史层次相同，只是郭丽提到鱼虞有别层的特字只有"锯"和"去"，本文另加一条"渠_他"也可以作为区分鱼虞相混的特字。我们对郭氏观点加以借用，即武穴方言鱼虞韵共有三个层次：第一层次是见系的鱼虞有别层，主要体现在见系的"锯、去、渠_他"；第二层次是泥精组白读的鱼虞相混次晚层，主要体现在鱼虞韵端系读 i；第三层次为鱼虞相混最晚层，鱼虞韵读 ʮ，受权威官话影响。

（二）黄孝片鱼虞韵的层次

以同样的方式，选取黄孝片若干鱼虞韵代表例字及其读音，例字见表3：

表3 黄孝片鱼虞韵代表例字

方言点	吕_{鱼来}	旅_{鱼来}	蛆_{鱼清}	序_{鱼邪}	初_{鱼初}	猪_{鱼知}	书_{鱼书}	举_{鱼见}
黄梅	꜂ʮ	꜂li	꜀tɕʰi	çi²	꜀tsʰeu	꜄tʂʮ	꜀ʂʮ	꜂tʂʮ
浠水	꜂ʮ	꜂li	꜄tsʰi	si²	꜀tsʰəu	꜀tʂʮ	꜀ʂʮ	꜂tʂʮ
蕲春	꜂ʮ	꜂li	꜄tɕʰi	çi²	꜀tsʰe	꜀tʂʮ	꜀ʂʮ	꜂tʂʮ
黄州	꜂li	꜂li	꜄tɕʰi	çi²_白/ʂʮ²_文	꜀tsʰəu	꜀tʂʮ	꜀ʂʮ	꜂tʂʮ
罗田	꜂ʮ	꜂li	꜄tɕʰi	çi²	꜀tsʰəu	꜀tʂʮ	꜀fʮ	꜂tʂʮ
红安	꜂ʮ	꜂li	꜄tɕʰi	çi²	꜀tsʰəu	꜀kʮ	꜀ʂʮ	꜂kʮ
英山	꜂li	꜂li	꜄tɕʰi	çi²	꜀tsʰəu	꜀tʂʮ	꜀ʂʮ	꜂tʂʮ
麻城	꜂ʮ	꜂li	꜄tɕʰi	çi²	꜀tsʰəu	꜀tʂʮ	꜀ʂʮ	꜂tʂʮ
孝感	꜂ʮ	꜂ni	꜄tɕʰi	çi²	꜀tsʰəu	꜀tʂʮ	꜀ʂʮ	꜂tʂʮ
九江	꜂li	꜂li	꜄tɕʰi	çi²	꜀tsʰəʊ	꜀tʂʮ	꜀ʂʮ	꜂tʂʮ
瑞昌	꜂ʮ	꜂lɐi	꜄tsʰi	si²	꜀tsʰɐu	꜀tʂʮ	꜀ʂʮ	꜂tʂʮ

（续上表）

方言点	余鱼以	锯鱼见	去鱼群	渠他鱼群	父虞奉	屡虞来	趣虞清	需虞心
黄梅	₌ʮ	keᵌ白/tʂʮᵌ文	tɕʰiᵌ	₌kʰæ	fuᵌ	ᶜli	tɕʰiᵌ	₌ɕi
浠水	₌ʮ	keᵌ白/tʂʮᵌ文	tɕʰiᵌ白/tʂʮᵌ文	–	fuᵌ	ᶜnəu	tsʰiᵌ	₌si
蕲春	₌ʮ	keᵌ白/tʂʮᵌ文	tɕʰiᵌ白/tʂʮᵌ文	–	fuᵌ	ᶜli	tɕʰiᵌ	₌ɕi白/₌ʂʮ文
黄州	₌ʮ	keᵌ白/tʂʮᵌ文	tɕʰiᵌ	–	fuᵌ	ᶜlʮ	tsʰʮᵌ	₌ɕi白/₌ʂʮ文
罗田	₌ʮ	kueᵌ白/tʂʮᵌ文	tɕʰiᵌ	–	fuᵌ	ᶜli	tɕʰiᵌ	₌ɕi
红安	₌ʮ	keᵌ白/kʮᵌ文	tɕʰiᵌ白/kʰʮᵌ文	–	fuᵌ	ᶜli	tɕʰiᵌ	₌ɕi
英山	₌ʮ	keɛᵌ白/tʂʮᵌ文	tɕʰiᵌ白/tʂʮᵌ文	–	fuᵌ	ᶜli	tɕʰiᵌ	₌ɕi
麻城	₌ʮ	kueᵌ白/tʂʮᵌ文	tɕʰiᵌ	–	fuᵌ	ᶜli	tɕʰiᵌ	₌ɕi
孝感	₌ʮ	keᵌ白/tʂʮᵌ文	tɕʰiᵌ白/tʂʮᵌ文	–	fuᵌ	ᶜnəu	tɕʰiᵌ白/tsʰʮᵌ文	₌ɕi白/₌ʂʮ文
九江	₌ʮ	keᵌ白/tʂʮᵌ文	tɕʰiᵌ	–	fuᵌ	ᶜləu	tɕʰiᵌ	₌ɕi白/₌ʂʮ文
瑞昌	₌ʮ	keᵌ白/tʂʮᵌ文	tɕʰiᵌ白/tʂʮᵌ文	–	fuᵌ	ᶜlɐi	tsʰiᵌ	₌si

方言点	数名虞生	厨虞澄	主虞章	区虞溪
黄梅	seuᵌ	₌tʂʰʮ	ᶜtʂʮ	₌tʂʰʮ
浠水	səuᵌ	₌tʂʰʮ	ᶜtʂʮ	₌tʂʰʮ
蕲春	sɐuᵌ	₌tʂʰʮ	ᶜtʂʮ	₌tʂʰʮ
黄州	seuᵌ	₌tʂʰʮ	ᶜtʂʮ	₌tʂʰʮ
罗田	sɐuᵌ	₌tʂʰʮ	ᶜtʂʮ	₌tʂʰʮ
红安	səuᵌ	₌kʰʮ	ᶜkʮ	₌kʰʮ
英山	sɐuᵌ	₌tʂʰʮ	ᶜtʂʮ	₌tʂʰʮ
麻城	səuᵌ	₌tʂʰʮ	ᶜtʂʮ	₌tʂʰʮ
孝感	sɐuᵌ	₌tʂʰʮ	ᶜtʂʮ	₌tʂʰʮ
九江	səuᵌ	₌tʂʰʮ	ᶜtʂʮ	₌tʂʰʮ
瑞昌	sɐuᵌ	₌tʂʰʮ	ᶜtʂʮ	₌tʂʰʮ

　　从表3黄孝片方言若干鱼虞韵的例字可归纳出其鱼虞韵在声组后的读音类型，见表4：

表4　黄孝片鱼虞韵在声组后的读音

	鱼韵		虞韵	
非组	–		u	
泥来组	i（白）	ʮ（文）	i（白）	ʮ（文）
精组	i/əu/əʊ/ɐi（白）	ʮ（文）	i（白）	ʮ（文）
庄组	u/əu/eu/e		u/əu/eu/e	
知章组	ʮ		ʮ	
见系	i/ɛ/e/ue（白）	ʮ（文）	ʮ	

通过表4可知，黄孝片鱼韵精组白读有 i/ɐu/uɛ/ia 四种类型，读为 ɐu/ʊu 的应为鱼韵读为模韵，在计算鱼韵层次时应将其排除在外，读为 i/ia 的应为鱼韵精组本有的层次，读 ɐi 为黄孝片瑞昌市区方言所独有，鱼虞韵精组字读为 i/ɐi，读 i 为大多数，读 ɐi 仅为"旅""屡"两字，读 ɐi 应为瑞昌方言借用周围赣语所致，与瑞昌接壤的鄂东南赣语大冶方言中鱼虞韵泥精组主要裂化读为 ia，因此黄孝片泥精组白读层只有读 i 一个层次和读 ʯ 的文读层。庄组有读 u/ɐu/eu/e 四种类型，其中 ɐu/eu 为 u 的裂化形式，经历了 u > ɐu/eu 的过程，读 e 为 eu 脱落 u 韵尾所致，经历了 eu > e 的过程，可知黄孝片庄组的四种类型都是内部音变所致，因此属于同一层次。见系鱼韵有 i/ɛ/e/ue 四种类型，在分析武穴方言鱼韵层次时就已论证见系的 i 与泥精组的 i 不在同一个层次，且见系的 ɛ/e/ie 读音类型都是由 i 音变而来，由此类推黄孝片鱼韵见系 i/ɛ/e/ue 为同一层次的不同音变所致，应经历过：

①i > iɛ（ie）/非擦音＿＿；②iɛ（ie）> e（ue）/擦音＿＿的条件音变。

综合可知，黄孝片方言鱼虞韵的层次主要有三个：

第一层：鱼虞有别层，主要体现在见系的"锯、去、渠他"；

第二层：鱼虞相混次晚层，主要体现在泥精组鱼虞韵端系读 i；

第三层：鱼虞相混最晚层，鱼虞韵读 ʯ，受权威官话影响。

（三）北部赣语鱼虞韵的读音类型及层次

选取若干北部赣语鱼虞韵的例字，通过例字在各声组前的读音，来归纳北部赣语鱼虞韵的读音类型及层次。例字读音具体见表5：

表5 北部赣语鱼虞韵例字

	方言点	吕鱼来	旅鱼来	蛆鱼清	序鱼邪	初鱼初	猪鱼知	书鱼书
赣语 大通片	大冶城关	ꞏy	ꞏlɐi	ꞏtsʰɐi	ꞏsɐi	ꞏtsʰɐu	ꞏtɕy	ꞏɕy
	大冶金牛	ꞏy	ꞏlɐi	ꞏtsʰɐi	sɐi²白 /ɕy²文	ꞏtsɐu	ꞏtɕy	ꞏɕy
	大冶陈贵	ꞏy	ꞏlai	ꞏtsʰai	sai²	ꞏtsʰɐu	ꞏtɕy	ꞏɕy
	阳新城关	ꞏy	ꞏy	ꞏtsʰəi	ꞏɕy	ꞏtsʰɐu	ꞏtɕy	ꞏɕy
赣语 怀岳片	宿松二郎	ꞏli	ꞏli	ꞏtɕʰi	ɕi²	ꞏtsʰeu	ꞏtʃʯ	ꞏʃʯ
	宿松高岭乡	ꞏli	ꞏli	ꞏtɕʰi	ɕi²	ꞏtsʰəu	ꞏtɕy	ꞏɕy
	宿松破凉	ꞏlʯ	ꞏli	ꞏtɕʰi	ɕi²	ꞏtsʰeu	ꞏtsʯ	ꞏʂʯ
	太湖晋熙	ꞏy	ꞏli	ꞏtɕʰi	ꞏɕy	ꞏtsʰeu	ꞏtɕy	ꞏɕy
	岳西天堂	ꞏʯ	ꞏlʯ	ꞏtɕʰi	ɕi²	ꞏtsʰəu	ꞏtsʯ	ꞏʂʯ

（续上表）

	方言点	举_{鱼见}	余_{鱼以}	锯_{鱼见}	去_{鱼溪}	渠_{他鱼群}	父_{虞奉}	屡_{虞来}
赣北赣语	彭泽龙城	ᶜy	ᶜli	₌tɕʰi	çy²	₌tsʰu	₌tɕy	₌çy
	乐平	ᶜlɛi	ᶜlɛi	₌tɕʰi	çi²	₌tsʰu	₌kʉ	₌hʉ
	鄱阳	ᶜlɛi	ᶜlɛi	₌tɕʰi	₌çʉ	₌tsʰu	₌tɕʉ	₌çʉ
	都昌阳峰	ᶜli	ᶜli	₌dzi	si²	₌dzu	₌tʂu	₌ʂu
	湖口江桥	ᶜdʰy	ᶜdʰy	₌dʑʰy	sy²	₌dʑʰu	₌tɕy	₌çy
	星子	ᶜdy	ᶜdi	₌dzi	si²	₌dzu	₌tʂu	₌ʂu
赣语大通片	大冶城关	ᶜtɕy	₌y	kɛ²_白/tɕy²_文	tɕʰi²_白/tɕʰy²_文	₌kʰɛ	₌fu	ᶜlɛi
	大冶金牛	ᶜtɕy	₌y	ke²_白/tɕy²_文	tɕʰi²_白/tɕʰy²_文	₌kʰe	fu²	ᶜlɛi_白/ᶜly
	大冶陈贵	ᶜtɕy	₌y	ke²_白/tɕy²_文	tɕʰi²_白/tɕʰy²_文	₌kʰe	fu²	ᶜlɛi
	阳新城关	ᶜtɕy	₌y	₌ke_白/tɕy²_文	₌tɕʰi_白/tɕʰy²_文	ᶜkʰe	₌fu	ᶜləi
赣语怀岳片	宿松二郎	ᶜʧʮ	₌ʅ	ʧʰʮ²	tɕʰi²_白/ʧʰʮ²_文	₌kʰæ	fu²	ᶜli
	宿松高岭乡	ᶜtɕy	₌ᵢl	tɕy²	tɕʰy²	₌kʰæ	fu²	ᶜli
	宿松破凉	ᶜtʂʮ	₌ʮ	kai²_白/tʂʮ²_文	tɕʰi²_白/tʂʰʮ²_文	–	fu²	ᶜlei
	太湖晋熙	ᶜtɕy	₌y	kai²_{白名}/tɕy²_{文动}	tɕʰy²	₌kʰe	fu²	ᶜlei
	岳西天堂	ᶜtʂʮ	₌ʮ	tʂʮ²	tʂʰʮ²	–	fu²	ᶜʮ
赣北赣语	彭泽龙城	ᶜtɕy	₌y	kai²_白/tɕy²_文	tɕʰi²_白/tɕʰy²_文	₌tɕʰi	fu²	ᶜlei
	乐平	ᶜkʉ	₌ʉ	kʉ²	tɕʰie²	₌tɕʰiɛ	fu²	lɛi²
	鄱阳	ᶜtɕʉ	₌ʉ	tɕʉ²	tɕʰie²	₌tɕʰie	₌fu	
	都昌阳峰	ᶜtɕi	₌i	kɛ²	ie²	₌iɛ	ɸu²	li²
	湖口江桥	ᶜtɕy	₌y	kɛ²_{白名}/tɕy²_{文动}	dʑʰiᶜ	₌gʰɛ	fu²	ᶜdʰy
	星子	ᶜkʉi	₌ʉi	kʉi²	dziɛᶜ	₌ɛᶜ	fu²	ᶜdi

（续上表）

方言点		趣_{虞清}	需_{虞心}	数_{名/动虞生}	厨_{虞澄}	主_{虞章}	区_{虞溪}
赣语大通片	大冶城关	tsʰɐiꜛ	₌sɪɐꜛ	sɑuꜜ	₌tɕʰy꜖	ꜛtɕy	₌tɕʰyꜜ
	大冶金牛	tsʰɐiꜛ	₌ɕy	sᴜɔꜜ	₌tɕʰy꜖	ꜛtɕy	₌tɕʰyꜜ
	大冶陈贵	tsʰaiꜛ	₌sai	ꜛsɑu	₌tɕʰy꜖	ꜛtɕy	₌tɕʰyꜜ
	阳新城关	₌tɕʰyꜜ	₌ɕy	ꜛsɑu	₌tɕʰy꜖	ꜛtɕy	₌tɕʰyꜜ
赣语怀岳片	宿松二郎	tɕʰiꜛ	₌ɕi	ꜛseu	₌tʃʰʮ꜖	ꜛtʃʮ	₌tʃʰʮꜜ
	宿松高岭乡	tɕʰiꜛ	₌ɕi	ꜛsəu	₌tɕʰy꜖	ꜛtɕy	₌tɕʰyꜜ
	宿松破凉	tɕʰiꜛ	₌ɕi	ꜛseu	₌tʂʰʅ꜖	ꜛtʂʅ	₌tʂʰʅꜜ
	太湖晋熙	tɕʰyꜛ²	₌ɕi	ꜛseu	₌tɕʰy꜖	ꜛtɕy	₌tɕʰyꜜ
	岳西天堂	tɕʰiꜛ	₌ɕi	ꜛsəu	₌tʂʰʅ꜖	ꜛtʂʅ	₌tʂʰʅꜜ
赣北赣语	彭泽龙城	ꜛtɕʰy	₌ɕi_白/₌ɕy_文	ꜛsu	₌tɕʰy꜖	ꜛtɕy	₌tɕʰyꜜ
	乐平	tɕʰiꜛ	₌ɕi	ꜛsu	₌kʰɵ꜖	ꜛkɵ	₌kʰɵꜜ
	鄱阳	聚₌tɕʰi	₌ɕi		₌tɕʰɵ꜖	ꜛtɕɵ	₌tɕʰɵꜜ
	都昌阳峰	dziꜛ²	₌si	ꜛsu	₌dʐu꜖	ꜛtʂu	₌i
	湖口江桥	dʑʰyꜛ	₌sy	ꜛsu	₌dʑʰy꜖	ꜛtɕy	₌dʑʰyꜜ
	星子	dziꜛꜜ	₌si	ꜛsu	₌zʐu꜖	ꜛtʂu	₌gɥi

1. 赣语大通片鱼虞韵层次

从表5中可归纳出赣语大通片鱼虞韵在声组前的读音类型，见表6：

表6　赣语大通片鱼虞韵在声组前的读音

	鱼韵		虞韵	
非组	−		u	
泥来组	ɐi/ai/əi（白）	y（文）	ɐi/ai/ie	y（文）
精组	ɐi/ai/ie（白）	y（文）	ɐi/ai/ie（白）	y（文）
庄组	ɑu/ɔu		ɑu/ɔu	
知章组	y		y	
见系	i/ɛ/e（白）	y（文）	y	

从表6可知赣语大通片泥精组和庄组白读层韵母都为复合元音，应该都经过了单元音裂化的过程。赣语大通片鱼虞韵也和黄孝片一样有三个层次：第一层为鱼虞有别层，体现在见系上，鱼韵"锯、去、渠_他"的白读层次是虞韵所没有的，是鱼虞韵有别层的体现；第二层为鱼虞相混次晚层，主要表现在鱼虞韵泥精组白读相混，读为 ɐi/ai/əi；第三层为鱼虞相混最晚层，读 y，应是受普通话影响所致。

2. 赣语怀岳片鱼虞韵层次

从表 5 中可归纳出赣语怀岳片鱼虞韵在声组前的读音类型，见表 7：

表 7　赣语怀岳片鱼虞韵在声组前的读音

	鱼韵		虞韵	
非组	–		u	
泥来组	i（白）	y/ɥ（文）	i（白）	y/ɥ（文）
非组	–	u		
精组	i（白）	y/ɥ（文）	i（白）	y/ɥ（文）
庄组	eu/əu		eu/əu	
知章组	y/ɥ/l̩（ˌl）		y/ɥ	
见系	i/ai/e/æ（白）	y/ɥ（文）	y/ɥ	

从表 7 可知赣语怀岳片庄组白读层韵母都为复合元音 eu/əu，应该经历过单元音裂化的过程，泥精组白读为 i，和黄孝片大部分方言点都相同。鱼韵见系白读读为 i/ai/e/æ，i/ai/e/æ 之间也是音变关系，而不是历史层次关系，有的是发生裂化音变 i > ai，如"锯 kai˧"，有的不仅经过裂化还进一步丢失韵尾，发生 i > ai > æ > e 的音变，如"锯kai˧""渠ˌkʰæ/ˌkʰe"。其中岳西天堂镇"锯、去、渠ˌ"没有白读层，跟地理位置有关，岳西天堂镇与中原官话地区相接壤，在地理上受中原官话的影响大，使得岳西天堂方言鱼韵见系白读层彻底消失。其中怀岳片知章组的日母、影母、喻母（云以母）以及疑母个别字读为 l̩（ˌl），是与其读零声母有关，以宿松二郎镇方言为例：

日母：全部读 l̩，有"乳 l̩ 儒"；

影母：全部读 l̩，有"于 l̩ 淤"；

喻母（云以母）：读 l̩，有"与 l̩ 予 l̩ 余 l̩ 喻"；读 nɥ，有"羽 l̩ 舆 l̩ 芋 l̩ 雨 l̩ 预"。

日母、影母和喻母部分字读 l̩ 与 ɥ 是音变关系，而不构成历史层次关系。l̩ 是 ɥ 作为零声母音节时擦化而成的，在宿松二郎镇方言中同为喻母的"羽 l̩ 舆 l̩ 芋 l̩ 雨 l̩ 预"字，ɥ 擦化后增生出了 n 声母，反过来 ɥ 在后来增生的 n 声母制约下，韵母 ɥ 不能够发生自由音变，而当 ɥ 作为整个零声母音节时，由于没有声母的制约作用，就会发生自由音变，ɥ 作为舌尖后圆唇元音发音时擦化为同部位的舌尖后边音 l̩ 是极有可能的。

因此，赣语怀岳片鱼虞韵也有三个层次：第一层为鱼虞有别层，体现在见系上，鱼韵"锯、去、渠ˌ"的白读层次是虞韵所没有的，是鱼虞有别层的体现；第二层为鱼虞相混次晚层，主要表现在鱼虞韵泥精组白读相混，读为 i；第三层为鱼虞相混最晚层，读 y/ɥ，应是受普通话影响所致。

3. 赣北赣语鱼虞韵层次

从表 5 中可归纳出赣北赣语鱼虞韵在声组前的读音类型，见表 8：

表8　赣北赣语鱼虞韵在声组前的读音

	鱼韵		虞韵	
非组	–		u	
泥来组	ɛi/i	y/ʉ	ei/ɛi/i	y
精组	i	y/ʉ	i	y
庄组	u		u	
知章组	u/y/ʉ		u/y/ʉ	
见系	ɛ/iɛ/e/ie/i/ai	y/ʉ/ʉi	y/ʉ/ʉi/u	

从表8可知赣北赣语鱼虞韵也有三个层次，但到具体的方言点，有的方言只有两个层次，有的方言有三个层次。在赣北赣语都昌阳峰方言里，鱼虞韵只有两个层次，即鱼虞有别层和鱼虞相混次晚层，对应黄孝片的第一层次和第二层次，没有鱼虞相混最晚层（文读层）；在赣北赣语湖口江桥方言里，鱼虞韵也只有两个层次，即鱼虞有别层和鱼虞相混最晚层，对应黄孝片的第一层次和第三层次，没有鱼虞相混次晚层，即鱼虞韵泥精组没有白读，只有文读相混，读为 y。（见表9）

表9　赣北赣语鱼虞韵层次

	第一层：鱼虞有别层	第二层：鱼虞相混次晚层	第三层：鱼虞相混最晚层
都昌阳峰	鱼韵白读个别特字读 ɛ/iɛ（锯、去、渠他）	泥精组和见系除特字外鱼虞韵读 i	
湖口江桥	鱼韵白读个别特字读 i/ɛ（锯、去、渠他）		泥精组、知章组和见系除特字外鱼虞韵读 y
星子	鱼韵白读个别特字读 ɛ/iɛ（去、渠他）	泥精组鱼虞韵读 i	见系除特字外鱼虞韵读 ʉi
彭泽龙城	鱼韵白读个别特字读 i/ai（锯、去、渠他）	泥精组白读鱼虞韵读 i（ei）	精组、知章组和见系除特字外鱼虞韵读 y
乐平	鱼韵个别特字读 i/ie（去、渠他）	泥精组鱼虞韵读 i（ei）	知章组和见系除特字外鱼虞韵读 ʉ
鄱阳	鱼韵白读个别特字读 i/ie（去、渠他）	泥精组鱼虞韵读 i（ɛi）	知章组和见系除特字外鱼虞韵读 ʉ

鱼韵见系白读读为 ɛ/iɛ/e/ie/i/ai，ɛ/iɛ/e/ie/i/ai 之间也是音变关系，而不是历史层次关系，有的是发生裂化音变，裂化也有前裂化和后裂化，i>ai 属于前裂化音变，如"锯 kai"；i>iɛ（ie）是后裂化音变，如"去 tɕʰiɛ²/ie²/dzɛ"ᶜ"渠ᵣ tɕʰiɛ/ᵣtɕʰie/ᵣiɛ"；有的不仅发生裂化还进一步丢失韵头，发生 i>iɛ>ɛ 的音变，如"锯 kɛ"""渠他ᵣ gʰɛ/ᵣɛᶜ"。

泥精组在赣北赣语中除在湖口江桥和彭泽龙城方言中有文读读为 y，在其他方言中泥精组没有读 y 的文读层，说明新的文读层的渗透在各地方言的作用不一。对于湖口江桥方言泥精组全部读 y 的文读层，陈凌（2019）认为是湖口方言追赶普通话时发生的过犹不及的现象。精组在赣北赣语中读 i，泥来母在赣北赣语中除读 i 外还有个别字读为 ei/εi，但只涉及"屡"字，这种个别现象应该是赣北赣语受周围方言影响直接借用的结果。知章组和见系_{除特字外}鱼虞韵读 ʉ/ʉi 应该也是模仿普通话 y 所产生的文读层。

综上，赣北赣语鱼虞韵也有三个层次：第一层为鱼虞有别层，鱼韵见系"锯、去、渠_他"的白读［ε/iε/e/ie/i/ai］是虞韵所没有的，是鱼虞韵有别层的体现；第二层为鱼虞相混次晚层，主要表现在鱼虞韵泥精组白读相混，读为 i；第三层为鱼虞相混最晚层，读为 y/ʉ/ʉi，应是受普通话影响所致。

三、从鱼虞韵的读音类型及层次看鄂赣皖交界地带黄孝片和北部赣语的关系

学界一般认为，江淮官话的底层是吴语，后来向中原官话靠拢形成江淮官话（刘祥柏，2010）。近年来众多学者对江淮官话黄孝片的研究表明，江淮官话黄孝片的形成是赣语转用官话的结果。从语音上看，黄孝片有赣语的底层（郭丽，2009；邱磊，2011；余鹏，2019；姜迎春，2021）；从语法上看，黄孝方言与赣语也有关系（汪化云，2004/2016）。本文以鱼虞韵的读音类型及层次为切入口，探讨黄孝片和北部赣语的关系。在鱼虞韵的层次关系上，黄孝片与北部赣语都拥有相同的语音层次，即鱼虞韵都有三个层次，分别是：第一层为鱼虞有别层，体现在鱼韵见系"锯、去、渠_他"上；第二层为鱼虞相混次晚层，体现在鱼虞韵泥精组白读读音相混；第三层为鱼虞相混最晚层，体现在鱼虞韵知章组和见系读音相混。这种共时平面语音现状反映的历时的鱼虞韵深层次的关系就是方言同源性的体现，这也为黄孝片和北部赣语密切的关系提供了又一佐证。

元末明初洪武大移民直接重构了黄州府的人口，移民人口占据黄州府人口的 78%，移民主要来自饶州府的鄱阳、乐平以及南昌（葛剑雄、曹树基、吴松弟，1993）。其中《黄安县志》（葛剑雄、曹树基、吴松弟，1993）记载，人多来自江左。黄安即红安，黄孝片地区自洪武移民后无大规模移民。洪武大移民对黄孝方言产生了语言结构上的影响。洪武大移民以后，黄孝方言与赣方言不断接触融合，形成了一种带有赣方言特征的本地方言，暂且称为黄孝方言 1；随着文教传习程度的提高和普通话的推广，标准语的影响越来越大，人们把习得的普通话特征带入本地方言，又形成了本地方言的变体，暂且称为黄孝方言 2，演变过程在邱磊（2011）基础上修改而成，如图 1 所示：

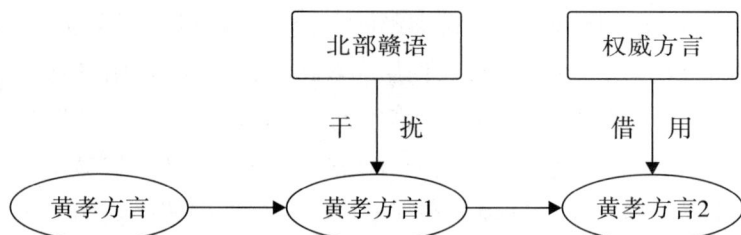

图1　黄孝片方言演变示意图

在赣语移民直接覆盖式填充黄州府人口的时候，黄冈方言受到赣语的严重干扰，出现了黄孝片方言区人口转用赣语的现象，造成了语言结构的重构。反映在鱼虞韵读音类型及层次上就是黄孝片方言共享了北部赣语鱼虞韵读音的层次，即北部赣语鱼虞韵读音的层次在黄孝片作为语言转用的结果保留了下来，并且虽经历了300多年的演变，但这一语音层次并没有发生根本性改变。

然而，受300年来方言之间的相互接触以及普通话的影响，交界地带北部赣语和黄孝片方言都在这一同源层次上发生了局部的诸多演变，这是鄂赣皖交界区域方言接触性和流变性特征的直接体现。区别性特征具体如下：

（1）在第一层次上代表鱼韵白读层次的特字虽然相同，但是特字的演变途径却不相同，在各方言区中所表现出来的演变方向也不一样。特字"锯、去、渠他"读音在黄孝片和大通片中都发生了后裂化音变和韵头丢失音变，即经历了①i > iɛ（ie）；②i > iɛ（ie）> e 的音变，但怀岳片和赣北赣语这些特字不仅发生了后裂化音变还发生前裂化音变，同时还发生韵头丢失音变，即①i > iɛ（ie）；②i > ai；③i > iɛ（ie）> ɛ（e）的音变。

（2）在第二层次鱼虞相混次晚层，北部赣语与黄孝片在鱼虞韵泥精组的相混上，无论在相混的字的数量上还是在文白读层次上都存在较大差别。赣北赣语鱼虞韵泥精组无一例外所有字全部读为 i 韵母，且只有白读没有文读，只有湖口江桥方言鱼虞韵泥精组发生了超前演变，全部读为 y 韵母，陈凌（2019）认为是湖口方言追赶普通话时发生的过犹不及的现象。在怀岳片和大通片鱼虞韵泥精组上，发生了与黄孝片一样的文白异读现象，白读读为 i 韵母，文读读为 y/ʮ 韵母，但黄孝片文白读的数量更多，且黄孝片北片方言鱼虞韵泥精组只有文读没有白读，而怀岳片和大通片只存在零星的文白读，其中大通片白读 i 韵母还发生 i > ai/ɐi/əi 的裂化音变。这些交界地带方言在鱼虞韵拥有共同鱼虞相混次晚层基础上，局部发生了很大的演变，只是这些演变未能突破语音的基本结构。

（3）在第三层次鱼虞相混最晚层，反映在声组和读音类型上，北部赣语和黄孝片都存在较大差距。赣北赣语的都昌阳峰方言还未产生鱼虞相混最晚层，其他的赣北赣语鱼虞相混最晚层主要读为 y/u 韵母，并且鱼虞相混最晚层不仅仅反映在知章组和见系上，在湖口江桥方言中还反映在泥精组上，精组没有白读 i 韵母，全部读 y 韵母。例如：徐ₑdzʰy（文）ₑsy（白）｜旅˙dʰy｜絮 sy³｜聚 dzʰy²｜蛆。dzʰy³¹‖，这是与黄孝片显著的不同，是湖口江桥方言演变超前性的体现。大通片鱼虞相混最晚层在知章组和见系声组前也主要读为 y 韵母，黄孝片主要读为 ʮ 韵母，怀岳片主要读为 y/ʮ 韵母，在知章组和见系声组前读 y 韵母和 ʮ 韵母反映了语音演变的不同层次，经历了 ky→kʮ→tʂʮ（ʧʮ）的演变序列。

（4）鱼虞韵的庄组读如遇摄一等模韵是交界地带的共同点，但只有赣北赣语庄组字和武穴方言庄组字未发生裂化音变，鱼虞韵的庄组仍然读 u，存古性较好。除此之外的黄孝片、大通片、怀岳片都发生了庄组韵母的前裂化音变，大通片为 u > uə/ɔu 的音变，黄孝片为 u > əu/ɛu/ɛʊ/e 的音变，怀岳片为 u > ɛu/əu 的音变。

综上，在鄂赣皖交界地带虽然存在着赣语和江淮官话两个不同系属的方言类别，但是在鱼虞韵的层次关系上却表现出明显的一致性，这种一致性是北部赣语和黄孝片语音同源性特征的体现，是黄孝片历史移民及语言转用北部赣语的结果，也是黄孝片拥有赣语底层的又一有力证据。在这同源性基础之上，每个小片都有自己内部的演变方向，但是各小片目前的演变方向未能对语言结构产生根本性的影响，各小片在演变过程中相互接触、相互影响，演变的特点中包括了方言的接触性和流变性等特点。

参考文献

[1] 曹小霞．星子方言语音研究［D］．南昌：江西师范大学，2012．

[2] 陈凌．江西省湖口方言研究［M］．北京：北京师范大学出版社，2019．

[3] 陈忠敏．重论文白异读与语音层次［J］．语言研究，2003（3）．

[4] 陈忠敏．语音层次的定义及其鉴定的方法［M］//丁邦新．历史层次与方言研究．上海：上海教育出版社，2007．

[5] 陈忠敏．江淮官话、徽、赣、闽方言鱼韵韵母读音层次［M］//丁邦新．历史层次与方言研究．上海：上海教育出版社，2007．

[6] 陈忠敏．汉语方言语音史研究与历史层次分析法［M］．北京：中华书局，2013．

[7] 陈淑梅．湖北英山方言志［M］．武汉：华中师范大学出版社，1989．

[8] 储诚志．安徽岳西方言的同音字汇［J］．方言，1987（4）．

[9] 何磊．江西乐平方言语音初探［D］．漳州：漳州师范学院，2011．

[10] 葛剑雄，曹树基，吴松弟．简明中国移民史［M］．福州：福建人民出版社，1993．

[11] 郭丽．湖北黄孝方言鱼虞韵的历史层次［J］．语言科学，2009，8（6）．

[12] 胡松柏，等．赣东北方言调查研究［M］．南昌：江西人民出版社，2009．

[13] 黄群建．鄂东南方言音汇［M］．武汉：华中师范大学出版社，2002．

[14] 姜迎春．江淮官话黄孝片武穴方言的去声三分成因探讨［M］//甘于恩．南方语言学：第十七辑．广州：世界图书出版广东有限公司，2021．

[15] 姜迎春．鄂赣皖交界处中古泥来母的读音类型［M］//刘新中．南方语言学：第十八辑．广州：世界图书出版广东有限公司，2021．

[16] 刘纶鑫. 客赣方言比较研究 [M].北京：中国社会科学出版社，1999.

[17] 卢继芳. 都昌阳峰方言研究 [M].北京：文化艺术出版社，2007.

[18] 邱磊. 黄冈（贺坳）方言知庄章组的演变 [J].南开语言学刊，2011（2）.

[19] 孙宜志. 安徽宿松方言同音字汇 [J].方言，2002（4）.

[20] 唐爱华. 宿松方言研究 [M].北京：中国社会科学出版社，2005.

[21] 汪高文. 彭泽方言研究 [M].北京：商务印书馆，2019.

[22] 汪化云. 鄂东方言研究 [M].成都：巴蜀书社，2004.

[23] 汪化云. 黄孝方言语法研究 [M].北京：语文出版社，2016.

[24] 王福堂. 汉语方言语音的演变和层次 [M].北京：语文出版社，1999.

[25] 王求是. 孝感方言研究 [M].武汉：华中师范大学出版社，2014.

[26] 谢留文. 赣语"鱼虞有别"的层次 [J].中国语文，2020（4）.

[27] 余鹏. 黄孝方言古全浊声母的今读 [J].语言学论丛，2019（2）.

[28] 赵元任，等. 湖北方言调查报告 [M].北京：商务印书馆，1948.

[29] 詹伯慧. 汉语方言及方言调查 [M].武汉：湖北教育出版社，1991.

[30] 中国社会科学院语言研究所，中国社会科学院民族学与人类学研究所，香港城市大学语言资讯科学研究中心. 中国语言地图集 [M].2 版. 北京：商务印书馆，2012.

Types and Levels of Pronunciation of Yuyu（鱼虞）Rhyme at the Junction of Hubei，Jiangxi and Anhui

JIANG Yingchun

Abstract：This article selects 33 dialects at the junction of Hubei，Jiangxi and Anhui to investigate the types and levels of pronunciation of Yuyu rhyme at the junction. This paper summarizes that the types of Yuyu rhyme between Huangxiao dialect and the dialect of northern Jiangxi have the same three levels. This is a shared phonological feature about Huangxiao dialect and the dialect of northern Jiangxi because they are homologous. This is the result of language transfer in the process of historical migration. But each piece has different evolution direction in internal relations of Yuyu rhyme at the junction. This local evolution does not break through the fundamental structure of language. It is the contact and rheological characteristics based on its homologous characteristics.

Keywords：the junction of Hubei，Jiangxi and Anhui，types and levels of pronunciation of Yuyu rhyme，homology and rheology

浙江青田话的语音特征及其与周边吴方言的关系

章　策①

（暨南大学文学院　广东广州　510632）

【提　要】青田话是一种位于上丽片吴语和瓯江片吴语交界处的过渡型方言。基于实地调查所收集的语料，本文对青田话的语音系统和音韵特征进行了描写。通过对比分析，深入探讨了青田话兼具上丽片吴语和瓯江片吴语特征的具体表现。结果显示，上丽片吴语的共同音韵特征构成了青田话的主体层次，而青田话的瓯江片吴语特点则是其与外部方言接触的结果。

【关键词】边界方言　青田话　语音特征　接触

一、引言

青田县今隶属于浙江省丽水市，东接温州瓯海区、鹿城区、永嘉县，南连温州文成县、瑞安市，西邻丽水景宁县、莲都区，北靠丽水缙云县，地处古代温州府与处州府交汇之域。青田县境内通行以县城鹤城街道为代表的吴语青田话，根据傅国通等编写的《浙江吴语分区》（1985）、中国社会科学院语言研究所等编写的《中国语言地图集》（1987/2012）、曹志耘主编的《汉语方言地图集》（2008）等材料，青田话属于上丽片吴语（旧称"处衢片吴语"）。② 但是由于该县所处的地理位置和历史条件等因素的影

---

① 章策（1996—　），浙江青田人，暨南大学文学院 2021 级博士研究生，研究方向为汉语言文字学。
② 根据张钱松（1995）等学者提出的分类标准，并参照学术界的方言分区标准，青田县境内的吴方言被划分为四类：a. 以鹤城镇为核心的方言小片（占比 77.8%）。鹤城、瓯南、油竹（小平坑村、半坑村除外）、石溪、阜山、船寮、高湖、海口（锦水以东）、山口、方山、仁庄、汤垟、东源、季宅、章旦（大部）、祯埠、仁宫、巨浦（大部）、高市等均讲青田话；郎回至张岙沿小溪一带，包括北山、祯埠（坑底）、巨浦（小部）等乡镇讲"北山腔"的青田话；海溪、舒桥、祯旺等乡镇的青田话深受丽水话影响；包括季宅的潘山、舒桥的蔡坑在内的青田话受到缙云话的影响较大。b. 三塘汇以西方言小区（占比 7.4%）。腊口镇方言接近丽水话，音调较为柔软；章村方言接近丽水碧湖话。c. 洲头东北方言小区（占比 11.4%）。沿瓯江东下，圩仁一带讲青田话，至沙埠、港头开始变音。以温溪洲头村为界，洲头西部的沙埠、塘里岙以及西南部隔江的港头、高岗、彭括处于方言的过渡区，出现了不同程度的变异；洲头东北的贵岙、温溪、吴坑、小舟山、黄垟、万山（部分）等乡镇近永嘉话，汤垟乡西天、山炮、白水济、周树等村近瑞安话。d. 万阜一带方言小区（占比 3.1%）。万阜、岭根（大部）、章旦（双垟小部）等乡近温州文成南田话，俗称"九都话"。

响，青田话内部的层次相对复杂，兼具瓯江片吴语和上丽片吴语的双重特征，是一种典型的边界型方言。

相较浙南其他各地的吴方言，青田话的调查、描写和研究尚处于起步阶段。但也有部分学者对青田话作了详细的描写和分析，比如郑张尚芳、潘悟云、王文胜等。潘悟云（1988）对青田话的连读变调和音变进行了深入研究，并对其中的两字组和多字组连读变调的类型进行了详细的考察。他深入探讨了青田话中"中性化变调类型"的复杂性，并总结出了青田话小称变调中的变音规律。王文胜（2023）则探讨了青田话与《切韵》之间的关系。他提出，青田话在一定程度上保留了《切韵》时代的音韵特点，并且部分青田话的特点来源于百越语的底层。由此可见，多数学者在研究中更倾向于将青田话作为方言分析的辅助语料，针对相关热点问题进行深入研究与探讨，如浙南内爆音等问题。

目前，青田话的研究主要集中在描写方面。然而，关于青田话性质及其过渡特征的研究仍显不足。因此，本文以青田话的语音特征为研究起点，在系统地梳理其音系的基础上，将其音韵特征与瓯江片吴语和上丽片吴语①进行比较分析。我们将从方言接触的角度，重点关注并探讨青田话的性质及其与周边吴方言的关系。同时，借助词汇相似度的分析，进一步深入探讨相关问题。

2020 年 7—8 月笔者前往青田县鹤城街道进行方言调查。本文的主要发音人为：洪HD，男，1939 年生，青田县鹤城街道人。辅助发音人有：夏 HF，女，1995 年生，青田县鹤城街道人；张 SZ，女，1995 年生，青田县油竹街道人等。此外，还参考王文胜（2012）等著作中的青田话音系及相关语料。

二、青田话的声韵调系统②

（一）声母（29 个）

包括零声母在内，青田话有 29 个声母，见表 1：

表 1　青田话声母表

ɓ 包本报布壁	pʰ 派剖片票品	b 排旁棒肥鼻	m 妈忙梅面	f 翻放富法福	v 凡房望雨缝
ɗ 丹中田猪里	tʰ 滩汤兔塔秃	d 桃谈堂阵定	n 脑奶打纳诺		l 郎拉六里亮
ts 斋基再锉作	tsʰ 搓妻菜趁吃	dz 站奇柜泽		s 山西心哨蒜	z 柴齐造瑞贼
tɕ 姜专剪救中	tɕʰ 枪川恐充串	dʑ 强权郑群局	ȵ 你元仰年玉	ɕ 相宜雪朔叔	
k 街狗港概夹	kʰ 揩口抗课哭	g 衔厚掼轧	ŋ 蚁牛鱼咬悟	h 喊吼火吞孝	
ø 挨央弯吮	ɦ 鞋候画学勿	j 祥员用石粤			

说明：

①中古帮端母在青田话中读为特殊读音，王文胜（2012）将其记作［ʔb］［ʔd］。本文根据实验结果，将其记为内爆音［ɓ］［ɗ］。②除鼻音、边音外，其余的浊声母和发声态有关。为了尊重传统和便于描写，在这里统一记为浊声母。青田话的鼻音、边音都是声带振动的浊音，和温州话一样可以配阴阳调。③青田话和温州话一样，带［ɦ］的字实际上是阳调类的零声母。④［j］和［tɕ］同部位，摩擦因人而异，或作［ʑ］。

（二）韵母（47 个）

包括自成音节 m̩、n̩ 在内，共有 47 个韵母，见表 2：

表 2　青田话韵母表

ɿ 基妻四时	i 长米地衣肥	u 波霸歌茶挂	ʮ 贵追垂书厨龟
ʉ 武雨	iʉ 语周舅油		
a 反板山牌柴淡	ia 天面田念前燕	ua 官碗坏外	
œ 保爆刀毛			
ø 布五故			
ɛ 打梅彭台鱼良	iɛ 骗肩尖言研鞭娘暗	uɛ 姑梗横	
o 帮交熬唐	io 共床表少狂窗		
		uæ 半酸干汗村嫩	yæ 泉川倦元远县
	iu 靴写爷		
eu 庐履土			
ai 累最猜翠		uai 回恒毁龟辉	
æi 兜牛狗楼邹			
aŋ 政人阵跟心门	iaŋ 宾近轮	uaŋ 困滚	yaŋ 春云
eŋ 等肯冰命饼萍	ieŋ 赠胜景井经		yeŋ 永顷
oŋ 公封风隆冬	ioŋ 松虫		
ɿʔ 息极	iɿʔ 勺逆璧		

（续上表）

æʔ 答腊夹鸭法涩杀侄	iæʔ 歇列雀摄协急一	uæʔ 渴活滑刮骨	yæʔ 雪月血出屈
oʔ 各博郭镀	ioʔ 松桌		
eʔ 黑北色格策		ueʔ 国或	
uʔ 福毒哭	iuʔ 竹肉菊		
euʔ 六陆			
m̩ 无磨母			
n̩ 儿耳义			

说明：

①［œ］新派有念成［ø］的；②［ɛ］有部分人会读成［e］；③［ʉ］只拼［f、v］；④［ia、io、iu、ieŋ、iaŋ、ioʔ、ueʔ］等韵母中的［-i-、-u-］均属于辅音性的短介音；⑤［uɛ］有人会念成［ue］；⑥［io］韵除了［t］组声母外，有人会读成［iə］；⑦［a、aŋ、iaŋ］等韵母中的［a］的实际音值为［A］；⑧［eŋ、ieŋ］中的［e］的实际音值更接近于［ɪ］；⑨［eʔ、ueʔ］中的［e］的实际音值为［E］；⑩m̩、n̩尾带有轻微的ə。

（三）声调

青田话共有8个单字调，见表3：

表3 青田话声调表

调型	调值	例字
阴平	445	高开猪婚安三
阳平	211	穷陈娘神龙云
阴上	454	古草老好卖碗
阳上	343	社淡厚道父柱
阴去	33	正抗唱松世爱
阳去	22	共阵树害望用
阴入	<u>42</u>	竹出黑割急约
阳入	<u>21</u>	食局宅六月麦

说明：

①阴平、阴去相差一度，都为平调，但阴平末尾略升；②阳上和阴上曲折度类似，但音值稍低；③阳平起始稍降，后趋平调，记作211；④阴入和阳入调型相似，都为下降的短调，以"阴高阳低"为区分。

三、青田话的音韵特点与周边吴语的比较

现代吴语的部分片实际上与旧府州境界线大致重合。与之对应的是，上丽片吴语丽

水小片和瓯江片吴语大致分别与明清时期的处州府、温州府相重合。① 青田话作为瓯江片吴语和上丽片吴语交界处的一种过渡型方言，具有特殊的语言地位。从音韵特点来看，它既有上丽片吴语的典型特征，也有瓯江片吴语的独特色彩。我们将青田话与原古处州府、温州府境内各方言代表点进行音韵比较，来探讨青田话的边界方言属性，进而更好地剖析青田话语音的异源层次和底层形式。

（一）声母方面

（1）古知组字保留舌头音读法，今声母读为 ［ɖ］。比如青田话：猪 ［ɖi^{445}］、张 ［ɖɛ^{445}］等。表 4 是青田话与周边各地点方言的比较：

表 4　古知组字在上丽片和瓯江片吴语的读音

	丽水	松阳	遂昌	龙泉	庆元	云和	景宁	宣平	泰顺	青田	温州	永嘉	乐清	瑞安	文成	龙港	蒲门
猪	ɖi	ɖuə	ɖa	ɖo	ɖo	ɖi	ɖi	ɖi	ti	ɖi	tsei	tsʅ	tɕi	tsei	tɕi	tɕi	tsʅ
张	ɖiaŋ	ɖiaŋ	ɖiaŋ	ɖiaŋ	ɖiaŋ	ɖiã	ɖiaŋ	ɖiã	tiã	ɖɛ	tɕi	tɕiɛ	tɕɯ	tɕiɛ	tɕiɛ	tɕie	tɕa
桌	ɖyoʔ	ɖioʔ	ɖioʔ	ɖioʔ	ɖioʔ	ɖioʔ	ɖuoʔ	ɖyaʔ	tioʔ	ɖioʔ	tɕo	tɕyo	tɕou	tɕyo	tɕyo	tɕyo	tɕo
竹	ɖiuʔ	ɖioʔ	ɖiuʔ	ɖɜuʔ	ɖiuʔ	ɖiɯʔ	ɖiɯʔ	ɖyaʔ	ɖiɯʔ	ɖuʔ	tɕʲxu	tɕieu	tɕiu	tsɜu	tsu	tsu	tɕu

从上述例字声母的读音来看，青田话"知组读如端组"现象和上丽片吴语各地点方言的情况相同，不过在辖字上青田话略少于上丽片吴语各地点方言，但与瓯江片吴语各地点方言读为塞擦音声母不同。"知组读如端组"现象以上丽片吴语最为典型，此外在金衢片吴语中也有少量的分布，比如金华、武义、龙游等。潘悟云（1995）指出："浙南吴语，特别是处州方言，知组有读作端组的历史层次，这跟闽语是一样的。"由此可见，青田话"知组读如端组"现象是浙西南吴语存古性的一种典型特征表现。

（2）"打"字读 ［n］声母。"打"字在青田话口语中读 ［n］声母。例如：打针 nɛ^{454} tsaŋ^{445}、相打打架 ɕi^{445} nɛ$^{454-54}$ 等。"打"字在古处州府和温州府各地点方言的读音见表 5：

表 5　"打"字在上丽片和瓯江片吴语的读音

	丽水	松阳	遂昌	龙泉	庆元	云和	景宁	宣平	泰顺	青田	温州	永嘉	乐清	瑞安	文成	龙港	蒲门
打	nã	naŋ	ta/tiaŋ	taŋ	nã	nɛ	nɛ	nɛ̃	næi	nɛ	tiɛ	tɛ	ta	ta	ta	tæ	ta

① 明清时处州府大致为今浙江省丽水市所辖遂昌县、龙泉市、庆元县、松阳县、云和县、景宁县、莲都区、缙云县、青田县等 9 县市，以及金华市武义县以柳城镇为中心的原宣平县所辖范围。明清时温州府大致为今浙江省温州市所辖的永嘉县、瑞安县、乐清县、平阳县、泰顺县等 5 县市。为了兼顾方言历史，本文以旧县名叙称，即丽水县（今莲都区）、宣平县（已撤归并）、乐清县等。

"打"字读"德冷切"是吴语与非吴语之间的唯一区别特征，符合梗摄二等字的历史音变规律。[1]"打"字读［n］声母在青田话中是个别现象，但声母读音又与古处州府如丽水、松阳、庆元、景宁、宣平等地的浙西南吴语存在高度的一致性，即"打"字都读作［n］声母。但这又与金衢片吴语如金华、汤溪、义乌、武义等地端母读鼻音声母存在系统性和规律性不同。[2] 在共同的音韵特征背景下，青田与丽水、松阳、庆元、景宁、宣平等地的浙西南吴语，其声母均发生了异于吴语整体特征的变化。如果将青田话"打"字读［n］声母的现象置于整个浙南吴语，我们会发现"打"字读［n］声母的方言点主要分布在几个方言片区的交界处，而青田正好处于上丽片吴语和瓯江片吴语的边界交汇点。考虑到青田话的边界型方言的性质，于是将"打"字置于相关的词语或词组分析。考察发现，"打尘$_{春节习俗}$"一词在青田话中读为"打尘 ɗa$^{454-53}$ dzaŋ^{211}"，而非"打尘 nɛ$^{454-53}$ dzaŋ^{211}"，这与其余由"打"字构成的词语或词组有所不同。从青田周边的各县市来看，"打尘"一词在景宁、云和、丽水等地的声母依旧读为［n］，而青田则改为内爆音［ɗ］，与其他的古端组字读音相同。综合考虑青田话的社会因素和结构因素，认为"打"字读作［ɗ］声母的现象显然是青田话与瓯江片吴语接触后根据自身音系结构调整借用的读音。

（3）上丽片吴语中个别字存在声母脱落的现象，而青田话则与之不同。这种音变只存在于极少数的字中，不成系统性。以"嫁""箕"为例，见表6：

表6 "嫁""箕"二字在上丽片和瓯江片吴语的读音

	丽水	松阳	遂昌	龙泉	庆元	云和	景宁	宣平	泰顺	青田	温州	永嘉	乐清	瑞安	文成	龙港	蒲门
嫁	io	io	io	io	ia	io	kəu	ia	kɔ	ku	ko	ko	kou	kʰɔ	ko	ko	ko
箕	ʐ	i	i	ʐ	i	i	i	i	tsʐ	tsʐ	tsʐ	tsʐi	tɕi	tɕi	tɕi	tɕi	tɕi

傅国通等《浙江吴语分区》（1985）指出，浙西南部东起丽水缙云（属金衢片），西至开化、江山等十二个县市存在明显的舌面音［tɕ］或［ɕ］声母脱落读为零声母的现象，被视作该方言片区的共同特点之一。王文胜《吴语处州方言的地理比较》（2012）一书中将"箕"作为鉴别字，考察发现处州方言内部除青田话读声母［ts］外，其余各地都读为零声母。再看温州境内的泰顺话，"嫁""箕"二字与青田话一样，声母并未像上丽片吴语那样发生脱落。从"嫁""箕"二字的读音来看，上丽片吴语内部这种舌面音或舌尖音声母脱落读为零声母的现象比较统一，而位于瓯江片吴语交界处

---

① 在汉语方言分区中，各家提出了不同的吴语区别于其他汉语方言的特征。随着研究的深入，赵元任（1928）提出的"塞音三分"并不能作为区别吴语和非吴语音韵的特征，因为该项特征同样适用于湘语娄邵片和吉溆片等其他方言。

② 曹志耘（2002）指出金华、汤溪、义乌等方言帮端母读鼻音声母的条件主要是韵母，一般来自古阳声韵的字一律读为鼻音声母。

的青田话和泰顺话则是保留声母,并未发生脱落。郑张尚芳(1995)认为,浙西南方言中这种零化变异的现象,是先住民族语言旧质的遗留之一,这种现象会随着与外界交往加剧而逐渐趋向泯灭。

以上三条中,前两条是青田话与上丽片吴语各地点方言共同的特点,最后一条异于上丽片吴语而同于瓯江片吴语。

(二)韵母方面

1. 山开一见系字今口语读音的开合

山开一见系字在青田话中多读为合口呼韵母。例如:肝 kuæ | 汉 huæ | 汗 uæ | 安 uæ。这种山开一见系字读合口呼韵母的现象也广泛存在于上丽片吴语中,以"肝"字为例,如:丽水 kuɜ | 松阳 kuæ̃ | 遂昌 kuõ | 龙泉 kuə | 庆元 kuã | 云和 kuɜ | 景宁 kuə | 宣平 kuɤ | 泰顺 kuɛ。同时,这种现象也存在于与之邻近的闽语中,如"肝"字在建瓯话读为 xuiŋ,厦门话读为 kuã。这也从侧面反映出上丽片吴语和闽语之间有着一定的特征相似性。再看瓯江片吴语山开一见系字的读音情况,"肝"等字多读为〔y〕韵或〔ø〕韵。例如:温州 ky | 瑞安 kø。从这一特征来看,青田话与上丽片吴语更加接近。

2. 咸摄谈韵、咸衔韵,山摄寒韵、山删韵的读音

中古阳声韵在吴语内部经过弱化而脱落,由于弱化的程度不同,在各个地点方言中表现出不同的差别。在青田话中,咸摄谈韵、咸衔韵,山摄寒韵、山删韵多读为〔a〕韵,这与瓯江片吴语相同。具体见表7:

表7 咸摄谈韵、咸衔韵,山摄寒韵、山删韵字在上丽片和瓯江片吴语的读音

	丽水	松阳	遂昌	宣平	云和	庆元	龙泉	景宁	泰顺	青田	温州	永嘉	乐清	瑞安	文成	龙港	平阳
但	ã	ɔ̃	aŋ	ã	ãŋ	aŋ	aŋ	a	ã	a	a	a	ɛ	ɔ	ɔ	ɔ	ɔ
衫	ã	ɔ̃	aŋ	ã	ã	ã	aŋ	a	ã	a	a	a	ɛ	ɔ	ɔ	ɔ	ɔ
丹	ã	ɔ̃	aŋ	ã	ã	ã	aŋ	a	ã	a	a	a	ɛ	ɔ	ɔ	ɔ	ɔ
山	ã	ɔ̃	aŋ	ã	ã	ã	aŋ	a	ã	a	a	a	ɛ	ɔ	ɔ	ɔ	ɔ
板	ã	ɔ̃	aŋ	ã	ã	ã	aŋ	a	ã	a	a	a	ɛ	ɔ	ɔ	ɔ	ɔ

从表7可知,咸山两摄一二等字的韵母是否带鼻化或鼻尾是区分上丽片吴语和瓯江片吴语的一个参考项。先从上丽片吴语内部的情况来看,大多数咸山摄一二等字带鼻化或鼻尾。如龙泉、遂昌两地的韵母是以低元音为主元音的鼻尾韵,而丽水、宣平等地鼻尾脱落,主元音鼻化。至于上丽片内部的景宁、青田两县,鼻化或鼻尾已经全部消失。再看瓯江片吴语,相比较而言,瓯江片吴语咸山摄一二等字的鼻化或鼻尾已经全部脱

落，读为开尾韵。鉴于此，我们认为青田话和景宁话在咸摄谈韵、咸衔韵，山摄寒韵、山删韵上与瓯江片吴语相近，而异于上丽片吴语的鼻音或鼻化读法。

3. 止开三日母的读音

止开三日母字在上丽片吴语中多读为 ȵi（除丽水、青田、宣平部分字外），瓯江片吴语多读为声化韵 ŋ̩。青田话的读音相较而言比较特殊，多读为 n̩，比如：儿 n̩｜二 n̩｜耳 n̩。青田周边各地方言的止开三日母字的读音见表8：

表8 止开三日母字在上丽片和瓯江片吴语的读音

	丽水	松阳	遂昌	宣平	云和	庆元	龙泉	景宁	泰顺	青田	温州	永嘉	乐清	瑞安	文成	龙港	平阳
儿支	ŋ̩	ȵi	ȵi	ŋ̩	ȵi	ȵi	ȵi	ȵi	ȵi	n̩	ŋ̩	ŋ̩	ŋ̩	ŋ̩	ŋ̩	ŋ̩	ŋ̩
二至	ŋ̩	ȵi	ȵi	ŋ̩	ȵi	ȵi	ȵi	ȵi	ȵi	n̩	ŋ̩	ŋ̩	ŋ̩	ŋ̩	ŋ̩	ŋ̩	ŋ̩
耳止	ŋ̩	ȵi	ȵi	ŋ̩	ȵi	ȵi	ȵi	ȵi	ȵi	n̩	ŋ̩/z̩ʐ̩	ŋ̩/z̩ʐ̩	ŋ̩	ŋ̩/z̩ʐ̩	ŋ̩/z̩ʐ̩	ŋ̩	ŋ̩

从表8可知，以青田话为界，上丽片吴语和瓯江片吴语在止开三日母字的读音上存在显著的不同。郑张尚芳（1983）考察晚清文献《温州方言罗马字字表抄本》和《因音求字》发现，疑母"宜、义、蚁"、日母"儿、二、耳"等在两书中存在 n̩ 和 ȵi 两读，并指出 n̩ 是由 ȵi 发展而来的。在今瓯江片吴语各地点方言中，日母"儿、二、耳"等字多读为 ŋ̩，疑母"宜、义、蚁"多读为 ȵi 而非 n̩。据此可知，瓯江片吴语高元音拼鼻音声母容易发生声化音变，在日母和疑母中表现出不同的情况：日母完全声化读为 ŋ̩，疑母主要以非声化为主体读音。瓯江片吴语疑母的音变机制或许可以解释青田话日母字读 n̩ 的形成过程。从青田话止摄的韵母读音层次来看，其读音的基础层次是上丽片吴语所属的层次。青田话止开三日母字的读音是在上丽片吴语的基础上演变而来的，即 ȵi 受前高元音 i 影响声化为 n̩。

4. 效摄一二等豪、肴韵的分合

效摄一二等豪、肴韵是否有别，是区分瓯江片吴语和其他吴语的一个重要参考项。在瓯江片吴语中，各个地点方言的效摄一二等均有别。例如，温州：宝 pɜ ≠ 饱 puɔ｜瑞安：宝 pɛ ≠ 饱 pɔ｜文成：宝 pɛ ≠ 饱 puɔ｜乐清：宝 pɤ ≠ 饱 pa｜永嘉：宝 pə ≠ 饱 puɔ｜平阳：宝 pœ ≠ 饱 pɔ 等。在上丽片吴语中，效摄一二等豪、肴韵全部相混。例如，丽水：宝 pə = 饱 pə｜泰顺：宝 pɑɔ = 饱 pɑɔ｜景宁：宝 pɑɔ = 饱 pɑɔ｜庆元：宝 ɓɒ = 饱 ɓɒ 等。青田与上丽片吴语不同，与瓯江片吴语相同，即青田：宝 ɓœ ≠ 饱 ɓɒ。从效摄一二等是否区分的情况来看，青田话更接近于瓯江片吴语。具体见表9：

表9　效摄一二等豪、肴韵字在上丽片和瓯江片吴语的读音

	丽水	松阳	遂昌	宣平	云和	庆元	龙泉	景宁	泰顺	青田	温州	永嘉	乐清	瑞安	文成	龙港	平阳
宝	pə	pʌ	pɐɯ	pɔ	pɑɔ	ɓɔ	pɑɔ	pɑɔ	pɑɔ	ɓœ	pɜ	pə	pɤ	pɛ	pɛ	pɒœ	pɒœ
饱	pə	pʌ	pɐɯ	pɔ	pɑɔ	ɓɔ	pɑɔ	pɑɔ	pɑɔ	ɓɔ	puɔ	puɔ	pa	pɔ	puɔ	pɔ	pɔ

5. 深臻摄开口三等主要元音舌位的高低

从吴方言内部深摄开口三等侵韵（除帮组、来母外）、臻摄开口三等真韵精组和知系字韵母的主要元音来看，瓯江片吴语的韵母主要元音多为低元音，这是瓯江片吴语异于其他吴语的另外一个音韵特征。上丽片吴语和瓯江片吴语各地点方言的读音比较见表10：

表10　深臻摄开口三等字在上丽片和瓯江片吴语的读音

	丽水	松阳	遂昌	宣平	云和	庆元	龙泉	景宁	泰顺	青田	温州	永嘉	乐清	瑞安	文成	龙港	平阳
心侵	seŋ	çiŋ	çiiŋ	səŋ	səŋ	çieŋ	çiŋ	saŋ	səŋ	saŋ	saŋ	saŋ	saŋ	saŋ	saŋ	saŋ	saŋ
信真	seŋ	çiŋ	çiiŋ	səŋ	səŋ	çieŋ	çiŋ	saŋ	səŋ	saŋ	saŋ	saŋ	saŋ	saŋ	saŋ	saŋ	saŋ
身真	seŋ	çiŋ	çiiŋ	səŋ	səŋ	çieŋ	seiŋ	saŋ	səŋ	saŋ	saŋ	saŋ	saŋ	saŋ	saŋ	saŋ	saŋ

从表10例字可知，青田和景宁两地深摄开口三等侵韵（除帮组、来母外）、臻摄开口三等真韵精组和知系字韵母的主元音和瓯江片吴语一致，元音都出现了低化。

6. 古塞音韵尾在今口语中的读音

青田话中的入声字的古塞音韵尾全部合并，读为喉塞韵尾ʔ。例如，毒 duʔ²¹ ｜叔 çiuʔ⁴² ｜桌 ɖio⁴² ｜玉 ȵio⁴² ｜刮 kuæʔ⁴² ｜国 kueʔ⁴² ｜舌 ʥiæʔ²¹ ｜白 beʔ²¹ ｜六 leuʔ²¹等。青田话古塞音韵尾读喉塞韵尾ʔ与上丽片吴语相近，而与瓯江片吴语所有古入声塞音韵尾消失大相径庭。

根据对六项韵母的比较音韵特征分析，我们发现青田话与瓯江片吴语共有四项相似的音韵特征。相对而言，与上丽片吴语的相似特征仅有二项。然而，这两项特征在确定青田话归属上丽片吴语时起到了决定性的作用。

（三）声调方面

青田话一共有8个单字调，分别是：阴平445、阳平211、阴上454、阳上343、阴去33、阳去22、阴入42、阳入21。其"阴高阳低"的四声八调格局和大多数吴语方言一致，但与周边的方言相比较，也有细微的差别。具体见表11：

表11　上丽片吴语和瓯江片吴语的声调调型与调值①

	阴平	阳平	阴上	阳上	阴去	阳去	阴入	阳入
遂昌	45	221	533	13	334	213	5	23
龙泉	335	211	53	归阴上	45	13	54	23
庆元	335	52	33	221	11	31	5	34
宣平	24	434	44	113	52	231	5	23
丽水	24	11	544	归阳平	52	231	5	23
云和	24	423	53	31	55	223	5	23
景宁	324	31	33	归阴上	35	13	5	23
松阳	53	31	213	22	24	13	5	2
泰顺	213	53	55	21	35	22	5	2
青田	445	211	454	343	33	22	42	21
温州	33	31	35	24	42	11	323	212
永嘉	44	31	45	34	52	22	323	212
乐清	44	31	45	24	42	22	323	212
瑞安	44	31	35	24	51	22	323	212
文成	55	13	54	24	33	42	35	212
龙港	44	21	54	45	42	22	24	213
平阳	44	21	54	35	32	22	24	213
蒲门	44	31	45	24	42	22	323	212

　　试比较青田话和周边各地点方言的声调调值，我们发现：

　　青田话阴平调调干以平调为主，调尾略升。异于上丽片吴语（除松阳外）各地点方言读升调的调型，而近似于瓯江片吴语的阴平调调型特征。

　　青田话阴上和阳上的调型，其调干以升调为主，调尾略降。这与温州、永嘉、瑞安等地的瓯江片吴语的调型相同。

　　青田话阴去读平调，与上丽片吴语中的云和、遂昌、庆元等地点方言相近，而不同于瓯江片吴语中普遍读高降调的调型。

　　青田话阳去调尾低平调，与瓯江片吴语相近而异于上丽片吴语。

　　在入声调方面，青田话和上丽片吴语一致，读短促调。瓯江片吴语入声全部舒化，读为较长的曲折调。

　　从声调的特征来看，青田话的舒声调更加接近于瓯江片吴语的特色，而入声调还保留上丽片吴语的典型特征。

---

　　① 上丽片吴语各地点的声调材料来自王文胜（2012），瓯江片吴语各地点方言的材料来自颜逸明（2000）。

四、青田话与周边方言关系的讨论

从上文的语言事实来看，青田话与瓯江片吴语的共同音韵特征明显。游汝杰、周振鹤（1984）通过比较浙江明清十个府治和其余42个方言点在25个项目上的异同，测算了方言间的相似度。结果揭示，青田话与丽水话的相似度仅为40%，而与温州话的相似度高达64%。不过，某些古老的音韵特点，如知组读音类似于端组、入声带有喉塞音等方面，青田话更接近于上丽片吴语的特征。

青田话的音韵系统，其基础层具备上丽片吴语的共性特征。然而，作为边界型方言，青田话受到瓯江片吴语的显著影响。李如龙（1996）指出，地理位置邻近的方言由于社会生活的交流甚至双语现象，方言间的相互渗透不可避免。温州作为浙南地区的经济、文化中心，对青田地区产生了强大的吸引力，因此以温州话为代表的瓯江片吴语对青田话的影响显著。这种影响既体现在音韵特征的相似性上，也体现在词汇系统上。（见表12）

表12　上丽片吴语与瓯江片吴语基础词汇对照表

方言片	方言点	房屋	脸盆	干净	回家	舅母	肚子
上丽片	丽水	厝（处）	面桶	干净	归去	娘妗	肚皮
	云和	厝（处）	面盆	干净	归去	娘妗	肚皮
	景宁	厝（处）	面盆	干净	归去	娘妗	肚皮
	庆元	厝（处）	面桶	净洁	归去	娘妗	腹肚
	龙泉	厝（处）	面桶	爽利	归去	娘妗	腹肚
	松阳	厝（处）	面桶	净洁	归去	娘妗	腹肚
	遂昌	厝（处）	面桶	爽利	归去	娘妗	腹肚
	青田	屋	面盂	光生	走归	妗娘	肚
瓯江片	青田温溪	屋	面盂	光生	走归	妗娘	肚
	温州	屋	面盂	光生	走归	妗娘	肚

青田话作为上丽片吴语与瓯江片吴语的接触产物，既体现了上丽片吴语的典型特征，又深受瓯江片吴语的影响，具有浓厚的瓯江片吴语色彩。在现行的方言分区标准下，将青田话归为上丽片吴语是合理的。

五、余论

从方言层次上来看，青田方言的主体层次应该来自上丽片吴语的共同祖语，而瓯江片吴语的特点则属于该方言在发展过程中与其他方言接触而产生的层次。从共时新老派音系的对比来看，我们发现瓯江片吴语对青田话的影响正在加强，比较果开一歌韵字的读音见表13：

表13 青田（老派）、青田（新派）以及温州果开一歌韵字的读音

	青田（老派）	青田（新派）	温州
多	$dʱu^{445}$	$dʱəu^{445}$	$tɣu^{33}$
拖	$tʰa^{445}_{白}$ /$tʰu^{445}_{文}$	$tʰəu^{445}$	$tʰa^{33}$ /$tʰɣu^{33}$
大	du^{22}	$dəu^{22}$	$dɣu^{11}$
左	tsu^{454}	$tsəu^{454}$	$tsɣu^{35}$

表13所反映的是青田话（新派）在瓯江片吴语影响下，果摄开口一等歌韵出现系统的韵母裂变的现象，即 u > əu。这种变化符合音变的机制，而推动其发生系统性音变的诱因是方言接触。在青田话与瓯江片吴语的频繁接触过程中，我们可以预见，青田话内部的上丽片吴语成分将逐渐受到周边强势方言的冲击和影响，并可能发生一定的变化。然而，青田话本身的发展趋势仍将保持其独特的方言特色，在短期内不会完全被其他方言所取代。目前，我们需要厘清青田话与瓯江片吴语之间接触的方式，从历史源流出发梳理出青田话完整的演变脉络，才能够从更加科学的角度去解释相关的语言现象。

参考文献

[1] 曹志耘. 南部吴语语音研究 [M]. 北京：商务印书馆，2002.

[2] 李如龙. 论汉语方言的类型学研究 [J]. 暨南学报（人文科学与社会科学版），1996（2）.

[3] 潘悟云. 青田方言的连读变调和小称音变 [C] //复旦大学中国语言文学研究所吴语研究室. 吴语论丛. 上海：上海教育出版社，1988.

[4] 潘悟云. 温、处方言和闽语 [C] //吴语和闽语的比较研究（第1辑）. 上海：上海教育出版社，1995.

[5] 秋谷裕幸. 吴语瓯江片的音韵特点及其分区 [J]. 中国语言学集刊，2011，5（1）.

[6] 施俊. 南部吴语韵母读音层次比较研究 [M]. 杭州：浙江大学出版社，2020.

[7] 王文胜. 吴语处州方言的地理比较 [M]. 杭州：浙江大学出版社，2012.

[8] 王文胜. 论吴语青田话与《切韵》的关系 [J]. 山西大学学报（哲学社会科学版），2023（5）.

[9] 吴安其. 语言接触对语言演变的影响 [J]. 民族语文，2004（1）.

［10］吴福祥. 关于语言接触引发的演变［J］.民族语文，2007（2）.

［11］颜逸明. 浙南瓯语［M］. 上海：华东师范大学出版社，2000.

［12］游汝杰，周振鹤. 方言地理和历史行政地理的密切关系：以浙江方言分区为例［J］. 复旦学报（社会科学版），1984（2）.

［13］张钱松，詹海峰，陈志望. 青田话［M］.北京：中国社会出版社，1995.

［14］郑张尚芳. 温州方言歌韵读音的分化和历史层次［J］.语言研究，1983（2）.

［15］郑张尚芳. 浙西南方言的 tɕ 声母脱落现象［C］//吴语和闽语的比较研究（第 1 辑）.上海：上海教育出版社，1995.

［16］郑张尚芳. 温州方言志［M］.北京：中华书局，2008.

The Phonetic Features of Qingtian Dialect and Its Relationship with the Surrounding Wu Dialects

ZHANG Ce

Abstract：Qingtian dialect is a transitional dialect at the junction of Oujiang Wu group and Shangli Wu group. Based on the field survey, this paper describes the phonetic system and phonological features of Qingtian dialect. By analyzing and comparing, it delves into how Qingtian dialect embodies features of both Shangli Wu group and Oujiang Wu group. The results show that the phonetic features of Shangli Wu group is the basic level of Qingtian dialect. As for the features of the Oujiang Wu group, the phonetic evolution is caused by language contact.

Keywords：boundary dialect, Qingtian dialect, phonetic features, contact

广西贺州市信都土话"熟"的情态义及用法[①]

刘海芳[1]　邹亚敏[2]　贺福凌[1][②]

(1. 湖南师范大学/文学院　湖南长沙　410081；

2. 广东佛山勒流中学　广东佛山　528332)

【提　要】本文把广西贺州市信都土话的"熟"表示的情态义分成基本义"能力义"和语用派生义"认识义"两种。其中，基本义可以分成特定能力、恒常能力、高质能力三种，派生义可以分成认识可能和认识必然两种，"认识义"是"能力义"语用派生的结果。本文还对信都土话的"熟"和汉语方言的"会""解""识"作了简单比较。

【关键词】信都土话　勾漏片粤语　情态义　"熟"

一、引言

范晓蕾（2011）基于汉语方言事实构建了能性情态语义地图，指出能性情态系统具体包括动力情态、义务情态和认识情态。范晓蕾（2014，2016，2017）等文章对汉语方言的情态助动词有所讨论，蒋绍愚（2007）、彭利贞（2005）、李明（2017）和范建迪（2021）等对汉语情态义助动词"会""解""识"等也有研究，但是目前还没有看到讨论"熟"的情态义及用法的文章。本文基于范晓蕾构建的能性情态语义地图，对广西贺州市信都土话"熟"（读音为"$\int$ɔk^{34}"）的情态义和用法进行讨论。

贺州市位于广西东北部，地处湘、粤、桂三省区交界地，根据《中国语言地图集》（2012）和邹亚敏（2002），贺州市的信都土话属于勾漏片粤语。信都土话中，"熟"除了具有和普通话的形容词"熟"类似的用法，还具有情态助动词的用法。本文对信都土话的音系研究主要参考邹亚敏（2022）的描写。

---

① 本文是国家社会科学基金项目"巴那语及其周边语言的调查与比较研究"（21BYY097）阶段性研究成果。

② 刘海芳（1997—　），女，广西北海人，湖南师范大学研究生，研究方向为语言学及应用语言学；邹亚敏（1997—　），女，广西贺州人，广东佛山勒流中学语文教师，研究方向为语用学及应用语言学；贺福凌（1972—　），男，湖南祁阳人，湖南师范大学副教授，博士，研究方向为古代汉语、少数民族语言。

二、信都土话"熟"的情态义及用法

信都土话的"熟"作情态助动词时包含"表能力"和"表认识"两种情态义。其中，"表能力"是基本义，"表认识"是语用派生义。"表能力"的基本义可以对应范晓蕾（2014）动力情态的能性概念，指的是参与者的内在条件（生理、心智等）决定事态实现的客观可能性，主要包括生理能力（体能）和心智能力（技能）两种，范晓蕾（2021）将之修改为特定能力和恒常能力，本文采用修改后的说法。而"表认识"的语用派生义可以对应认识情态的能性概念，指的是认识可能，表达对未证实的事态之真实性的主观推测，是主观可能性。

（一）"熟"的"表能力"义及用法

信都土话的"熟"具有"表能力"的情态义，根据"熟"的用法，这种"表能力"的情态义具体可以分为特定能力、恒常能力和高质能力。

1. 特定能力

信都土话的"熟"表示特定能力，一般指的是生理上具有能力实现某一动作，这种特定能力义可以细分成两种语义：

一是表示人作为主体的生理能力，"熟"一般和后面的动词构成"熟 + VP"结构，且用于否定句，否定副词是"无"，位于"熟 + VP"前，构成"无 + 熟 + VP"的结构，相当于现代汉语否定形式的述补结构。例如：

（1）佢痛倒无熟起身。（他痛到起不来。）

（2）我脚肿了，无熟行路了。（我脚肿了，走不了路了。）

"无 + 熟 + 起身"相当于"起不来"，"无 + 熟 + 行路"相当于"走不了路"，"无 + 熟 + 起身"和"无 + 熟 + 行路"都相当于现代汉语否定形式的述补结构，表示人"起身""走路"的生理能力丧失，即主体不具有实现某动作行为的能力。吕叔湘（1980）指出现代汉语表示生理能力义一般用"能"，范晓蕾（2021）则把现代汉语的"能"表示的生物的"生理能力"修改为"特定能力"，认为这种能力有非恒常性、低稳定性，并且"能"只断言某个动作有实现的潜力，不关注动作的技巧方式和所需的心智因素。

信都土话的"熟"如果要表示对人的特定能力的肯定，一般用"V + 得 + 倒"的述补结构形式。例如：

（3）我只眼看得倒阿边广告牌上个字。（我的眼睛看得到那边广告牌上的字。）

（4）佢不止大力，搬得倒箇个大箱。（他力气很大，搬得了这个大箱子。）

（5）我脚好了，行得倒路了。（我脚好了，能走路了。）

（6）佢病好了，重新做得倒工了。（他病好了，能重新干活了。）

（7）他生病了，无做得倒工了。（他生病了，干不了活了。）

（8）佢只眼坏了，无看得倒黑板上□［kɔ⁴⁴］字了。（他眼睛坏了，看不到黑板上的字了。）

"看得倒"和"搬得倒"分别表示"有较好的视力看得到"和"有较大的力气搬得动"，这是对特定能力的肯定；"V+得+倒"也可以表示某一生理能力的恢复，如"行得倒路"和"做得倒工"分别表示"走路的能力"和"干活的能力"已经恢复；否定形式的"无+V+得+倒"则是表示某一生理能力丧失，没有能力实现某一动作，如"无做得倒"和"无看得倒"分别表示"没有体力干得了"和"没有视力看得到"。

另外，信都土话的"得"也可以表示特定能力义，根据陈小燕（2007）：

（9）你话你好吃得，我□ʃɛn²¹⁴⁻²¹/ʃɛŋ²¹⁴⁻²¹更（□tʃɛn²¹⁴⁻²¹/ʃɛŋ²¹⁴⁻²¹更）吃得。（你说你很能吃，我比你更能吃。）

（10）渠有□mɛn⁵⁵/mɛt⁵⁻³儿（□lɛt⁵儿）行得了。（他能走一点儿路了。）

例（9）是一个比较句，"得"用在动词"吃"后面作补语，"吃得"在语义上相当于普通话的"能吃"，指人的饭量大、吃得多，表示生理上的强能力，也是一种特定能力。

二是表示无生物拥有的一种功能或效能，"熟"一般也和后面的动词构成"熟+VP"结构。例如：

（11）我屋□［kɔ⁴⁴］电灯无熟着，是无是烧了？（我家的电灯亮不了了，是不是烧了？）

（12）火车无熟动了。（火车动不了了。）

"发亮"是"电灯"的性能，"动"是"火车"的性能。吕叔湘（1980）指出现代汉语的"能"可以表示无生命的事物"有某种用途"。范晓蕾（2021）则称之为无生物的用途效能，认为用途效能也是无生物的"特定能力"，跟有生物的能力一样都指有潜力实现某事，两者的实现潜力均取决于参与者的"物质因素"，前者是无生物的理化属性，后者是有生物的生理状况，汉语里这两种动力情态义一般编码为相同的词形。范建迪（2021）也指出近代汉语情态助动词"解"可以表无生命物体的用途效能，这种能力应为生理能力，即特定能力。

2. 恒常能力

贺州市信都土话的"熟"还可以表示恒常能力，通常指的是心智上的能力，在具体语境下往往可以解释为"会、懂得"，并且这种恒常能力指的是要经过学习或练习获得的技能，"熟"通常和后面的动词构成"熟+VP"结构。例如：

（13）佢三岁就熟煮饭了。（他三岁就会做饭了。）

（14）佢熟开车。（他会开汽车。）

（15）你熟唱歌，佢熟跳舞，你两头去参加节目。（你会唱歌，他会跳舞，你们两个去参加节目。）

（16）你都无熟着衫打扮。（你都不会穿衣打扮。）

（17）我熟游水，你熟某？（我会游泳，你会吗？）

（18）你到底熟无熟做工，饭都煮无熟。（你到底会不会干活，饭都煮不熟。）

（19）吃饭你就熟，凹你洗碗你就无愿。（你就只会吃饭，叫你洗碗就不愿意。）

以上例子中，"熟"均表示恒常能力，相当于现代汉语的"会"。朱德熙（1982）认为现代汉语的"会"多半用来说要经过学习或练习获得的技能，吕叔湘（1980）认为现代汉语的"会"表示"懂得怎样做或有能力做某事"，范晓蕾（2021）进一步讨论了吕叔湘关于"会"表示"懂得怎样做"的具体内涵，认为"会"重在断言心智属性"懂得"，直接决定了这种能力的恒常性，"懂得"针对的是有难度的事项，"VP"指代的动作有技巧难度，并且动作具有类指性和无条件性。我们认为信都土话的"熟"与现代汉语的"会"的用法具有一致性，即"熟"和"会"后的动作都表示学习后获得的技能，都有技巧难度，都是类指性动作。

另外，我们认为"熟"的"恒常能力义"由"特定能力义"引申而来。范晓蕾（2017）指出生理能力和心智能力（对应"特定能力"和"恒常能力"）之间的语义关联是"生理能力→心智能力"，生理能力是以主体的客观物质属性为促成条件，而心智能力是以主体的主观心智因素为促成条件，生理能力为心智能力提供物质基础，并且多数方言表达这两个能力义时，会在形式上有明显分工。信都土话的"熟"表示特定能力时主要指体能，表示恒常能力时主要指后天习得的技能，特定能力为恒常能力提供客观物质基础。例（17）的"游泳"需要花费一定的体能，体现一定的生理能力，但是范晓蕾（2017）认为体能在其中不起决定作用，它只为心智能力的实现提供物质基础，句子重在表达主体有实现行为的主观技巧，是表心智上的能力，即恒常能力。此外，"熟"表示恒常能力的用法比较常见，而表示特定能力的用法相对受限，一般用"V + 得 + 倒"结构，两者在表达形式上就有分工，这一点和范晓蕾指出的生理能力和心智能力在语法形式上有分工的结论一致。

信都土话的"熟"还可以用在疑问句中，如果"熟"后的动词是相同成分，这时的动词还可以省略，如例（17）。"熟"也可以单独回答问题，如要回答例（17）的"你熟某？"，可以直接回答"熟"或者"不熟"，"熟"还可以构成反复问"熟无熟"。

3. 高质能力

信都土话的"熟"还可以表示一种高质能力义，指的是善于做某事，一般前面要加上程度副词"不止"，这时的"熟"相当于现代汉语中表示"善于做某事"的助动词"会"。例如：

（20）小王不止熟讲话。（小王很会说话。）

（21）佢媳妇不止熟做菜。（他老婆很会做菜。）

（22）老王不止熟写毛笔字。（老王很会写毛笔字。）

（23）箇头人无熟倾计。（这个人不会聊天。）

（24）你舍妹不止熟跳舞噶？（你妹妹很会跳舞吗？）

吕叔湘（1980）指出现代汉语的助动词"会"可以表示"善于做某事"，并且前面常加"很、真、最"等。信都土话的"不止"是程度副词，相当于现代汉语的"很"，位于谓语"讲话""做菜""写毛笔字"前，表示主语在这些行为上特别擅长，能力特别突出。现代粤语中的"识"也可以表示"善于做某事"。例如，"呢个人好识讲话"，意思是"这个人嘴巴很厉害，说话很讨人喜欢"。

范晓蕾（2021）把这种"善于做某事"的能力称为"高质能力"，认为"高质能力"的重要特征是"懂得如何令动作实现后的效果比普通情况更好"。范建迪（2021）则把近代汉语的"解"表示"做某事比较好"的用法归入"心智能力"，这时的"解"相当于英语中的"be good at"。本文认为信都土话的"熟"表示"善于做某事"的能力义时，强调"动作实现后的效果"，而表示单纯的心智能力义的"熟"不强调"动作实现后的效果"，两者在具体的意义上有差异，所以对两者分别进行讨论。但是，本文认为"熟"的"高质能力义"是"恒常能力义"进一步引申的结果。

范晓蕾（2016）在基于汉语方言的情态词构建的以心智能力为核心的语义地图中，明确了心智能力和高质能力之间的语义关联，认为"高质能力"是一种强能力，表示"有能力＋质量高"。本文赞同这一观点，认为"心智能力"是"高质能力"的基础，因为"善于做某事"的前提是"已经学会或习得某一技能"，"心智能力"强调"经过学习或练习获得的技能"，和"高质能力"的核心意义"善于做某事"可以看成是基础和发展的关系。例如，"很会说话"首先要掌握"语言表达的技巧"或者"察言观色的本领"，"很会写毛笔字"的前提是掌握了"写毛笔字的本领"或者"懂得毛笔字艺术"，"很会跳舞"的前提是习得了"跳舞的本领"。当然，这不意味着发挥恒常能力完全不需要特定能力，因为特定能力（指体能）是做所有事的前提，以"游泳"为例，这一能力也需要花费一定的体能，但是范晓蕾（2017）认为体能在其中不起决定作用，它只为心智能力的实现提供物质基础，句子重在表达主体有实现行为的主观技巧，是表心智上的能力，即恒常能力。文章还指出，汉语里情态词表强能力可受程度副词修饰，这是高质能力区别于特定能力和恒常能力等普通能力的句法特征。信都土话的"熟"表示"高质能力"时，往往也有程度副词"不止"的修饰，这在句法形式上帮助区分"恒常能力"和"高质能力"。

（二）"熟"的"表认识"义及用法

信都土话"熟"还具有"表认识"的情态义。"表认识"是一种认识情态，彭利贞（2005）指出认识情态表达说话人对命题为真的可能性与必然性的看法和态度，或者表达说话人对一个情境出现的可能性的判断。范晓蕾（2014）也指出认识情态的能性概念是认识可能，表达对未证实的事态之真实性的主观推测，是主观可能性。

贺州市信都土话"熟"的"表认识"情态义具体可以分成"认识可能"和"认识必然"两种情况。

1. "熟"表示"认识可能"

信都土话的"熟"表"认识可能"，这种"认识可能"通常是处于"可能"与"必然"之间的"盖然"，"熟"一般和后面的动作构成"熟＋VP"结构，动作行为指向未来，事态的发生具有未然性。例如：

(25) 落咁大水，佢盛熟来某？（下这么大的雨，他还会来吗？）

(26) 侬恶过佢，你觉得佢盛熟同侬好某？（我们骗过他，你觉得他还会和我们好吗？）

(27) 箇种天熟落水某？（这种天气也会下雨吗？）

(28) 你以后盛熟来我屋搞调查某？（你以后还会来我家搞调查吗？）

"熟"表示"认识可能"一般用于疑问句中，句末有表示疑问的语气词"某"，"熟"在句中表达说话人的一种主观认识和推测，本文认为"熟"表示"认识可能"的情态义和它所在的疑问句语境有很大的关系。疑问句本身就包含一种不确定性，"熟"后的动作行为"来""和我们好""下雨"等都指向未来，具有未然性，未然性也包含不确定性。因此，"熟"表示的"认识可能"很有可能是吸收了疑问句的语境义，这就是沈家煊（1998）指出的"吸收"机制，即吸收上下文义，把语境表达的意义吸收进来，吸收的语境义是指词所处的上下文的意义，是狭义的语境义。由于"熟"经常出现在疑问的语境中，"熟"后动作行为的发生具有不确定性，只是说话人主观上作出的推测，"熟"就容易沾染上不确定义和主观推测义，在句中常常表示一种"认识可能"义。

如果"熟"用于肯定句，前面往往要加上"可能"和"应该"，它们是表示可能性的情态助动词。例如：

(29) 等咁久了，佢可能无熟来了。（等了这么久了，他可能不会来了。）

(30) 朝头有雾水，箇日应该熟出热头。（早晨有雾，今天大概会出太阳了。）

陈小燕（2007）指出贺州市本地话的"可能"可以表示猜测、估计或不很肯定的语气，相当于共同语的"也许、可能"。例如：

(31) 落水天渠可能无来了。（下雨天他也许不来了。）

(32) 你莫逼佢，佢可能想整自然□［mɛn⁵⁵］。（你别催他，他可能想做得像样一点。）

信都土话的"熟"经常和"可能""应该"等表示可能性的情态词共现，表示"认识可能"的意义会进一步得到固化。这样的话，"熟"自身是否具有"认识可能"义呢？范晓蕾（2016）指出，词的意义和用法不能截然分开，从临时用法到稳固的意义是一个连续统，高频的用法都有潜力凝固为词义。根据这一观点，本文认为，"熟"的"认识可能"情态义最初是由语境沾染得到的，但是"熟"表示"认识可能"的用法逐渐增多后，"认识可能"的情态义已经凝固成了"熟"的词义。

另外，魏政（2020）指出，"情态词连用，前后位置的强度由弱到强"，可以判断"熟"表示的"认识可能"义的强度高于"可能"和"应该"表示的可能性的强度。"可能"和"应该"不能去掉,去掉后句子变成"佢无熟来了"(他不会来了),表达说话人的认识可能性强度已经提高,接近一种"必然",语义有所改变。彭利贞(2005)也指出现代汉语的"会"的认识情态义可以定位于"可能"与"必然"之间的"盖然",表示一种极高的可能性。

2. "熟"表示"认识必然"

信都土话的"熟"表示"认识必然"的情态义也是一种主观可能性,但是这种主观可能性的强度远远高于"盖然性",相当于一种"必然性"。例如:

(33)腾煮熟□[kɔ⁴⁴]四季豆无吃得,熟中毒□[kɔ⁴⁴]。(还没煮熟的四季豆吃不得,会中毒的。)

(34)咁热□[kɔ⁴⁴]天气,叻肉放在外面,熟臭□[kɔ⁴⁴]。(这么热的天气,肉放在外面,会变坏的。)

(35)天气咁冷你着咁少,熟感冒□[kɔ⁴⁴]。(这么冷的天你穿这么少,会感冒的。)

(36)头头都无中意吃箇种水果,无熟有人突□[kɔ⁴⁴]。(大家都讨厌吃这种水果,不会有人买的。)

吕叔湘(1980)认为现代汉语的"会"可以表示"有可能",通常表示将来的可能性,例如"敌人一定会被消灭"。虽然信都土话的"熟"前面没有"一定"等表示必然的情态词,但是"会中毒""会变坏"和"会感冒""不会有人买"等都是说话人在一定前提条件下作出的推理,如"中毒"的前提条件是吃没煮熟的四季豆,"肉会变坏"的前提条件是放在温度很高的室外。可见,在一定的条件下,"熟"后面的动作发生的概率接近百分之一百,说话人对事态发生的确定性强度极高,和前面的"熟"表示的"认识可能"的可能性有明显不同。并且,这里所有的例句都有同一个表示确定的句末语气调"kɔ⁴⁴",也是认识必然的一种句法表现。

另外,"熟"后的动作行为对于当事者来说是消极的、否定的或者反常的,这一点和李明(2017)讨论宋代的助动词"解"表示主观推测可能(认识类)相当于"会"的用法是一致的。范晓蕾(2016)把这种近于必然性的认识归入"认识必然",本文参照范晓蕾的归纳,把信都土话中表示强主观可能性的"熟"归为"认识必然"。

"熟"表示"认识必然"和"认识可能"都是吸收语境义和进行语用推理的结果,"认识必然"可以看成是"认识可能"的可能性进一步强化的结果,强化的前提就是存在一个"前提条件",在这个前提条件下,"熟"后面的动作行为一定会发生。两者的区别在于"熟"表示"认识可能"时经常处于疑问句中或前后有"可能""应该"等情态词的肯定句,而"熟"表示"认识必然"时已经脱离疑问句的语境,可以通过语境推理出"认识必然"的情态义,并且"认识必然"所表示的"可能性"的强度高于"认识可能"。

信都土话中表达说话人对某一事态的发生作出肯定性判断,还可以用"会",前面可以加"肯定",也可以不加,我们认为"会"的用法是受到了普通话的影响。例如:

（37）小王中意研究外国历史，佢会中意箇本书□［kɔ⁴⁴］。（小王爱研究外国历史，他会喜欢这本书的。）

（38）佢咁孝顺，吾妈生病了，佢肯定会返屋□［kɔ⁴⁴］。（他这么孝顺的一个孩子，妈妈生病了，他肯定会回家的。）

（39）箇件事都过去咁长时间了，佢无会记得□［kɔ⁴⁴］。（这件事都过去这么长时间了，他不会记得的。）

（三）"熟"从"表能力"义到"表认识"义的派生

上文已经讨论"熟"的"表能力"三种具体的情态义之间和"熟"的"表认识"两种情态义之间的联系和区别。下面本文在此基础上进一步讨论"熟"的"表能力"和"表认识"两种情态义之间的关系。本文认为，"熟"的"表能力"情态义和"表认识"情态义之间是"基本义"和"语用派生义"的关系。本文将用隐喻机制、泛化和语用推理机制解释这一语义派生的过程。

隐喻就是由一个认知域投射到另一个认知域，信都土话的"熟"可以看成由"行"域投射到"知"域的隐喻。沈家煊（2003）指出，"行"域指现实的行为和性状，跟"行态"和"事态"有关；"知"域指主观的知觉和认识，跟说话人或听话人的知识状态即"知态"有关，并且从语义引申的角度看，"行"域义是原始的基本意义，然后引申出较抽象的"知"域义。信都土话"熟"的"表能力"情态义是"某人具有能力实施某一行为"，特定能力、恒常能力和高质能力都强调"主体的能力"，是现实的行为和性状，而"熟"的"表认识"情态义是"说话人主观的认识和推理"，"认识可能"和"认识必然"都涉及"主观认识和推理"，是说话人主观的知识状态。由此，我们可以把"熟"的"表能力"归为"行"域，把"熟"的"表认识"归为"知"域。"知"的概念比"行"的概念更加抽象，用前者可以隐喻后者，"熟"从"表能力"隐喻到"表认识"，符合认知隐喻从具体到抽象的一般规律。

沈家煊（1998）把泛化作为实词虚化过程中的一环，认为实词泛化能造成自身适用范围的扩大，泛化是推理和隐喻的结果。本文认为信都土话"熟"从"表能力"到"表认识"也是词义泛化的表现，并且词的泛化是在语用推理的过程中实现的。"熟"的基本情态义是"表能力"，随着"熟"使用范围的扩大，"熟"的基本情态义必须进一步泛化，但是这种泛化不是随意的泛化，而是通过语用推理，在语境中吸收上下文的语境义，再进一步固化为字的情态义，即"表能力"到"表认识"是一种从基本情态义到语用派生义的泛化。

此外，蒋绍愚（2007）认为"会"的能力义和认识情态义有前后相继的衍生关系，但不是直接衍生，而是以其他意义为中间桥梁；范晓蕾（2017）则论证了"心智能力→条件必然→认识必然"这一语义关联的合理性。其实，蒋文的"中间桥梁"就是范文的"条件必然"。对于"熟",从"表能力"到"表认识"的情态义派生过程和范文的语义关联路径基本是一致的。

（四）"熟"的其他用法

信都土话的"熟"除了"表能力"的基本义和"表认识"的语用派生义，还具有"表条件必然"和"表惯常倾向"这两种情态义用法，但是这两种用法相对受限。

1. "熟"表条件必然

范晓蕾（2016）认为，普通话中，"会"常用在一些描述自然规律、社会规则或事物习性的惯常句中，这样的句子称为"会"类惯常句，这些句子多表述规律、规律性事态，自然有必然性，"会"表达的这种必然性称为条件必然。信都土话的"熟"也可以表示条件必然，一般和动词构成"熟 + VP"结构。例如：

（40）油熟浮在水上面。（油会浮在水上。）

（41）温度无腾到零度，河里面□［kɔ⁴⁴］水无熟结冰□［kɔ⁴⁴］。（温度还没有零度，河里的水不会结冰的。）

（42）旧电器总是熟坏□［kɔ⁴⁴］。（旧电器总是会坏的。）

"熟"表示必然条件时，这种条件是一种自然规律，不涉及人的主观判断。"油"的密度比"水"小，密度大小有差异是"油浮在水上面"的必然条件；"水"只有在零度及以下温度的条件下结冰，没有"零度及其以下的温度"这个条件，水就不会出现"结冰"的现象，两者都体现一种自然规律。例（42）的"熟"则表示一种事物习性，"旧电器"因为使用的时间较长，在性能、寿命上有一定的损耗，导致经常出现"坏"的毛病。

2. "熟"表惯常倾向

信都土话的"熟"还可以表示一种惯常倾向义，即表示一种事态和行为"容易发生、倾向于发生"，惯常倾向所牵涉的事态的实现无必然性，只有倾向性，隐含事态高频发生，但不能预测事态何时会出现。例如：

（43）细子儿熟经常生病。（小孩子很容易生病。）

（44）行路无望路熟容易跌倒。（走路不看路很容易摔跤。）

（45）铁□［kɔ⁵⁵］嘢熟不止快上鏉。（铁的东西容易生锈。）

例（43）、例（44）的"经常""容易""不止"和"熟"连用，都表达一种事态发生的倾向，虽然"容易""经常""不止"等在信都土话中都是常见的表达惯性的助动词，但是前文已经说过，词的意义和用法不能截然分开，从临时用法到稳固的意义是一个连续统，高频的用法都有潜力凝固为词义，并且惯常倾向设为独立功能有形式依据，即在方言中可以用不同的词形表达。"容易""经常""不止"等词显然没有"能力"等情态义，而且汉语表该义的词一般可以和程度副词连用。因此，我们认为这种惯常倾向的情态义属于

"熟"，不属于"经常"或"容易"。另外，倾向性不等于必然性，因为"小孩子很容易生病"不等于"小孩子一定经常生病"，"走路不看路很容易摔跤"不等于"走路不看路一定会摔跤"，"铁的东西容易生锈"也不等于"铁的东西一定都生锈"。

三、"熟"和汉语方言"会""解""识"的比较

信都土话的"熟"和汉语方言的"会""解""识"等都具有情态助动词的功能，下面将"熟"的用法分别和其他具有情态义的助动词进行简单对比，梳理它们之间的相同和不同。

（一）"熟"和"会"的比较

范晓蕾（2017）指出，多数方言中，"会"的能力义限于心智能力，认识情态义有将然性。信都土话"熟"的能力义表示心智能力义的用法比较常见，但不限于心智能力义，还可以表示生理能力义，只是用法相对受限，且一般用于否定句。"熟"和"会"表示认识情态义的用法都具有将然性，只是"熟"后的动作行为对于当事者来说是消极的、否定的或者是反常的，而"会"后面的"动作行为"则没有这样的语义限制。范晓蕾（2017）还进一步指出各方言"会"的语义范围有异：北方官话的"会"无认识情态义，部分粤方言的"会"无能力义，吴语和赣语的"会"有表生理能力义的用法（但不成熟），还有"容易发生"的意义。

（二）"熟"和"解"的比较

"解"作为情态助动词的用法，在闽语中得到完整保留。蒋绍愚（2007）集中讨论了《朱子语类》的"解"作为助动词的用法和语法化过程，范建迪（2021）则认为《朱子语类》的"解"其实就是闽语的"解"，并且"解"和官话中的常用情态助动词"会"二者所表达的语义多有重叠。范晓蕾（2017）用汉语方言的事实证明闽语的"解"具有表心智能力、认识必然、条件必然、计划性将来、高质能力、惯常倾向六种功能，"解"和"会"在多种功能模式及用法特性上皆平行。和闽语的"解"进行比较，可以发现信都土话的"熟"在能力义上限于表示心智能力、高质能力，表示生理能力义则相对受限，而闽语的"解"除了表示心智能力义，表示生理能力义的用法也比较常见。"熟"和"解"的差异还在于闽方言"解"在心智能力义和生理能力义的基础上衍生出了条件可能义，再进一步发展出许可义，例如"学生解点熏得"（学生不可以抽烟）（范晓蕾，2017），而信都土话的"熟"并没有进一步发展出"许可义"，表示许可义一般不用"熟"，用"可以"。

（三）"熟"和"识"的比较

"识"作为现代粤语的能性情态助动词，可以表示心智能力义，例如："我识游水"（我会游泳）、"狗识咬人"（狗会咬人）；也可以表示无生命物的用途效能，例如："呢只表识郁"（这只表会走）、"呢只表识拍照"（这只表能拍照）；还可以表示一种高质能力义，例如："老王几识讲话"（老王多会讲话）、"佢唔知几识食"（他不知道多会吃）。也就是说，信都土话的"熟"和现代粤语的"识"都可以表示心智能力义、高质能力义和无生命物的用途。但是，"识"不能表示认识情态义，要想表达认识情态义，一般用"会"，蒋绍愚（2007）认为这可能是因为普通话的影响十分强大，遏制了助动词"识"的进一步语法化。

四、结语

范晓蕾（2014）基于汉语方言事实改进的有跨语言普遍性的情态类型系统及其语义地图的研究为有跨语言普遍性的概念范畴提供了实证性依据，为定位概念成员在系统中的地位、认识各概念的关系以建构合理的概念类型系统建立了一套操作性强的参照标准。本文讨论了广西贺州市信都土话的情态助动词"熟"的"表能力"的基本义和"表认识"的语用派生义，分别对"熟"表特定能力、恒定能力、高质能力、认识可能和认识必然等情态义的用法进行了详细描写，希望能为完善汉语情态类型系统的研究提供有价值的参考。

参考文献

［1］陈小燕. 多族群语言的接触与交融：贺州本地话研究［M］.北京：民族出版社，2007.

［2］范建迪. 近代汉语情态助动词"解"的语义研究［J］.文化学刊，2021（12）.

［3］范晓蕾. 以"许可—认识可能"之缺失论语义地图的形式和功能之细分：兼论情态类型系统之新界定［J］.世界汉语教学，2014（1）.

［4］范晓蕾. 助动词"会"情态语义演变之共时构拟：基于跨语言/方言的比较研究［J］.语言及语言学，2016，17（2）.

［5］范晓蕾. 语义地图的解析度及表征方式：以"能力义为核心的语义地图为例"［J］.世界汉语教学，2017（2）.

［6］范晓蕾. "会"和"能"的能力义辨析［J］.语言教学与研究，2021（5）.

［7］蒋绍愚. 从助动词"解"、"会"、"识"的形成看语义的演变［J］.汉语学报，2007（1）.

［8］ 李明．汉语助动词的历史演变研究［M］.北京：商务印书馆，2017.

［9］ 刘振前，生为．现代汉语认识情态助动词的句法语义特征［J］.吉林大学社会科学学报，2021（3）.

［10］ 吕叔湘．现代汉语八百词［M］.北京：商务印书馆，1980.

［11］ 彭利贞．现代汉语情态研究［D］.上海：复旦大学，2005.

［12］ 沈家煊．复句三域"行、知、言"［J］.中国语文，2003（3）.

［13］ 沈家煊．实词虚化的机制：《演化而来的语法》评介［J］.当代语言学，1998（3）.

［14］ 魏政．可能性、盖然性还是必然性？——再论情态助动词"会"的情态力度［J］.现代语文，2020（10）.

［15］ 中国社会科学院语言研究所，中国社会科学院民族学与人类学研究所，香港城市大学语言资讯科学研究中心．中国语言地图集［M］.2 版．北京：商务印书馆，2012.

［16］ 朱德熙．语法讲义［M］.北京：商务印书馆，1982.

［17］ 邹亚敏．广西贺州信都土话语音研究［D］．长沙：湖南师范大学，2022.

The Modal Meaning and Usage of the "$\int$ɔk$^{\underline{34}}$" of Xindu Dialect in Hezhou City, Guangxi

LIU Haifang, ZOU Yamin, HE Fuling

Absrtact：This paper divides the modal meaning expressed by "$\int$ɔk$^{\underline{34}}$" of Xindu dialect in Hezhou city, Guangxi into two types：basic meaning "ability meaning" and pragmatic derived meaning "cognitive meaning", of which the basic meaning can be divided into three types：specific ability, constant ability, and high-quality ability, and derived meaning can be divided into two types：knowing possibility and knowing necessity. "Cognitive meaning" is the result of the pragmatic derivation of "ability meaning". This paper also makes a brief comparison between the "$\int$ɔk$^{\underline{34}}$" of the Xindu dialect and the "hui" "shi" and "jie" of the Chinese dialect.

Keywords：Xindu dialect, Goulou dialect of Cantonese, modal meaning, "$\int$ɔk$^{\underline{34}}$"

彝语山苏话的数及其表达方式

沐　华①

（暨南大学文学院　广东广州　510632）

【提　要】数量范畴是语言中重要而又基础的语法形式之一。彝语山苏话中的数量概念有多种表达方式，有使用数量词的，有用在具体词类后面加不定量词缀表示双数、多数和集体概念的，有用词根重叠等方式表示数量的增值的……其数量范畴呈单数、双数、多数三分系统，通过形态、词汇、句法三种表现形式体现在代词、名词、动词、量词上。本文在梳理山苏话表达数量的名词、代词、动词、量词、形容词等多种形式的基础上，对"数"及其表达方式作分析研究。

【关键词】彝语　山苏话　"数"范畴　表达形式　句法限制

一、引言

自然语言中的"数"范畴可分为两种类型：词汇化的"数"范畴和语法化的"数"范畴。前者在自然语言中体现为数量词及其各种组合形式；后者通常需要借助内部屈折、外形变化或者附加虚词的形式加以体现。语法学意义的"数"范畴指的主要是后者。② 藏缅语族里的"数"概念（这里所指的"数"并不是各类词的语法范畴）有多种表达方式，其中最常见的是用数词。其后发展了量词，用数量词来表示名词的数和行为动作的数量。直到现在，还有相当一批藏缅语族语言仍然用数词表达确定"数"的概念。③ 有关彝语数量范畴的研究，苏连科（1991）对彝语北部方言数量结构的音变现象进行过比较分析。

---

① 沐华（1988—　），男，云南峨山人，博士研究生，研究方向为藏缅语族语言与文化。
② 李大勤. 藏缅语人称代词和名词的"数"：藏缅语"数"范畴研究之一［J］. 民族语文，2001（5）.
③ 孙宏开. 藏缅语族语言里的"数"及其表达方式［M］//徐丹. 量与复数的研究：中国境内语言的跨时空考察. 北京：商务印书馆，2010：29－38.

经典的"范畴"定义为：一组拥有共同特性的元素组成的集合（set），元素隶属于集合的程度相等，没有"核心""边缘"之分。然而 Wittgesnetin（1953）的研究显示，隶属同一范畴的各成员中，只有共同的家族相似性，隶属是个程度大小的问题。比如"数"由多类成员组成，诸如自然数、整数、有理数、无理数、实数、复数等，但是作为"数"范畴的最好例子是正整数，而不可能是无限不循环小数。这种认为同一个范畴的诸成员有资格大小或优劣的观念，被称作"原型论"（prototypical theory）。

山苏话是彝语南部方言峨新次方言中的一种土语。本文以彝语山苏话的"数"范畴为研究对象，在整理山苏话相关自然语言材料的基础上，得出其中有关"数"的词汇和语法表达式，分析之后发现山苏话的"数"范畴呈"单、双、多、集体数"的四分对立现象。接下来就山苏话的"数"范畴分别举例阐述。

二、数的类型及其表达方式

（一）数词

1. 基数词

基数是一种语言中最基础且最简单的语言表达形式之一。山苏话固有的基数系统及其口语表达习惯法则如下：

（1）基数词的读音。

t^he^{21}（一）、ni^{21}（二）、so^{44}（三）、li^{44}（四）、ηa^{21}（五）、$ts^h\underset{o}{o}^{21}$（六）、si^{21}（七）、$xe\underset{e}{}^{21}$（八）、ku^{33}（九）、$t\varepsilon^he^{44}$（十）、$t\varepsilon^he^{44}ti^{55}$（十一）、$t\varepsilon^he^{44}ni^{21}$（十二）……

$ni^{21}t\varepsilon e^{44}$（二十）、$ni^{21}t\varepsilon e^{44}t^hi^{21}$（二十一）、$ni^{21}t\varepsilon e^{44}ni^{21}$（二十二）……

$so^{33}t\varepsilon^he^{44}$（三十）、$so^{33}t\varepsilon^he^{44}t^hi^{21}$（三十一）、$so^{33}t\varepsilon^he^{44}ni^{21}$（三十二）……

$li^{33}t\varepsilon^he^{44}$（四十）、$li^{33}t\varepsilon^he^{44}t^hi^{21}$（四十一）、……、$li^{33}t\varepsilon^he^{44}ku^{44}$（四十九）、$\eta a^{21}t\varepsilon^he^{44}$（五十）……

$\eta a^{21}t\varepsilon^he^{44}t^hi^{21}$（五十一）……

$ku^{33}t\varepsilon^he^{44}ku^{44}$（九十九）……

$t^he^{21}xa^{44}$（一百）、$t^he^{21}xa^{44}n\mathcal{\sigma}^{33}t^he^{21}ma^{44}$（一百零一）、$t^he^{21}xa^{44}n\mathcal{\sigma}^{33}ni^{21}n\mathfrak{\sigma}^{55}$（一百零二）……$t^he^{21}xa^{44}n\mathcal{\sigma}^{33}t\varepsilon^he^{44}ma^{44}$（一百一十）……

$t^he^{21}xa^{44}n\mathcal{\sigma}^{33}t\varepsilon^he^{44}ti^{55}ma^{44}$（一百一十一）……

$t^he^{21}to^{44}t^he^{21}xa^{44}ni^{21}t\varepsilon e^{44}t^he^{21}ma^{44}$（一千一百二十一）……

$t^he^{21}wa^{44}$（一万）、$ni^{21}wa^{44}$（二万）……

$t\varepsilon^he^{44}wa^{44}$（十万）、$t\varepsilon^he^{44}ti^{55}wa^{44}$（十一万）……

以上各例是山苏话的基数系统及其口语表达法。从"一"到"十"是不同的基数词，然后"十"以上的基数词都是按"$t\varepsilon^he^{44}$＋数词""数词＋$t\varepsilon^he^{44}$""数词＋$t\varepsilon^he^{44}$＋

数词"组合成"理想"式的，但是，数词"十一"和"二十"就明显偏离了"理想"的编码方式。对"理想"的编码系统的偏离，在许多情况下是由历时系统在共时层面上留下的残迹造成的。尽管"十一"和"二十"的形式与其他数词编码方式不同步，但仔细观察就可发现二者之间在语义上或语音上仍然存在着系统的联系。

（2）基数词的音变规则。

在山苏话中，发生音变现象的基数词有四个："tʰe²¹（一）""so⁴⁴/so³³（三）""li⁴⁴/li³³（四）""ku⁴⁴/ku³³（九）"，这四个基数词在不同的位置都有各自不同的语音表现形式，即同一个数在不同的位置或不同的数在各自不同的位置中的具体读音均各异，包括声母、韵母和声调均有变化，语音的三个要素有单独变化的，也有整体变化的。这些数词在形态上的变化有可能不同程度地偏离了"理想"的编码方式。具体表现在以下四个方面：

①声韵调整体变化，即"tʰe²¹（一）"变成"ti⁵⁵（单）"。在表达基数词"tɕʰe⁴⁴ti⁵⁵（十一）"的时候，就常规的数的逻辑表达法则而言，位于十位数后面的个位数应该同样会是"tʰe²¹（一）"，如 *①"tɕʰe⁴⁴tʰe²¹"，而这里却不是这样的。如果从语音上来分析的话，个位数上的"一"是由声母为舌尖前送气塞音，声调为低降调的"tʰe²¹"变成同发音部位和发音方法但不送气而且声调升至高平调的"ti⁵⁵"所替代；从语义上来分析的话，"tʰe²¹"的意思是"一"，"ti⁵⁵"的意思是"单"，二者虽然词汇意义不尽相同，但语义却是相通的，从而构成的语音形式是"tɕʰe⁴⁴ti⁵⁵"，而不是"tɕʰe⁴⁴tʰe²¹"，二者之间的转换其实是符合同源词的历史演变关系的。这样的音变形式在山苏话数的表达中仅此一例。

②变声，在表达"二十"的时候，是以"ni²¹tɕe⁴⁴"为其语音形式来表现的，而并非按数的常规表达逻辑以"ni²¹（二）＋tɕʰe⁴⁴（十）"组合成 *"ni²¹tɕʰe⁴⁴"，变化方式为舌面前清送气塞擦音"tɕʰe⁴⁴"变成不送气塞擦音"tɕe⁴⁴"，这里只变声母，其余均未发生变化。

③变韵，即"tʰe²¹（一）"变为"tʰi²¹"。这个现象发生在以二十至九十之间位于十位数后面的个位数"一"的表达中，统一读作"tʰi²¹（一）"，韵母/e/变成了/i/。例如：ni²¹tɕe⁴⁴tʰi²¹（二十一）、so³³tɕʰe⁴⁴tʰi²¹（三十一）……ku³³tɕʰe⁴⁴tʰi²¹（九十一）。

④变调，即次高平调（⁴⁴）变成中平调（³³）。有三个基数词在计数或与量词组合成数量短语的时候声调变化，这三个基数词分别是 so⁴⁴/so³³（三）、li⁴⁴/li³³（四）、ku⁴⁴/ku³³（九）。计数时的音变规则，如基数词处于个位数的时候，so⁴⁴（三）、li⁴⁴（四）、ku⁴⁴（九）三个数词的声调都是次高平调（⁴⁴），而处于十位数的时候，这三个数词均变为中高平调（³³）。例如：

---

① 文中标记为"＊"号的是不符合语言实际的例子，下同。

表1　基数调"三""四""九"的声调变化示例

个位数	十位数	十位数 + 个位数	百位数
so^{44}（三）	so^{33}tɕ^{h}e^{44}（三十）	so^{33}tɕ^{h}e^{44}so^{44}（三十三）	so^{33}xa^{44}（三百）
li^{44}（四）	li^{33}tɕ^{h}e^{44}（四十）	li^{33}tɕ^{h}e^{44}li^{44}（四十四）	li^{33}xa^{44}（四百）
ku^{44}（九）	ku^{33}tɕ^{h}e^{44}（九十）	ku^{33}tɕ^{h}e^{44}ku^{44}（九十九）	ku^{33}xa^{44}（九百）

表1中，可以看到数词"三""四""九"除了个位数中是次高平调（^{44}）之外，其他的十位数、百位数都是中平调（^{33}）。依此类推，千位数如 so^{33}to^{44}（三千）、li^{33}to^{44}（四千）、ku^{33}to^{44}（九千）；万位数如 so^{33}wa^{44}（三万）、li^{33}wa^{44}（四万）、ku^{33}wa^{44}（九万）。所以，有关"三""四""九"的变调规则是字在个位数中维持原来的声调次高平调（^{44}），其他的都变成中平调（^{33}）。

除了以上所列举分析的例词之外，其余的 ni^{21}（二）、ŋa^{21}（五）、tsʰo^{21}（六）、si^{21}（七）、xe^{21}（八）五个基数词均无变化形式。①②这样的分析方法尽管符合描写主义语言学中 IA 分析方法，却不能解释为什么 tɕ^{h}e^{44}ti^{55}（十一）、ni^{21}tɕe^{44}（二十）会成为一种"例外"现象。

（3）分数的表达方式。

tʰe^{21}pʰɛ^{33}kʰə^{21}一半（二分之一）

so^{33}bə^{33}tɚ^{21}tʰe^{21}bə^{33}三分之一　　　　　li^{33}bə^{33}tɚ^{21}so^{33}bə^{33}四分之三

三　堆　打　一　堆　　　　　　四　堆　打　三　堆

ŋa^{21}bə^{33}tɚ^{21}ni^{21}bə^{33}五分之二　　　　　si^{21}bə^{33}tɚ^{33}ŋa^{21}bə^{33}七分之五

五　堆　打　二　堆　　　　　　七　堆　打　五　　堆

2. 加减乘除法

从山苏话里"数"的表达来看，其历史上固有的只有加减的表达法则，而乘除法的出现其实是与汉语接触后的借用结果。加减的表达法如下：

（1）加法：［数量 + dɛ^{21}（之上） + 数量 + kɚ^{55}ɐ^{33}（拿什么掺和） + dʑo（有）］。

1a）tʰe^{21}ma^{44}dɛ^{21}ni^{21}nə^{55}kɚ^{55}ɐ^{33}so^{44}lə^{21}dʑo^{33}. 一加上二等于三。

　　　一个　　上 二个　拿掺　三个　有

1b）* tʰe^{21}dɛ^{21}ni^{21}kɚ^{55}ɐ^{33}so^{44}dʑo^{33}.

　　　一　上 二 拿掺 三 有

2a）so^{44}lə^{21}dɛ^{21}ŋa^{21}lə^{21}kʰa^{44}kɚ^{55}ɐ^{33}，xe^{21}lə^{21}ŋa^{33}ŋa^{33}?　　三个加上五个，是不是八个？

　　　三个　上　五个　若　拿　掺　八个　是是

2b）* so^{44}dɛ^{21}ŋa^{21}kʰa^{44}kɚ^{55}ɐ^{33}，xe^{21}ŋa^{33}ŋa^{33}?

　　　三　上 五 若　拿 掺　八 是是

上举4例，是山苏话中"加减法"的自然口语表达方式，在基数词之后加量词组合成"数量短语"是满足山苏话表达加法的语用习惯条件，而"加"的法则，是用"数量 + dɛ²¹（之上） + 数量 + kɚ⁵⁵ e³³（拿什么掺和） + 数量 + dzo（有）"，如例1a）。

（2）减法：［数量 + ko²¹（之上） + 数量 + kɚ⁵⁵xa⁴⁴（拿什么掺和） + 数量 + dzo（有）］。

3）tɕʰe⁴⁴ma⁴⁴ko²¹ŋa²¹lə²¹kɚ⁵⁵xa⁴⁴ŋa²¹lə²¹dzo³³. 十减去五等于五。

    十个 里 五个 拿去 五个 有

4）ni²¹nə⁵⁵ko²¹tʰe²¹ma⁴⁴kɚ⁵⁵xa⁴⁴tʰe²¹ma⁴⁴dzo³³. 二减去一等于一。

    二个里 一个 拿去 一个 有

（3）乘法和除法。

山苏话关于乘法和除法的表达，则是完全借用汉语普通话的表达法，基数词不用加量词组合成数量短语，而是直接借用汉语数词的读音，用"数词 + dɛ²¹（之上） + 数词 + kʰa⁴⁴tsʰə²¹（若乘以） + 数词 + dzo（有）"或"数词 + tsʰə²¹ʐi²¹（乘以） + 数词 + no³³（连词） + 数词 + dzo³³（有）"两种表达形式。例如：

5a）ɚ⁵⁵dɛ²¹sa³³kʰa⁴⁴tsʰə²¹lu²¹dzo³³. 二乘以三等于六。

    二 上 三 若 乘 六 有

5b）ɚ⁵⁵tsʰə²¹ʐi²¹sa³³no³³lu²¹dzo³³.

    二 乘以 三（Au）六 有

6a）sa³³dɛ²¹tɕʰi²¹kʰa⁴⁴tsʰə²¹ɚ⁵⁵si²¹ʐi²¹dzo³³. 三乘以七等于二十一。

    三 上 七 若乘 二十一 有

6b）sa³³tsʰə²¹ʐi²¹tɕʰi²¹no³³ɚ⁵⁵si²¹ʐi²¹dzo³³.

    三 乘以 七（Au）二十一 有

7a）si⁵⁵ko²¹ɚ⁵⁵kʰa⁴⁴tsʰu²¹xa⁴⁴gə⁴⁴ɚ⁵⁵dzo³³. 四除以二等于二。

    四里 二 若除去 就 二 有

7b）si⁵⁵tsʰu²¹ʐi²¹ɚ⁵⁵no³³ɚ⁵⁵dzo³³.

    四 除以 二就 二 有

3. 时间

（1）年和日。

山苏话中，关于时间的"年"和"日"的表达是以"十二生肖"为基准的，如例①；在每一个生肖名词后面加 kʰo²¹（年）表示"年"的时间数，如"生肖名词 + kʰo²¹"，加 ni³³（日）表示"日或天"的时间数，如"生肖名词 + ni³³"，如例②、例③。

①生肖：xɛ³³（子鼠）、ŋu²¹（丑牛）、la²¹（寅虎）、tʰo²¹ɬo³³（卯兔）、lu²¹（辰龙）、sɚ⁴⁴（巳蛇）、mo²¹（午马）、zo³³（未羊）、no²¹（申猴）、ʐɛ³³（酉鸡）、tɕʰi²¹（戌狗）、vɛ²¹（亥猪）。

②xɛ³³kʰo²¹（鼠年）、ŋu²¹kʰo²¹（牛年）……vɛ²¹kʰo²¹（猪年）。

③xɛ³³ni³³（鼠日）、ŋu²¹ni³³（牛日）……vɛ²¹ni³³（猪日）。

（2）月份。

$k^ho^{21}\textcircled{}ci^{55}ła^{33}$（一月）、$bə^{33}si^{21}ła^{33}$（二月）、$sa^{44}ŋɐ^{21}ła^{33}$（三月）、$li^{33}ła^{33}$（四月）、$ŋa^{21}ła^{33}$（五月）、$ts^ho^{21}ła^{33}$（六月）、$si^{21}ła^{33}$（七月）、$xe^{21}ła^{33}$（八月）、$ku^{33}ła^{33}$（九月）、$tɕ^he^{44}ła^{33}$（十月）、$tɕ^he^{44}ti^{55}ła^{33}$（十一月）、$tso^{55}ła^{33}$（十二月）。

（3）手指顺序。

$pə^{21}pə^{214}mo^{21}$（拇指）、$pə^{21}pə^{214}ba^{44}$（食指）、$a^{44}so^{33}ka^{44}$（中指）、$mɚ^{44}ma^{21}ba^{21}$（无名指）、$tɕi^{55}li^{55}zo^{33}$（小指）。

（二）量词

山苏话中，单数、复数和多数这三项是"数"的类型中最基本的一种对立关系，是通过量词来表达的。表单数的如 ti^{55}（单），其表达方式如 $e^{33}ti^{55}$（单的）；表双数的如 $dʑə^{33}$（双），其表达方式如 $e^{33}dʑə^{33}$（双的）；表多数的如 $t^he^{21}xo^{21}dʑe^{21}$（一切）、$a^{55}tso^{21}ka^{33}$（全部）、$xa^{44}su^{44}$（百数）、$to^{44}su^{44}$（千数）、$va^{44}su^{44}$（万数）……

1. 人称代词＋数词＋mo^{21}夫妻

$ŋa^{33}ni^{21}mo^{21}$我们夫妻俩 $ŋa^{55}so^{44}mo^{21}$我们三对夫妻

　我　两　夫妻　　　　　　　我们三　夫妻

$^*e^{33}\ t^he^{21}\ mo^{21}$

2. 多数、若干、约数、概数

数词两两组合表示约数、概数。

常见的、语用上已经形成固定搭配形式的有：

$ni^{21}nə^{55}so^{44}lə^{21}$若干个　　$t^he^{21}ni^{21}nə^{55}$两三个　　$li^{44}ŋa^{21}lə^{21}$四五个

二个三个　　　　　　一二个　　　　　　四五个

以上这些数词之间的两两组合关系均表约数、概数，是山苏话中常用的固定表达形式。

在词干后面附加成音节的助词（在有的语言中也称后缀或语尾）也是山苏话构成多数形式的一种主要语法手段。但山苏话这类表示多数的情况并不是很多。例如：

$ŋa^{55}t^hə^{21}$我（们）家　　$ni^{55}t^hə^{21}$你（们）家　　$e^{55}t^hə^{21}$他（们）家

俞敏（1989）提出："在以小农经济为主的封建社会里，生产和生活的单位是'家'。所以人们一提多数，就说'我门'（＝我家）。后来加个人旁，这就是现代'我们、你们'的起源。"

（三）代词

山苏话的人称代词存在"数"的分别，呈包括三种人称和两种数在内的代词系统。

1. 人称代词

人称代词通过声调变化或加词缀表达数的变化。具体表现为：人称代词的单数的语音形式是中平调（^{33}），在各自的声母、韵母均不变的情况下，声调变成高平调（^{55}）之后，就从单数变成复数形式，这是第一种变化方式；第二种变化方式是在人称代词复数形式的基础上加不自由语素词缀"t^hə^{21}"，即"人称代词 + t^hə^{21}"形式，表示与人称代词相应的集体，如"某家"。举例如表2所示：

表2　人称代词表达"数"的变化示例

人称	单数	多数	集体
第一人称	ŋa^{33}我	ŋa^{55}我家	ŋa^{55}t^{h}ə^{21}我家
第二人称	ni^{33}你	ni^{55}你家	ni^{55}t^{h}ə^{21}你家
第三人称	e^{33}他(她、它)	e^{55}他家	e^{55}t^{h}ə^{21}他家

表2中的人称代词是有一定的规整性的，表现在：第一，非单数形式总是以与单数形式同形的词干为基础；第二，同属一种"数"的不同人称代词用相同的构成手段。①

第一、二、三人称单数 + 数词 ni^{21} + 量词，举例如下：

ŋa^{33}ni^{21}ma^{44}/nə^{55}我们两个　　　　ŋa^{55}so^{44}（li^{33}…）ma^{44}/lə^{21}我们三个

ni^{33}ni^{21}ma^{44}/nə^{55}你们两个　　　　ni^{55}so^{44}（li^{33}…）ma^{44}/lə^{21}你们三个

e^{33}ni^{21}ma^{44}/nə^{55}他们两个　　　　ni^{55}so^{44}（li^{33}…）ma^{44}/lə^{21}他们三个

2. 反身代词

① 人称代词 + bu^{33} + 人称代词。

ŋa^{33}bu^{33}ŋa^{33}我自己　　　　　　ŋa^{55}bu^{33}ŋa^{55}我们自己

ni^{33}bu^{33}ni^{33}你自己　　　　　　ni^{55}bu^{33}ni^{55}你们自己

e^{33}bu^{33}e^{33}他自己　　　　　　e^{55}bu^{33}e^{55}他们自己

② ［人称代词 +（数词 + 量词）］ + bu^{33} + ［人称代词 +（数词 + 量词）］。

8）ni^{33}ni^{21}ma^{55}bu^{33}ni^{33}ni^{21}ma^{55}gu^{33}ʑi^{33}gɚ^{33}. 你们母子（女）俩自己去做。

　　　你 二母辈 的 你 二 母辈做 去(复数)

9）ni^{33}ni^{21}mo^{21}bu^{33}ni^{33}ni^{21}mo^{21}u̠^{55}lɛ^{21}gɚ^{33}. 你们夫妻俩自己去生活。

　　　你 二夫妻 的 你 二 夫妻　生活(复数)

10）ni^{55}so^{44}p^{h}a^{21}bu^{33}ni^{55}so^{44}p^{h}a^{21}lə^{44}gɚ^{33}. 你们父子（女）仨自己去玩。

　　　你们三父辈的 你们　三父辈　玩(复数)

反身代词 a^{21}mɚ^{55}（自己）也可通过重叠来表达。例如：a^{21}mɚ^{55}mɚ^{55}自己、a^{21}mɚ^{55}a^{21}mɚ^{55}自己。例句如例11）、例12）、例13）：

---

① 李大勤. 藏缅语人称代词和名词的"数"：藏面语"数"范畴研究之一［J］. 民族语文，2001（5）：28 – 39.

11）a²¹mɚ⁵⁵bu³³tʰa⁴⁴dʑo³³. 有专属于自己的。
　　自己　的（Au）有

12）a²¹mɚ⁵⁵bu³³a²¹mɚ⁵⁵so⁴⁴，çi⁴⁴lo³³tʰa²¹li⁴⁴vɚ²¹. 自己学自己的，不要打扰别人。
　　自己　　　　　学　别人_{受事}别　缠绕

13）a²¹mɚ⁵⁵mɚ⁵⁵gu³³，çi⁴⁴lo³³ tʰa²¹ni⁴⁴dʑɚ²¹. 做自己的事，不要指望别人。
　　自己　　　做　别人_{受事}别　看着

3. 疑问代词重叠表示多数（见表3）

表3　疑问代词重叠表示多数

基式	重叠式
a²¹çi³³ 谁	a²¹çi³³ a²¹çi³³ 哪些人
a⁴⁴tsʰo⁴⁴ 什么	a⁴⁴tsʰo⁴⁴tsʰo⁴⁴ 有些什么
kʰo³³a³³ 哪里	kʰo³³a³³ kʰo³³a³³ 哪些地方
kʰe⁴⁴na³³ 多少	kʰe⁴⁴na³³ kʰe⁴⁴na³³ 有些多少
kʰa⁴⁴ma⁴⁴ 哪一个	kʰa⁴⁴ma⁴⁴ kʰa⁴⁴ma⁴⁴ 哪几个

三、"数"的句法限制

1. 人的名词 + kɚ⁴⁴

藏缅语名词数量分析形式是其语言语法结构中的一个普遍形式。这种形式的产生和发展与数词、量词的发展息息相关。藏缅语名词数量分析形式的同源关系是以本语族的同源词——名词、量词、数词为基础的。有些句子中的数词受到前面主语或宾语的限制。

kɚ⁴⁴（们）是可数名词标记，一般在可数名词后面加类似于汉语的"们"的"kɚ⁴⁴"来表示不定量的多数，这类复数概念往往被分析为名词的多数。例如：

a⁵⁵ɤɚ⁵⁵kɚ⁴⁴阿二他们　　　　　　a⁴⁴me⁴⁴kɚ⁴⁴阿妹她们
阿二　们　　　　　　　　　　阿妹　们

ni³³ba⁴⁴kɚ⁴⁴你爸爸他们　　　　　e³³ɤu⁴⁴kɚ⁴⁴他的舅舅们
你　爸爸　们　　　　　　　　他舅舅们

a²¹nə⁴⁴kɚ⁴⁴孩子们　　　　　　　li⁵⁵pa⁵⁵li⁵⁵a²¹kɚ⁴⁴孙子孙女们
孩子　们　　　　　　　　　　孙子孙女　们

ni³³tsʰo²¹pɛ³³kɚ⁴⁴你的朋友们　　　ni³³za²¹mɚ²¹kɚ⁴⁴你的女儿们
你　朋友　们　　　　　　　　你　女儿　们

以上例子说明指人的名词后面可以直接加助词kɚ⁴⁴，但是并非所有的名词都可以加助词kɚ⁴⁴表示复数。这和藏缅语中的藏、独龙、纳西、拉祜、哈尼、土家语等限于人称名词有复数范畴①是一样的。

2. 指示代词、疑问代词＋kə⁴⁴

kə⁴⁴除了加在指人的名词后面外，有时还可以加在非人名词的动物名词之后。其语法意义相当于汉语的"些""群"等。这些词缀与汉语中的"们"一样，也应该算作多数语法范畴。例如：

a⁵⁵tɕʰi²¹dʑa⁴⁴kə⁴⁴ 那些羊群　　　　　＊a⁵⁵tɕʰi²¹kə⁴⁴ 那些羊群
羊　　　那 们

a⁵⁵nu⁵⁵tsʰa⁴⁴kə⁴⁴ 这些狗　　　　　　＊a⁵⁵nu⁵⁵kə⁴⁴ 这些狗
狗　　　这 们

ŋu²¹dʑa⁴⁴kə⁴⁴ 那些牛群　　　　　　＊ŋu²¹kə⁴⁴ 那些牛群
牛 那 们

tsʰo²¹tu³³dʑa⁴⁴kə⁴⁴ 那些草墩　　　　＊tsʰo²¹tu³³kə⁴⁴ 那些草墩
草墩　　那 们

ɕi³³dʑɛ³³dʑa⁴⁴kə⁴⁴ 那些树　　　　　＊ɕi³³dʑɛ³³dʑa⁴⁴kə⁴⁴ 那些树
树　　　那 们

14）a⁴⁴dʑɛ³³tsʰa⁴⁴kə⁴⁴kʰe⁴⁴tʰa²¹bu³³ŋa³³? 这些水是什么时候的？
　　　水　　这些 何时　的 是

这句话中，"水"其实是不可数名词，但这句话表达的是水已经以瓶装的可数的形式出现。

以上列举的例子中，如果没有指示代词"tsʰa⁴⁴"和"dʑa⁴⁴"就不能在指非人的动物名词后面加"kə⁴⁴"。

ni³³da²¹və²¹dʑa⁴⁴kə⁴⁴　　　　　你的那些客人们
ni³³su⁵⁵so⁴⁴a²¹tsʰa⁴⁴kə⁴⁴　　　你的这些学生们

3. gə⁴⁴

15a）ni⁵⁵a⁴⁴tsʰo⁴⁴gu³³ni³³gə⁴⁴? 你们在干什么？
　　　你们 什么做 在(复数)

15b）ŋa⁵⁵mu³³kʰu³³ma³³tɕi⁴⁴ma⁴⁴ɤə³³də³³ni³³gə⁴⁴. 我们在商量关于祭龙的事。
　　　我们祭龙　　到 个　　商量正在(复数)

16）e⁵⁵a⁵⁵tso²¹ka³³tsʰo⁴⁴u⁵⁵gə⁴⁴di⁵⁵. 他们全部人都在这里。
　　　他们　全部 这坐(复数)（Au）

17a）ni⁵⁵a²¹ni³³kʰo³³a³³ʑi³³gə³³ni⁴⁴? 你们昨天去了哪里？
　　　你们昨天　哪里 去(复数)疑问助

① 李永燧. 藏缅语名词的数量形式 [J]. 民族语文, 1988（5）：50－57.

17b) ŋa⁵⁵a²¹ni³³ʐu⁵⁵ɕi̠³³a³³ʑi³³gɚ³³. 我们昨天去了玉溪。

    我们   昨天 玉溪_{方助} 去_(复数)

18a) e⁵⁵a²¹gə⁴⁴nə⁴⁴li̠³³li̠³³ʑi³³gɚ³³be³³? 他们明天去赶集吗？

    他们   明天 赶集赶集 去_(复数) 说

18b) e⁵⁵ma²¹li³³ʑi³³gɚ³³be³³. 他们说不去赶集了。

    他们   不 赶集 去_(复数) 说

19) ɕi⁵⁵xe⁴⁴tsʰi̠²¹pi⁵⁵ʑi³³gɚ³³nɚ³³. 一起去搭茅屋吧。

    茅屋   盖 去 一起

20) e⁵⁵tʰə̠²¹bu³³za²¹ti⁵⁵li⁵⁵ tʰe²¹ma⁴⁴ti⁵⁵dʑo³³. 他家只有一个儿子。

    他家   的 独子 一个   仅有

4. 动词重叠可以表达动作的重复或次数多

21) a²¹nə⁴⁴ŋu²¹ŋu²¹nɚ³³i̠³³tsʰi²¹xa⁴⁴. 孩子哭着哭着就睡着了。

    孩子 哭哭_{连词}   睡着了

22) e³³kɐ³³kɐ³³ nɚ³³na²¹ta⁵⁵xa⁴⁴ta⁵⁵. 他说着说着就停止了。

    他 说说_{连词}   停止 了 搁

23) no²¹dʑa⁴⁴mu³³mu³³nɚ³³mu³³xa⁴⁴. 那件事做着做着就做完了。

    事 那 做做_{连词}   做 了

5. 肯定式/否定式与 tɚ³³

24) ŋa⁵⁵tsʰo⁴⁴u̠⁵⁵tɚ³³nɚ³³. 我们坐这里吧。

    我们这   坐_(复数)吧

25) dʑa³³tʰe²¹ni³³dʑa²¹tɚ³³nɚ³³. （咱们）吃一次饭吧。

    饭一 天 吃_(复数) 吧

6. 动词 + 互动标记 ɕɛ⁵⁵，但只能是自主动词加互动标记"ɕɛ⁵⁵"

bɚ²¹ɕɛ⁵⁵吵架   zi̠²¹ɕɛ⁵⁵摔跤   do̠³³ɕɛ⁵⁵相互踢

7. 数量重叠

26) mi³³go²¹pʰa²¹ tʰe²¹ni³³mi³³go²¹. 农民天天干活。

    农民   一天一天 活 干

27) tʰe²¹xɛ̠²¹tʰe²¹xɛ̠²¹tɕia³³pa³³. 天天晚上加班。

    一晚   一晚 加班

28) tʰe²¹kʰo̠²¹tʰe²¹kʰo²¹e³³ɣɚ²¹pʰa²¹e³³ti⁵⁵ŋa³³. 他当了好多年领导。

    一年   一年 领导 他   只是

8. 概数

29) tʰe²¹xa⁴⁴ma⁴⁴no⁴⁴a²¹. 约一百个。

    一 百 个 约数

30a) li⁴⁴ŋa²¹tɕʰe⁴⁴ma⁴⁴. 四五十个。

       四　五　十　　个

30b) *li⁴⁴ŋa²¹tɕʰe⁴⁴ma⁴⁴no⁴⁴a²¹. 约四五十个。

       四　五　十　　个　约

31) kʰa⁴⁴dʑo³³ (tʰe²¹) ma⁴⁴. 约每一个。

       所有　（一）　个

四、结语

彝语山苏话中，"数"是一个重要的语法范畴。从形式上来看，主要以词汇手段，比如数词、代词、量词等呈现；从形态变化上来看，主要以变声、韵、调和重叠手段来表现；从句法上来看，主要以单复数标记在句中的分布来呈现。其中，单数以词汇表现，双数以量词或数量组合形式表现，多数以量词或语法形式表现，集合数以量词或词干之后附加成音节的助词表现。

参考文献

[1] 陈康. 彝语人称代词的"数"[J].民族语文，1987（3）.

[2] 储泽祥. 数词与复数标记不能同现的原因 [J].民族语文，2000（5）.

[3] 李大勤. 藏缅语人称代词和名词的"数"：藏缅语"数"范畴研究之一 [J].民族语文，2001（5）.

[4] 李艳惠，石毓智. 汉语量词系统的建立与复数标记"们"的发展 [J].当代语言学，2000（1）.

[5] 李永燧. 藏缅语名词的数量形式 [J].民族语文，1988（5）.

[6] 苏连科. 彝语北部方言数量结构音变分析 [J].西南民族学院学报（哲学社会科学版），1991（3）.

[7] 邢福义. 论"们"和"诸位"之类并用 [J].中国语文，1960（6）.

[8] 邢福义. 再谈"们"和表数词语并用的现象 [J].中国语文，1965（5）.

[9] 徐丹. 量与复数的研究：中国境内语言的跨时空考察 [M].北京：商务印书馆，2010.

Number and Its Expression in Shansu Dialect of Yi Language

MU Hua

Abstract：Quantity category is one of the important and basic grammatical forms in language. The concept of quantity in the Shansu dialect of the Yi language can be expressed in a variety of ways, such as quantifiers, indefinite affixes added to specific parts of speech to express the concept of dual number, plurality and collection, and word root overlapping to express the appreciation of quantity. The number category is divided into three parts: singular number, dual number and plurality, which are embodied in pronouns, nouns, verbs and quantifiers through morphology, vocabulary and syntax. On the basis of sorting out the various forms of nouns, pronouns, verbs, quantifiers, adjectives and other expressions of quantity in Shansu dialect, this paper makes an analysis and study of "number" and its expression.

Keywords：Yi language, Shansu dialect, number category, expression form, syntactic constraint

基于语法化斜坡视角的短时名词分级研究①

叶彬彬　王衍军②

（暨南大学华文学院　广东广州　510610）

【提　要】"刹那""瞬间""霎时"作为短时名词的代表，处于语法化程度递增的渐变连续统，构成实义项内部的语法化斜坡。从句法的角度来看，充当句法成分的比例反映语法化程度，短时名词的语法化程度呈直线上升的态势，进入结构"一×"与"×间"后分别补足过度虚化与虚化不足的部分，整体分布达到"一线两翼"的平衡状态。从语义和语用的角度来看，包含隐喻、转喻过程的语用推理是语法化的内在动因，语法化程度、去语义化程度与语用推理强度等级之间存在正相关关系，句法、语义和语用三个平面的互动为短时名词的语法化分级提供新视角。

【关键词】短时名词　语法化斜坡　分级研究

一、引言

"语法化"（grammaticalization）是指"由某个自主词转变为某个语法成分的通道"③，即实词虚化。语法化程度不同的形式在历时、共时层面所组成的连续体被隐喻为语法化"斜坡"（clines），即实义项（content item）＞语法词（grammatical word）＞

---

① 本文为国家社会科学基金项目"晚清域外汉语教材语法对比研究及检索语料库建构研究"（20BYY122）及国家语言资源监测与研究教育教材中心重点项目"晚清域外汉语教材语法对比研究及检索语料库建设——以《北京官话全编》等12部教材为例"（2019ZD002）（HBD01－05/005）研究成果。本文初稿曾在第四届名词及相关问题学术研讨会参加青年学生论文竞赛并获奖，在第十三届全国汉语词汇学学术研讨会作分组报告，承蒙与会专家提出宝贵意见，谨此一并致谢。文章尚存错谬，概由作者本人负责。
② 叶彬彬（1987—　），女，暨南大学华文学院博士研究生，主要研究方向为汉语词汇语法、语言习得与教学；王衍军（1972—　），男，暨南大学华文学院教授，博士生导师，主要研究方向为近代汉语词汇语法、汉语方言。
③ MEILLET A. L'évolution des formes grammaticales［J］. Scientia（Rivisita di Scienza），1912（12）：130－148.

附着形式（clitic）＞屈折词缀（inflectional affix）（Hopper & Traugott, 2003）。以往的语法化研究常以纵向视角追踪某一语言项由实转虚、从独立到依附的历时变化，而本文将采用横向视角对比实词范畴内不同语言项语法化程度的共时区别，以实现对某一类实词的分级研究。

时间名词可充当主、宾、定、状语等不同句法成分，句法功能的内部差异相对较大，适合成为名词语法化分级研究的对象。本文以短时名词作为切入点考察其语法化程度并进行分级，试图证明该组短时名词是由语法化程度由低到高的渐变连续统所构成的共时语法化斜坡。短时名词的范围可由语义和词性来界定，《现代汉语词典（第7版）》中义项为"极短的时间"且词性标注为名词的词条共17个①，其中只有"刹那""瞬间"②"霎时"均可用于结构"一×"及"×间"，故将此三词作为参照坐标重点研究。本文对北京大学中国语言学研究中心现代汉语语料库（下文简称CCL）中现当代文学作品部分共计8720条语料进行穷尽性统计，古代汉语语料则来自中国基本古籍库。

二、短时名词分级的理论依据

（一）时间名词与时间副词的划分研究

时间名词和时间副词的划分标准在汉语界曾引起讨论，其中影响力最大的是"唯状说"。时间名词可充当定中、状中结构中的修饰成分和介宾结构中的宾语，但时间副词只能充当状中结构中的状语。③ 时间副词只能充当状语和句首修饰语，不能充当主宾语（包括介宾）④。因此，时间名词充当状语的比例相对较低，还能充当其他句法成分，而时间副词充当状语的比例则更高。

名词和副词虽同属实词，但副词相对虚化，两者的区别反映实与虚之间的界限，有助于从句法层面上探寻衡量短时名词语法化程度的方法。从词类划分的角度来看，以短时名词充当状语的比例来反映语法化程度具有可行性：短时名词充当状语的比例越高，则靠近虚化度更高的时间副词，语法化程度越高；短时名词充当状语的比例越低，则靠近实词特征更多的时间名词，语法化程度越低。

（二）语法化参数的研究

Heine & Kuteva 所提出的语法化参数也颇具影响力，包括扩展（extension）、去语义

---

① 词义为"极短的时间""极短时间"的名词共12个，再以此作为义项查找出近义词共5个，将其全部归为短时名词。
② "瞬间"虽不能进入结构"×间"，但其本身以语素"间"结尾，也具有相应的考察价值。
③ 李少华. 现代汉语时间副词的分类描写 [J].荆州师专学报, 1996（4）：70-74.
④ 张谊生. 现代汉语副词的性质、范围与分类 [J].语言研究, 2000（1）：51-63.

化（desemanticization）、去范畴化（decategorialization）和销蚀（erosion）①。结合汉语的特点，这些参数进一步被概括为去范畴化程度和去语义化程度。首先，去范畴化是指词汇成分的某些形态句法属性消失。具体到名词的去范畴化，则会失去作为名词的句法自由和充当指称成分的功能。短时名词若无法充当主语或宾语，失去了名词最重要的句法功能，去范畴化程度高，意味着较高的语法化程度。其次，去语义化是指意义内容的消失或泛化，也可被称为语义虚化（semantic bleaching）。具有演变关系的语言项，演变输入项的意义更为具体、特指、实指，演变输出项的意义更为抽象、概括、示意，去语义化程度的变化反映了语法化在演变过程中产生的作用强弱。②

作为适用于汉语的语法化参数，去范畴化程度和去语义化程度是从句法和语义两个层面综合评估短时名词语法化程度的重要参考，也为探寻短时名词语法化动因打下了理论基础。

三、短时名词的语法化程度

（一）短时名词的句法功能

作为短时名词的代表，研究"刹那""瞬间""霎时"句法功能的差异，有助于从量化的角度反映短时名词语法化程度的高低。短时名词进入结构"一×""×间"后充当句法成分比例的变化，也可作为短时名词所构成的语法化斜坡的延伸和变化部分加以讨论。（见表1）

表1　短时名词"刹那""瞬间""霎时"及进入结构"一×""×间"后所充当句法成分的比例

短时名词及进入结构"一×""×间"后	充当主语	充当宾语	充当定语	充当状语	充当补语	独立语
刹那	5.77%	30.77%	38.46%	25.00%	0.00%	0.00%
一刹那	4.02%	55.02%	8.43%	25.70%	6.02%	0.80%
刹那间	0.92%	17.05%	11.06%	70.97%	0.00%	0.00%
瞬间	4.22%	40.36%	13.25%	42.17%	0.00%	0.00%
一瞬间	2.75%	53.55%	7.10%	34.55%	1.60%	0.48%
霎时	0.00%	0.98%	0.00%	99.02%	0.00%	0.00%
一霎时	0.00%	26.15%	0.00%	73.84%	0.00%	0.00%
霎时间	0.00%	0.00%	0.00%	100.00%	0.00%	0.00%

---

① HEINE B，KUTEVA T. The genesis of grammar：a reconstruction ［M］. Oxford：Oxford University Press，2007.
② 吴福祥. 语义图与语法化［J］.世界汉语教学，2014（1）：3 – 17.

首先，短时名词"刹那"实词性质最为突出，语法化程度较低。"刹那"的名词色彩浓郁，充当主、宾、定语的比例合共75.00%。"刹那"进入结构"×间"后充当状语的比例从25.00%上升至70.97%，从实词性极高、主要呈现名词句法功能的"刹那"，转变为主要充当状语、语法化程度较高的"刹那间"，填补了"刹那"虚化部分不足的空缺。"刹那间"可在句首单独充当状语，如例（1a）；而短时名词"刹那"不能在句首单独充当状语，如例（1b）；必须前有定语修饰才能在主语前作为状语修饰整句，如例（2）。"刹那间"也可作状语直接修饰谓语，如例（3a），与短时副词"马上"的用法很接近，如例（3b）可用"马上"进行近义替换。

（1）a. 刹那间，何波一下子清醒了过来。（《十面埋伏》）

　　b. 刹那，何波一下子清醒了过来。

（2）那一年那一天那心算出四万根红果冰棍的刹那，小墩子眼里迸出了几滴眼泪，不过周围的人都没觉察出来。（《小墩子》）

（3）a. 列车无情地载着香雪一路飞奔，台儿沟刹那间就被抛在后面了。（《哦，香雪》）

　　b. 列车无情地载着香雪一路飞奔，台儿沟马上就被抛在后面了。

其次，短时名词"瞬间"的语法化程度介乎"刹那"和"霎时"之间：一方面，"瞬间"具有明显的名词性句法功能，如例（4）中充当主语；另一方面，"瞬间"直接充当状语的比例居中，可如例（5）作状语修饰谓语动词"来"。"瞬间"充当主、宾、定语的比例合共57.83%，直接充当状语则占42.17%，反映实与虚的句法功能基本持平。

（4）庄严的瞬间，正是无数共产党员都曾经有过的，决心向党献身的时刻。（《红岩》）

（5）眼前的一切始料不及，似乎是瞬间来到。（《古典爱情》）

最后，短时名词"霎时"最主要的句法功能是充当状语，比例高达99.02%，语法化程度最高。"霎时"可在句首作状语，如例（6）；也可在谓语前作状语，如例（7a）；可与短时副词"马上"进行近义替换，如例（7b）。另外，"霎时"无法直接充当主语，缺失了名词最基本的句法功能，去范畴化程度较高。"霎时"进入结构"一×"后充当状语的比例由99.02%下降至73.84%，"一霎时"充当宾语的比例增加，相对"霎时"实词性得到较大提升。"一霎时"能与介词"在"构成介宾短语，如例（8），充当宾语的比例为26.15%，远高于"霎时"的0.98%。

（6）霎时，万千事情闪过眼前。（《保卫延安》）

（7）a. 赵毓青的脸霎时红了。（《青春之歌》）

　　b. 赵毓青的脸马上红了。

（8）就在这一霎时，他觉得两眼一黑，浑身瘫软，不由自主地睡在地下了。（《平原枪声》）

（二）短时名词的语法化斜坡

我们对短时名词"刹那""瞬间""霎时"充当状语的比例进行卡方检验，结果见表 2：卡方值为 122.006，自由度为 2，渐进显著性水平为 0.000 且远小于 0.05，说明三者充当状语的比例存在显著差异，意味着其语法化程度的区别明显，结合具体数值的增加，进一步反映了短时名词的语法化程度显著上升的态势，勾勒了短时名词语法化斜坡的基本框架。

表 2　短时名词充当状语比例的克鲁斯卡尔—沃利斯检验结果表

	短时名词充当状语的比例
卡方	122.006
自由度	2
渐进显著性	0.000

基于短时名词充当状语的比例反映语法化程度的前提，图 1 直观展现了短时名词"刹那""瞬间""霎时"所构成的语法化斜坡，整体呈现出"一线两翼"的平衡状态。"一线"是指短时名词语法化程度直线上升的态势所构成的语法化斜坡。"两翼"则以"刹那"为实词性最高的一翼，进入结构"×间"构成"刹那间"拓展其虚化部分，充当状语的比例由 25.00% 大幅上升至 70.97%；以"霎时"为语法化程度最高的另一翼，进入结构"一×"构成"一霎时"补充其名词性不足的部分，去范畴化程度降低，充当状语的比例由 99.02% 下降至 73.84%。结构"一×""×间"起"平衡锤"作用，补充过度虚化与虚化不足的部分，帮助短时名词的使用范围稳定在中间阈值，以实现短时名词所构成的语法化斜坡的整体平衡。

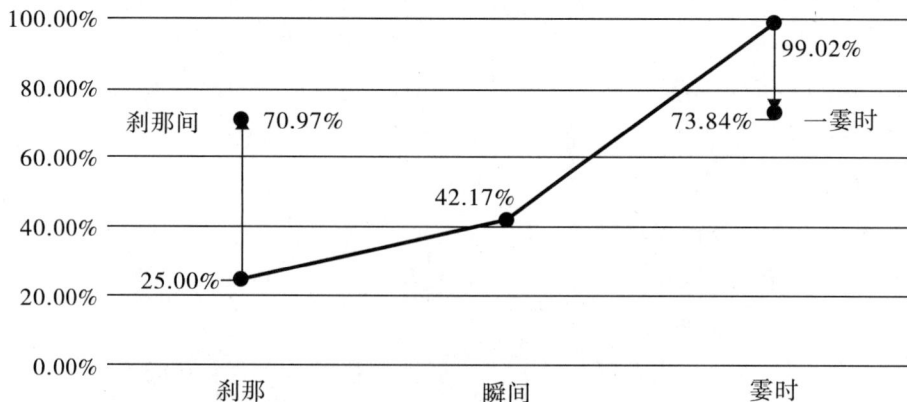

图 1　短时名词及进入结构"一×""×间"后充当状语的比例

四、短时名词的分级

（一）短时名词语法化的动因

隐喻推理和转喻推理在语用层面上起互补作用：隐喻通过类推使得词汇意义从具体概念域映射到抽象概念域，而转喻则进行重新分析促进语义邻接（Hopper & Traugott, 2003）。语用推理机制发挥不同强度等级的作用，造成短时名词"刹那""瞬间""霎时"去语义化程度的差异，从而影响短时名词的语法化程度。

短时名词"刹那"作为外来词，语义停留在原有使用域，语用推理机制未发生作用。"刹那"是梵语音译词，本义即为"极短的时间"，始于汉朝佛教盛行之时，通过佛经翻译传入中原，如例（9）提及《楞伽经》中"一刹那"约为 0.01 秒。直至宋元，"刹那"才慢慢脱离宗教色彩，如例（10）。

（9）按《楞伽经》云："称量长短者，积刹那数以成日夜。"刹那量者，壮夫一弹日指过顷遥六十四刹那。二百十四刹那名一怛刹那，三十怛刹那名一婆罗，三十婆罗名一摩睺罗多，三十摩睺罗多子为一日一夜，其一日一夜有六百四十八万刹那。（《数术记遗》）

（10）放船中流天模糊，渐渐霎霎鸣荻芦。万顷刹那成玉壶，柔舻荡漾歌吴歈。（《两宋名贤小集·棹雪》，卷二百九十三）

短时名词"瞬间"通过隐喻机制，将具体动作所隐含的特点抽象为时间概念，语义虚化较为明显。"瞬"的本义为"眼珠转动；眨眼"，《广韵·稕韵》："瞬，瞬目自动也。""瞬"原为及物动词，如例（11）可后加宾语"其目"。"眨眼"这一动作本身具有"短时间"的特点，在上下文语境中新义项被激活，脱离具体动作范畴进入抽象时间范畴。在例（12）中，通过喻词"如"，在表抽象时间概念的本体"奄忽"（即"忽然"）与表具体动作的喻体"眼目视瞬间"之间建立起联系，"眼""目""视"均提示"瞬"的本义为"眨眼"。最后"瞬间"进入与眼睛动作无关、单纯表短时义的抽象时间范畴，如例（13）。

（11）技将终，倡者瞬其目而招王之左右侍妾。（《列子》，卷五）

（12）人处其间，年命奄忽，如眼目视瞬间耳。（《正一法文天师教戒科经》）

（13）瞬间人声尽息，点火皆无，胥败矣。（《拳匪闻见录》）

短时名词"霎时"的语法化进程中，转喻和隐喻机制发挥双重作用，将词义从具体事物虚化为抽象时间概念，去语义化程度随之上升。"霎"本义为"小雨"，《说文新附考·雨部》："霎，小雨也。"首先通过转喻机制，在具体事物的语义场中展开语义邻接。在例（14）中，结构"一×"激活了"霎"词义中"数量少"的义项，"昨夜"使其进一步联通到时间概念，因此在语境中根据语用推理得出引申义"短时间的小雨"。其后隐喻机制进一步发挥作用，将具体事物"短时间的小雨"中的抽象特征剥离出来。起初"霎时"仍处于临界环境，用于与"雨"有关的语境来表示短时义，如例（15）中"霎时"既关照本义以"雨"为主语，又充当状语表示引申义"短时间"。到明朝，"霎时"已基本完成语法化的进程，摆脱"雨"这一语境而进入抽象时间概念范畴，如例（16）中"霎时"表示跑马的人在短时间内"不见踪影"。

（14）昨夜一霎雨，天意苏群物。（《春雨后》）

（15）霎时雨过琴丝润，银叶龙香烬。此时风物正愁人，怕到黄昏，忽地又黄昏！（《董解元西厢记》，卷一）

（16）拨转马头向北一道烟跑，但见一路黄尘滚滚，霎时不见踪影。（《初刻拍案惊奇》，卷三）

（二）短时名词语法化程度分级

短时名词"刹那""瞬间""霎时"呈现出不同程度的语法化，与语用推理机制所发挥的作用有关。语用推理机制促使语义虚化，实词性的磨损、抽象性的增加推动了语法化进程的深入，语法化过程中伴随着去语义化程度的增加。

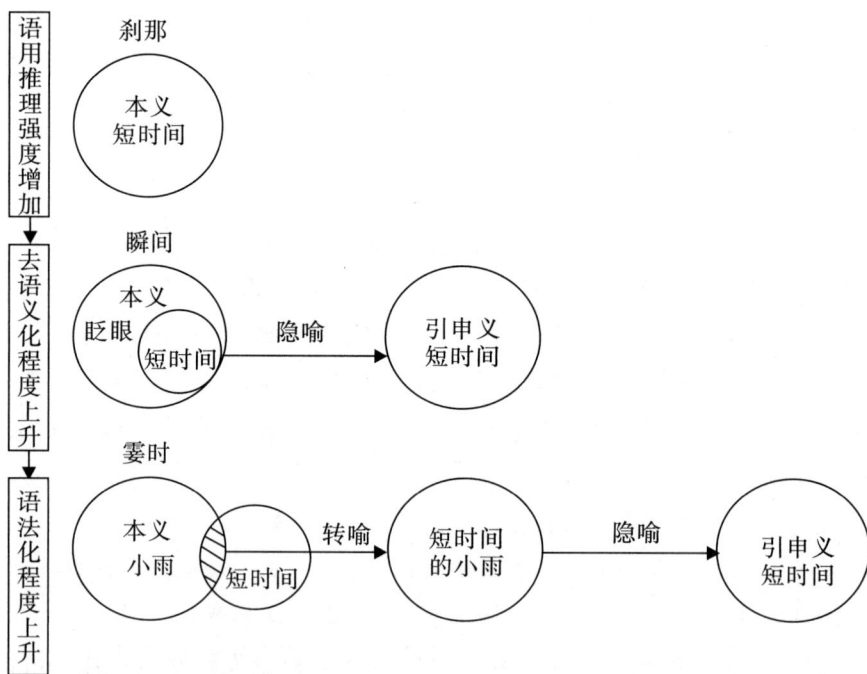

图2　短时名词"刹那""瞬间""霎时"语法化过程中语用推理作用、去语义化程度与语法化程度之间的关系

从图 2 可见，语用推理机制所起的作用、去语义化程度变化与语法化程度之间存在正相关关系，随着语用推理强度的增加，去语义化程度随之上升，并最终导致语法化程度的上升。语用推理机制对"刹那"并未起作用，可设为"零级"，"刹那"停留在其本义中，语法化程度较低。语用推理机制对"瞬间"仅发挥隐喻作用，可设为"Ⅰ级"，"瞬"的本义为"眨眼"，可直接将隐涵义"短时间"抽象出来并规约化，去语义化程度有所增加，语法化程度居中。语用推理机制对"霎时"发挥转喻和隐喻的双重作用，可设为"Ⅱ级"，"霎"的本义是"小雨"，先通过转喻邻接到"短时间的小雨"，再通过隐喻将"短时间"抽象出来，去语义化程度上升的幅度较大，语法化程度较高。

根据上文的界定，短时名词共有 17 个，其中"寸阴""分分钟""分阴""片时""有顷"5 个在 CCL 语料库中的语料数量低于 50 条，说明其运用范围较窄，研究价值较小。剩余 12 个短时名词，如表 3 所示，按照语用推理强度等级、去语义化程度和语法化程度进行分类。"霎时""瞬间""刹那"所处的语用推理强度等级由高到低分别为Ⅱ级、Ⅰ级、零级，去语义化程度下降，语法化程度也相应下降。其他短时名词分属以上三个等级："顷刻"的"顷"本义为"头不正"，"须臾"的"须"本义为"面毛"，均与引申义无直接关系，转喻和隐喻发挥双重作用，归入语用推理强度Ⅱ级；"一瞬""瞬时""瞬息""片刻"的本义与引申义的关系较直接，隐喻机制发挥作用，归入语用推理强度Ⅰ级；"分秒"的语义中并无语用推理机制起作用，归入零级。若处于结构"一×"，语法化程度会有所下降，可能出现降级，后加符号"↓"，如"一瞬""一刹那"；若处于结构"×间"，语法化程度则会上升，可能导致升级，后加符号"↑"，如"霎时间"。

表 3　短时名词的语用推理强度等级、去语义化程度和语法化程度分类

语用推理		去语义化		语法化		短时名词
强度等级	作用	程度	表现	程度	量化标志	
Ⅱ级	转喻与隐喻	较高	本义与引申义无直接关系	较高	充当状语的比例较高	霎时、霎时间↑、顷刻、须臾
Ⅰ级	隐喻	中等	本义与引申义直接相关	中等	充当状语的比例居中	瞬间、瞬时、瞬息、一瞬↓、片刻
零级	无	较低	停留在本义	较低	充当状语的比例较低	刹那、一刹那↓、分秒

在 CCL 语料库现当代文学作品部分中，分别统计以上 12 个短时名词充当状语的比

例作为其语法化程度的量化标志，结果如图 3 所示。① 图 3 反映了短时名词的语用推理强度等级与语法化程度之间的正相关关系：语用推理强度零级的短时名词，去语义化程度较低，充当状语的比例在 40% 以下，另可充当主、宾、定语，语法化程度较低；语用推理等级 I 级的短时名词，去语义化程度居中，充当状语的比例在 40% 至 90% 之间，语法化程度居中；语用推理等级 II 级的短时名词，去语义化程度较高，充当状语的比例在 90% 以上，语法化程度高，与短时副词之间的界限已相对模糊。这进一步证明短时名词是语用推理强度等级上升、语法化程度递增的渐变连续统，细致完整地展现出不同短时名词因语法化程度差异所构成的共时语法化斜坡。

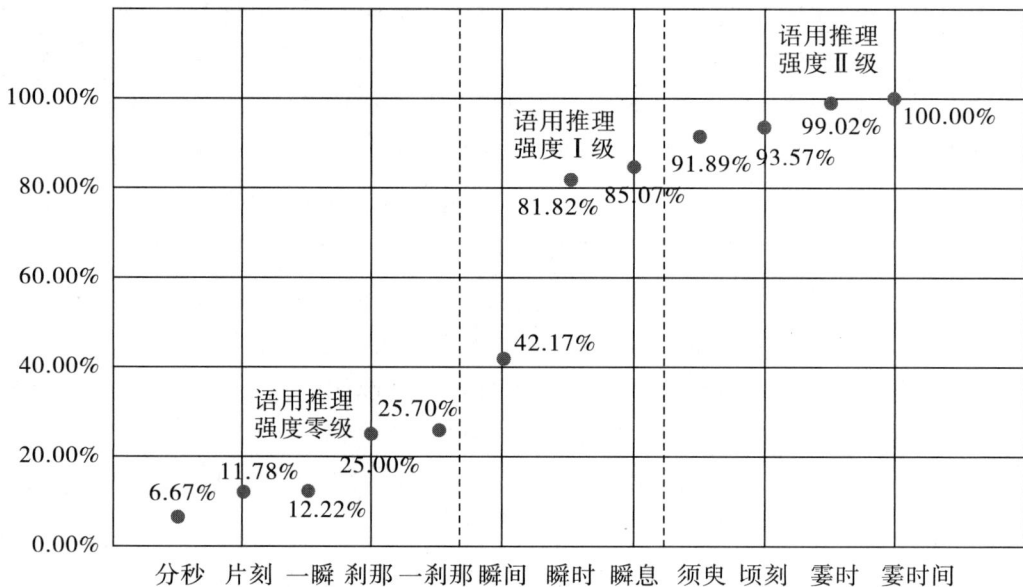

图 3　短时名词充当状语的比例及其语用推理强度等级

五、结语

短时名词充当句法成分的比例作为可量化的标准，是其语法化程度的重要参考，以渐变连续统的形式组成共时的语法化斜坡。就语法化的微观研究而言，观察到语法化斜坡中的实义项并非整齐划一的起始阶段，其中也存在语法化程度的细微差别，不同语法化阶段的"小斜坡"最终构成由实至虚的语法化斜坡，每个阶段之间存在一条语法化程度由低到高的过渡性轴线。从语法化的研究方法来看，证明了比较不同语言项语法化参数的研究思路具有可行性，同一范畴中不同语言项的语法化程度由低到高排列所构成

---

① 短时名词的语用推理强度等级和语法化程度的分布与表 3 的分级基本吻合，仅有"一瞬"和"片刻"不符，前者是因处于结构"一×"中而由 I 级降至零级，后者降级的原因未明，仍需进一步研究。

的语法化斜坡侧面反映了词类划分界限的模糊性，帮助研究者更科学地看待词类的中间现象，避免"非此即彼"的二元划分。

从历时角度深挖短时名词语法化的动因，发现语用推理强度、去语义化程度与语法化程度之间的正相关关系，体现出句法、语义和语用三个平面的深层互动。以此作为起点，可进一步探索更多词类语法化的量化研究与横向对比问题。

参考文献

[1] 冯成林. 试论汉语时间名词和时间副词的划分标准：从"刚才"和"刚""刚刚"的词性谈起 [J]. 陕西师范大学学报（哲学社会科学版），1981（3）.

[2] 汉语大字典编辑委员会. 汉语大字典 [M]. 2 版. 成都：四川辞书出版社，武汉：崇文书局，2010.

[3] 李卫芳. 再谈"V 上"和"V 下"[J]. 华文教学与研究，2021（1）.

[4] 彭睿. 共时关系和历时轨迹的对应：以动态助词"过"的演变为例 [J]. 中国语文，2009（3）.

[5] 吴福祥. 汉语语法化研究的几点思考 [J]. 汉语学报，2020（3）.

[6] 杨德峰. 时间副词作状语位置的全方位考察 [J]. 语言文字应用，2006（2）.

[7] 张斌. 现代汉语虚词词典 [M]. 北京：商务印书馆，2001.

[8] 中国社会科学院语言研究所词典编辑室. 现代汉语词典 [M]. 7 版. 北京：商务印书馆，2016.

[9] 张谊生. 论与汉语副词相关的虚化机制：兼论现代汉语副词的性质、分类与范围 [J]. 中国语文，2000（1）.

[10] BYBEE J. From usage to grammar：the mind's response to repetition [J]. Language，2006（4）.

[11] GIVÓN T. On understanding grammar [M]. New York：Academic Press，1979.

[12] HOPPER P J，TRAUGOTT E C. Grammaticalization [M]. Cambridge：Cambridge University Press，2003.

[13] LEHMANN C. Thoughts on grammaticalization [M]. Berlin：Language Science Press，2015.

Classification of Short-term Nouns from the Perspective of Grammaticalization Clines

YE Binbin, WANG Yanjun

Abstract：Short-term nouns, including "chana（刹那）", "shunjian（瞬间）" and "shashi（霎时）", constitute a gradient continuum and cline with varying degrees of grammaticalization in content items. From syntactic perspective, taking the proportion of being syntactic components as the quantitative standard for the level of grammaticalization, the constructions "yi（一）×" and "× jian（间）" make up the excessive and insufficient part of grammaticalization to achieve the equilibrium condition of "One Line and Two Wings". From semantic and pragmatic perspectives, pragmatic inferencing consists of metaphorical processes and metonymic processes, playing a key role in the emergence of the grammaticalization. There is a positive correlation between pragmatic inferencing potency grades, the level of desemanticization and grammaticalization. The interaction between syntactic, semantic and pragmatic perspectives leads to a new classification of short-term nouns.

Keywords：short-term nouns, cline of grammaticality, classification study

浅析"很粉"的搭配现象

刘皓南　吴姣姣①

（广西民族大学文学院　广西南宁　530006）

【提　要】近年来，网络上陆续出现了"很粉"的搭配现象，用于表示颜色、口感、喜爱和粉嫩等含义。对于"很粉"的搭配现象，鉴于其在社会生活中的广泛使用，本文基于北京语言大学现代汉语语料库与百度资讯搜索引擎，将表示颜色、口感、人体部位的状态以及隐喻的形容词"粉"和表示喜爱的动词"粉"与程度副词"很"进行搭配的语法现象进行分类，并对表示颜色的"粉"与"很"的搭配现象从颜色本体、字词特征、语法特色、语言演变四个层次进行解释，阐述了"很粉"语言现象的搭配可能性。

【关键词】粉　很粉　语法　语言演变

近年来，网络上出现了"很粉"的搭配现象。《现代汉语词典》第 7 版中，"粉"的含义有八种：（1）粉末。（2）特指化妆用的粉末。（3）用淀粉制成的食品。（4）特指粉条、粉丝或米粉。（5）变成粉末。（6）粉刷。（7）带着白粉的；白色的。（8）粉红。据此，"粉"有三种词性，分别是名词（粉末、粉条等）、形容词（白色的、粉红色的等）和动词（粉刷等）。而从现代汉语语法的角度来看，一是作为颜色词的"粉"是表示粉红、白色的状态形容词，不能与程度"很"进行搭配，且一说"粉红"为区别词，见李红印（2007），本文根据"粉红"可作谓语的语言现象，将"粉红"归作状态形容词讨论，如北京语言大学现代汉语语料库中的例子：……如果当天你穿得很粉红，我建议你选择同色系的彩妆；二是作为表示粉末、粉条等的名词，"粉"在一般情况下也不能被程度副词"很"修饰，纵使近年来在汉语中出现了一种程度副词修饰名词的现象，比如"很中国""很淑女"等，这是因为这些名词本身含有一定的语义特

---

① 刘皓南（1998—　），广东广州人，广西民族大学文学院 2021 级研究生，研究方向为现代汉语语法；吴姣姣（2001—　），安徽安庆人，广西民族大学文学院 2021 级研究生，研究方向为现代汉语语法。刘皓南、吴姣姣二人共同为第一作者。

征，但"粉"本身是否具有一定的语义特征还有待考证；三是作为动词来表示粉刷含义的"粉"极难与程度副词进行搭配，只有少数表心理活动的动词和一些能愿动词能够前加程度副词，比如"很喜欢他""很羡慕他"。总结而言，在现代汉语语法视角下，不论是作为形容词、名词还是动词的"粉"，都无法完全合理地与程度副词"很"进行搭配。陆俭明在《现代汉语语法研究教程》中也明确提及"很"与"粉"不能进行搭配。但"很粉"有一定的社会语用基础，是近些年出现的新兴的语言现象，因此研究探讨其存在形式及内容也就有了意义与价值。

一、"很粉"的搭配现象

近年来，无论是在报刊和网络上，抑或是在日常生活用语中，"很粉"的搭配现象呈现逐渐增多的态势。以下基于北京语言大学现代汉语语料库与百度资讯搜索引擎，根据"粉"的词性与意义，对"很粉"的搭配现象进行细分类。

（一）形容词"粉"与"很"的相关搭配

1. 表示颜色
当说话者描述附着在某人或某样事物上的粉红色的程度非常大，或颜色接近于粉红色时，会将"很"与表示颜色的形容词"粉"进行搭配。例如：

（1）讨厌下雨天，但是阻止不了我穿得很粉很喜庆。

（2）去吃巴西烤肉的路上看见一辆很粉的警车。

（3）很粉的房间设计，最爱哪一间？

以上可见，例（1）中的"很粉"表示某人穿着上大量选用粉红色，且这种颜色的社会性含义类似红色，被赋予了活泼、喜庆的意义；而在例（2）和例（3）中，"很粉"则用以表达车辆涂装与设计上大量使用粉红色，主要指颜色程度赋予事物清新粉嫩的区别特征。

除此之外，说话者也会将"很"与状态形容词"粉红"搭配表达相同的意义。例如：

（4）桃蛋也变成了爆盆小能手，颜色已经很粉红了！

（5）MSI Prestige 14 的粉红色确实很粉红。

（6）我的被子很粉红吧？我妈买的。

例（4）中，说话者以"很粉红"形容植物的颜色，表达粉红色的程度很高，但并不是指粉的色值很深以至于到粉紫，而是指粉的色调十分饱满；而例（5）则形容电脑的颜色非常贴近粉红色；例（6）表示粉红色这种颜色在被子上占了很大的部分，这都与例（1）至例（3）中使用"很粉"的作用一致。

在董亮（2014）的一份面向北方方言区的汉语母语者的问卷中，约有 77% 的受访者认为"她把卧室装修得很粉，很温馨"一句可以成立，而认为该搭配不可以成立的受访者仅约占 13%，不确定该句是否成立的则占 10%。据此，作者认为表示颜色的"粉"为不易辨认能否进入"很 + A"结构的单音节形容词。这不仅为"很"与表示颜色的"粉"实际语用搭配的可行性提供了佐证，同时亦侧面体现两者搭配较高的认可度。

2. 表示口感

当说话者表达食物口感非常粉糯、绵软时，会将"很"和表示口感的形容词"粉"组合使用。例如：

（7）豆浆很粉很难喝，喝牛奶又不安全。

（8）（糯米藕）吃起来很粉的感觉。

（9）如果买回家的牛肉吃起来很渣很粉的话，我觉得应该将它扔掉，这种肉的质量一般不是特别好。

从例（7）至例（9）可看出，该搭配多接于作主语的食物或作谓语的动词前后，均用以描述豆浆、藕类等食物软糯的程度很深。

该类用法中的"粉"类似于北方方言中指食物纤维少而柔软、不脆、黏稠的"面"或"绵"。例如：

（10）（苹果）存放几天之后再吃，口感就会很面，吃起来粉粉的。

（11）这种土豆口感很面也很糯。

（12）解冻的甜虾口感很面是怎么回事？

以上可见，例（10）至例（12）中"很面"的用法与表示口感的"很粉"相似，如同《现代汉语词典》第 7 版中的例句"面倭瓜""煮的红薯很面"一样，两者所表达的指向基本一致。以上对于"很粉"的搭配一般用在口语或者方言中。

3. 表示人体部位的状态

当说话人形容人的脸或手等部位的皮肤好或白嫩、细嫩，会将"很"和表示状态的形容词"粉"组合使用。例如：

（13）李小冉的皮肤真的是白到发光……浑身都像是很粉的。

（14）我身边的女生都是通过保养让皮肤显得很粉。

（15）女儿肤色随妈妈，小手很粉很健壮。

以上引用的例（13）至例（15）中的"很粉"均用以描述皮肤白皙、嫩白的状态。无论从用法还是搭配的角度来看，该类组合与"很 + 粉嫩"十分相似。例如：

（16）阿 Sa 穿粉色 T 恤很粉嫩，素颜竟碾压明艳阿娇。

（17）周海媚 54 岁还像个姑娘一样，打扮很粉嫩。

（18）穿清纯的百褶裙，清纯可爱的长相也很粉嫩。

例（16）至例（18）中，说话人用"很粉嫩"的搭配分别形容长相及打扮，与上述所提到的表示状态的"很粉"有相近的意义。

4. 表示隐喻

如"黄"象征丰收、希望与地位、权利的至尊等意义,"黑"有着倒霉、不走运、坏的语义,有着颜色词"粉红"义项的"粉"自然也具有独特的文化色彩的隐喻。例如:

(19)(电视剧)开始很粉,越看越烦。

(20)金莎跟霸总骑两人脚踏车,画面很粉!

(21)有一部很粉的校园剧。

在例(19)中,说话者从粉红色所带有的"浪漫"的文化联想义出发,用"很粉"修饰电视剧,表达该剧一开始的内容富含浪漫的表意特征,而例(20)、例(21)的用法均与例(19)相仿。

除此之外,"粉"如"桃色"般,还有"情色""性"等相关的意味。例如:

(22)"是……"小护士的声音听起来很粉红。

(23)没有人觉得昨天的五星夜话很粉吗?

例(22)、例(23)中,作者分别以"很粉红""很粉"描述声音和内容具有程度较深的情色的含义,如小护士声音带有挑逗的意味,同时亦可见两者均可表达相同的意思。

(二)动词"粉"与"很"的搭配

自2005年湖南卫视选秀节目《超级女声》伊始,"粉丝文化"逐步走入大众视野,"粉丝"这一英文单词"fans(狂热爱好者)"的音译词亦开始广受使用。在社会使用中,"粉"从表示追随者、爱好者意义的名词上,出现了动词活用现象,引申出表示喜爱、关注的动词意义。例如:

(24)博尔特自曝很粉加内特:要比跑步还看科比勒布朗。(《广州日报》)

(25)吕小军被裁判索要签名 国外举铁男很"粉"他。(央视网)

(26)舞蹈节目诞生第一个红人 王菲女儿很粉"肌肉哥"。(《钱江晚报》)

例(24)中,作者以"很粉"描述博尔特对加内特的特别喜爱,意思相当于"很喜欢、很喜爱",类似名动用法;而例(25)、例(26)的"很粉"均与例(24)意义、用法一致,都处在主、宾语之间的谓语位置上,进入了动词性的范畴,表达前者对后者程度较深的喜爱。

二、"很"与"粉"搭配现象原因浅析

在上述引用的主流的语用规则中,"很"与"粉"是难以搭配的,但在实际运用上,

我们又能找出上述如此这般的语用事实。以下将从"粉"作为形容词表示颜色的层面,分别从颜色本体、字词特征、语法特色、语言演变四方面对该种不符合主流语法规则的现象进行简要分析。

(一) 颜色本体——游走于基本颜色词边缘的粉红色

上述例句中有一部分的"粉"表示粉红色,而粉红色由白色和红色调和而成。Berlin 与 Kay(1969)曾提出确立基本颜色词单语素、有独立的颜色意义、不特指某一类事物、心理上具显著性与稳定性的四个标准,总结了十一个普遍的基本颜色词范畴,并将粉红色列入其中。在其后 Kay 与 McDaniel(1978)结合模糊集理论和视觉神经反映说而创立的基本范畴系统中,粉色与棕、紫、橘、灰等色一同被列入模糊交叉的派生颜色类别,不属于包括红、白等的主要颜色范畴。而在现代汉语中,基本颜色词的分类向来有不同说法。李红印(2007)从语法属性的角度出发,将红、白、黄、灰等八种颜色归为基本颜色词,并说明它们都可自由单用,可以受"很"修饰,而"粉"则不在其列。虽然高永奇(2004)主张将"粉"归入基本颜色词,但学界普遍认为"粉"不具有基本颜色词的属性。

在汉语中,不同于"赤""白"从上古时期就确立为固定的基本颜色词,粉红色经历了从有相应的基本颜色词到无的过程。许慎《说文解字》中提到,"红"字的本义为"帛赤白色",即为粉红色,段玉裁所作《说文解字注》亦以"今人所谓粉红、桃红也"予以说明。辗转到中古时期,"红"字在汉代发生词义扩大现象,指称范围扩展至红色总类。而该泛指意义逐渐排挤原先的"粉红"一义,并使"红"在唐代基本丢失掉这个本义。至此,"红"的语义发生了颠覆性的转变,粉红这一颜色范畴亦实际上失去了相应的基本词。

(二) 字词特征——"粉"的义项增生与语素类别拓展

虽然指称的词语发生了语义转变,但人们对精确区分颜色类别的语言表达需求并没有改变。随着人类生产力的提高,汉民族的色彩认知能力大大提高,可以分辨及指称相当细的色彩。辗转到中古时期,"红"逐渐取代"赤","粉"则介于这两大基本颜色词之间,且有"粉白""粉红"等搭配现象,显然是出于区分颜色类别的语言精确性表达的需求。总结而言,"粉红"表示介于红与白之间的颜色色调,是随着社会和语言的发展而产生的语言精确性表述。

在这个过程中,"粉"字承担了表示粉红色的这一角色。"粉"字的本义出自《释名·释首饰》"粉,分也,研米使分散也",即用米碾碎的粉末的意思。之后"粉"经历义项增生的语义演变,由粉末的意义向颜色范畴引申发展,获得了"白色的""粉红色""绘画用颜料"等新义项，这与古代女子化妆时使用脂粉的文化现象密不可分。詹人凤（1990）认为，现代汉语基本颜色词通常以"实物语素＋基本颜色语素"的方式派生出非基本颜色词，而"粉红色"中的"粉"是"脂粉""粉末"之意，"粉红色"的构词规则亦符合该类。

直至近代，粉红色除了其本体词外，还可以用"粉红""粉色"等词作出描述。例如：

（27）……米红的西番莲和粉色的君子兰，深情地围护着他。（袁鹰《写在送赵丹远行归来》）

（28）粉红的天空，曲曲折折地漂着许多石绿色的浮云……（鲁迅《补天》）

（29）……脸上没涂胭脂的地方都作粉红色，仿佛外国肉庄里陈列的小牛肉。（钱锺书《围城》）

例（27）中，作者以"粉色"表示粉红色，而当中的"粉"则从实物语素转换成表色语素，与代表颜色的"色"字进行搭配。这种"粉"字充当表色语素的搭配还可见于"粉扑扑"一词中。例如：

（30）她风情的目光抚过台下每张脸，轻抬粉扑扑的下巴，咧嘴一笑。（张小娴《交换星夜的女孩》）

（31）……训练没多久，她的眉毛就挂满了亮亮的汗珠，圆圆的脸庞也变成粉扑扑的……（新华社）

（32）草地上还长着十二棵桃树，一到春天就开放出粉扑扑的团团花朵……（王林译《王尔德童话》）

可见，"粉扑扑"一词在小说、报道上广为使用，而其构词规则则如同"红扑扑""灰扑扑""黑扑扑"一般，为表色语素与重叠形式的两个字所组成，这也说明了"粉"具有一定的构词能力，有充当表色语素的可能。李红印（2007）认为，从活动能力和构词能力来看，"粉"与"红""白"等应归为最为常用的现代汉语单音单纯表色语素。但因其不能自由单用，仍无法归作基本颜色词。

至此，"粉"从最初的实物语素，拓展出表色语素，并与基本颜色词相似，有了单独表示颜色的能力。

（三）语法特色——"粉红"的个性化历程与程度磨损

程度磨损指的是某一类词或表达方式，在长期使用中随着人们认知的变化，逐渐失去了原有的固化程度，其程度发生高量淡化的一种现象，而在其后更会有新的、表示一定程度的表达情况出现，这类现象多出现于状态形容词中。

吴立红（2005）将程度磨损分为五类，而"粉红"与"嫩绿""焦黄"相似，都是形容颜色具体种类的词语，且它们主要显示的是其中的区别性特征。区别出来的特别的颜色，因为已然完成了个性化，词语中都隐含了一个相对固定的程度量。但由于长时间的使用，这一相对固定的程度量则变得模糊起来。什么颜色才算作是"粉红"？人们通过添加程度副词，如"有点粉""很粉红"，对该颜色的内部差再一次加以计量。程度副词在当中的使用，更加偏向于重新定位这种特别颜色原有程度的功能，给予该颜色再次计量。同时，"很"在这里亦充当一个"协助完句"的角色。人们一般不会说"这件衣服粉""这辆汽车粉红"，而在颜色词前加入"很"，这个句子就显得合理起来，如"这件衣服很粉""这辆汽车很粉红"，"很"同时起到了凑齐音节、协助完句的作用。

在此过程中，"粉红"这一状态形容词逐渐附上了性质色彩，渐趋属性化，获得了【＋属性】的语义特征。如此，程度副词便更为合理地与状态形容词搭配，"很粉红"的表达形式亦不再显得十分突兀。

而粉红色的个性化经历了一个过程，皆因其不似"红"对应"火"、"蓝"对应"水"，在自然界中几乎没有与之相对应颜色的物品。即使随后人工生产的脂粉面世，粉红色的色调仍未能取得稳定。

粉红色色调的稳定始于"二战"后工业化及消费主义浪潮的兴起。McNeill（1972）认为，近代人工化学染料的广泛使用为颜色专有名词的普遍运用提供了基础，颜色范畴名称及其焦点亦与其色彩的可用性及实际生活中的使用频率有极大关系。同时，一些源于实际生活中客观事物的颜色名称，随着在交际中频繁使用和重要性增加，它的意义逐渐抽象化，如 emerald（祖母绿）、salmon（浅橙色、肉红色）。如上文所述，汉语中由实物语素与基本颜色语素结合构词的"粉红色"亦属于此类。

在商业活动等因素之下，粉红色逐步与"女性""可爱"等标签挂钩，人们在日常生活中选择或使用粉红色的频率增多。这一趋势加固了人们对粉红色的记忆与印象，随着粉红色的意义逐步向"脂粉、胭脂"的方向抽象化，大众在脑海里拥有了较为相对、稳定的粉红色的"标准颜色"，如同红色、白色等。在描述颜色的时候，人们就将眼前的颜色与印象中的"标准色"进行比较，如"很红""浅白"一般。在此之中，粉红色亦完成了其基本的个性化进程。

（四）语言演变——经济性与演变性的融合

日常言语交际中，人们对语言的使用往往遵循经济原则，即通过采用简约、缩略的表达，迅捷地将自我的意见、情感传递给他人。在这过程中，一种简便明了的表达方式不但减轻说话人的负担，亦能使听者迅速地破译对方的用意。前文中，我们探讨了"很粉红"这一搭配的合理性与"粉"成为单音单纯表色语素的语言事实。

当意欲表达某样物品的颜色"很粉红"时，说话者可以以同样表示"粉红色"的单字"粉"替换掉"粉红"，在减少自身输出的同时，对方亦能够把握到句子的意思，从而达成一次有效的交流。虽说从语法层面上，其是否完全合乎现有语法规律需要进一步的严格论证，但从如此推断中，我们得出了表示颜色的"很粉"搭配现象较为合理的解释。对于拥有单音单纯表色语素的粉红色来说，单用"粉"字指称粉红色不仅符合单语素的规则，亦符合语言经济原则，这为"粉"跳出状态形容词规则的囹圄、如同基本颜色词般与"不""很"等词进行搭配创造出了有利的条件。

语言始终处于演变过程中，随着人类社会的变迁与变化，语言也在与时俱进地改变自己进而去适应社会发展。"很粉"的语言现象一方面满足了人们的表达精确性需求，另一方面也从侧面反映了语言的演变性。

三、结语

陆俭明先生说："语言学家争论归争论，老百姓照样用……作为一个语言工作者，没有规定语言的权力，我们只有解释现象。"语言始终处在一个动态性的变化过程中，对于新鲜语法现象的解释有利于完善语法本身和更好地帮助人们使用语言。诚然，在面对一个新鲜的可能违背现行总结的语法规律的语言现象时，首先要做的不是去否定它，而是应该尝试去解释它。对于"很粉"的搭配现象，鉴于其在社会生活中的广泛使用，本文收集了该现象的五类表达，分别是表示颜色、口感、人体部位的状态以及隐喻的形容词"粉"和表示喜爱的动词"粉"与程度副词"很"进行搭配的语法现象，并在此基础上，试图从颜色本体、字词特征、语法特色、语言演变四个层次对表示颜色的"粉"与"很"的搭配现象进行解释，阐述了"粉"作为颜色词具有色调不稳定的特征，及"粉"从最初的实物语素拓展出表色语素，进而单独表示颜色的能力；在此基础上，"粉"由于语法磨损与"很"进行搭配，符合语言的演变性与经济性原则。

参考文献

[1] 李红印. 现代汉语颜色词语义分析 [M]. 北京：商务印书馆，2007.

[2] 董亮. "很 + A"结构在定语位置上的研究 [D]. 沈阳：沈阳师范大学，2014.

[3] BERLIN B, KAY P. Basic colour terms：their universality and evolution [M]. Berkeley：University of California Press，1969.

[4] KAY P, MCDANIEL C K. The linguistic significance of the meanings of basic color terms [J]. Language，1978，54 (3).

[5] 高永奇. 现代汉语基本颜色词组合情况考察 [J]. 解放军外国语学院学报，2004 (1).

[6] 姚小平. 基本颜色调理论述评：兼论汉语基本颜色词的演变史 [J]. 外语教学与研究，1988 (1).

[7] 陈思. "粉"的词义演变浅说 [J]. 新纪实，2021 (14).

［8］詹人凤. 现代汉语语义学［M］. 北京：商务印书馆，1990.

［9］吴立红. 状态形容词在使用过程中的程度磨损［J］. 修辞学习，2005（6）.

［10］鲁再萍. 当代汉语"很＋状 A"的语法特征及动因机制［J］. 柳州职业技术学院学报，2016，16（3）.

［11］MCNEILL N B. Colour and colour terminology［J］. Journal of linguistics，1972，8（1）.

［12］陈新仁. 试探"经济原则"在言语交际中的运行［J］. 外语学刊（黑龙江大学学报），1994（1）.

A Brief Analysis of the Collocation Phenomenon "Very Pink"

LIU Haonan, WU Jiaojiao

Abstract: In recent years, "very pink" collocation has appeared on the Internet, which is used to express the meaning of color, taste, love and pink. For the collocation phenomenon of "very pink", in view of its extensive use in social life, this article is based on the modern Chinese corpus of Beijing Language and Culture University and Baidu information search engine. It will refer to the adjective "pink" that indicates color, taste, state of human parts and metaphor and the verb "pink" to express love and the degree adverb "very". The grammatical phenomena of line collocation are classified, and the "pink" and "very" collocation phenomena that represent colors are explained from the four levels of color ontology, word characteristics, grammatical characteristics, and language evolution, expounding the collocation possibility of the "very pink" language phenomenon.

Keywords: pink, very pink, grammar, language evolution

汉语"绳子"义词语的历时演变与共时分布①

凌 英②

（暨南大学　广东广州　510632）

【提 要】本文考察汉语"绳子"语义场词语的历时演变与共时分布。汉语史上"绳子"语义场中有多个词语，如"绳""索""绹""缥索""纠缥""徽缥""缥徽""绳缥""绳索""绳子""索子""索儿""绳儿"等。先秦时期，"绳"为主导词；西汉开始，"索"开始冲击"绳"的主导地位，与之竞争，但仍未撼动"绳"的主导地位；东晋时期，"绳"占主导地位，且发展稳定，这种情况一直延续到宋代；元明时期，"索"的用例增加，又开始与"绳"竞争；清代末期，"绳子"逐渐取代"绳"；最终，在现代汉语中，"绳子"成为主导词，且"索"由词降格为语素。

【关键词】"绳子"义名词　历时演变　共时分布

一、问题的提出

"绳子"，《汉语大词典》的释义："由两股以上的棉、麻、棕等纤维或金属丝绞合而成的条状物。"汉语史上"绳子"语义场中有多个词语，如"绳""索""缥""徽""绹""纠""绳子""绳索"等。③关于"绳子"语义场中词语的研究，汪维辉（2011）调查了《三国志》《颜氏家训》等9种中土文献和《摩诃摩耶经》《未曾有因缘经》等4种译经，认为："除《华阳国志》外，都以用'绳'为主，'索'主要是动词，很少用作此义。"王凤阳（2011）探讨了"绳"和"索"的形制，认为："在先秦

---

① 本文为2017年国家社会科学基金重大项目"汉语词源学理论建设与应用研究"（项目编号：17ZDA298）的阶段性成果。文章蒙恩师曾昭聪老师、胡绍文老师修改指正，还曾得到曾文斌、陈怡君两位同门的帮助，在此一并致以衷心感谢，文中如有错误，概由笔者负责。
② 凌英（1989— ），湖南长沙人，暨南大学文学院2022级研究生，研究方向为汉语史。
③ 汤传扬认为："从东汉开始，汉语词汇系统中表示'绳索'义的名词'绳、索、絿、縢、绳索'形成了一个同义聚合。"但"绳、索、絿、縢、绳索"是不属于同一个层次的语义场的，其中"絿"指捆箱子的绳子，当为"绳子"的下位义词。本文中"绳子"义名词"绳""索""绹""缥索""纠缥""徽缥""缥徽""绳缥""绳索""绳子""索子""索儿""绳儿"均是可泛指绳子的，属于同一层次。

'绳'是指较细的、用丝或麻编的、较结实的绳子。""就质料来说，'索'是粗糙的，用草或者竹篾子等编成的。"并探讨了"绳""索"在现代汉语中词义的转变。王华（2011）论述了"绳""索"的更替过程，并认为从两晋南北朝开始"绳"展现优势，并得出结论："唐宋时期，'绳'在原先的优势基础上进一步拓展，凭借较强的构词能力，在表'绳索'义时占据统治地位，从而完成对'索'的替换。"汤传扬（2018）探讨了近代汉语中"绳（子/儿）"和"索（子/儿）"的使用情况，并认为："在通语中，'索（子/儿）'被淘汰出局应该是在清代中后期，而并非像王华所说的那样：唐宋时期，'绳'完成对'索'的替换。"他还认为："从东汉开始，汉语词汇系统中表示'绳索'义的名词'绳、索、缄、縢、绳索'形成了一个同义聚合。"

综观学界已有观点，形制方面，"绳"偏细，"索"偏粗，笔者亦赞同王凤阳先生的这个观点；历时演变方面，王华统计"绳""索"的方式还可商榷，未分语素和词，汤传扬对上古和中古时期的"绳""索"讨论得还不够充分，在谈到同义聚合时，上位义和下位义夹杂，他们都认为"绳""索"之间存在"替换"，"替换"一说，似可商榷。

根据文献考察，我们认为从整体上看，表"绳子"义的"绳"的使用频率一直高于"索"，且"绳""索"在先秦时期均有"绳子"义用例，"索"并未产生于"绳"前，故"绳"替换"索"一说不太明确。那么，"绳子"语义场词语究竟是如何发展演变的？鉴于此，本文将对先秦到明清时期口语程度较高且可靠的文献进行考察，排除"绳子"语义场词语用作语素的用例，选取的"绳子"义名词均是可泛指绳子的，全面分析"绳子"语义场词语的发展演变情况，并结合李荣编的《现代汉语方言大词典》探讨其共时方言分布情况，以解释整个语义场的发展变化。

二、"绳子"语义场词语的历时演变

（一）"绳子"义名词在先秦时期的发展

先秦时期，"绳子"语义场的成员主要有"绳""索""绹""徽纆"①"纆索""缳缴"②。

"绳"，《说文·糸部》："绳，索也。从糸，蝇省声。"段注："索下云：绳也。草

---

① "徽""纆"同义连文，泛指绳子。"徽"，本指三股合编的绳子。《说文·糸部》："徽，衺幅也。一曰三纠绳也。从糸，微省声。""纆"，本指两股合编的绳子。《说文》未收录"纆"，而有"纆"，《说文·糸部》："纆，索也。从糸，黑声。"但文献中罕见"纆"。《玉篇残卷》："纆，声类同'纆'字也。""徽纆"在先秦仅1例，如《易·坎》："系用徽纆。"陆德明《释文》："徽，许韦反。纆音墨。刘云：三股曰徽，两股曰纆，皆索名。"因《周易》写作时代有争议，故未列入先秦时期。

② "缳缴"，指绳索，为同义连文，仅在《庄子·外篇》里有2例，如《庄子·外篇·天地》："且夫趣舍声色以柴其内，皮弁、鹬冠、搢笏、绅修以约其外，内支盈于柴栅，外重缳缴，睆睆然在缳缴之中而自以为得，则是罪人交臂历指而虎豹在于囊槛，亦可以为得矣。"后代的用例均为引用《庄子》此语，故不多作讨论。

有茎叶，可作绳索也。故从宋、糸，绳可以县，可以束，可以为闲。"先秦用例较多。例如：

（1）之子于钓，言纶之绳。（《诗·小雅·采绿》）

（2）若夫绳之引辐也，是犹自舟中引横也。（《墨子·经说下》）

"索"，《说文·宋部》："索，草有茎叶，可作绳索。从宋糸。"先秦用例不多。例如：

（3）为累荅，广从丈各二尺，以木为上衡，以麻索大遍之，染其索涂中，为铁锁，钩其两端之县。（《墨子·备蛾传》）

"绹"，指绳索。《广雅·释器》："绹，索也。"先秦仅此一例，《孟子》《荀子》分别引用《诗经》原文。

（4）昼尔于茅，宵尔索绹。（《诗·豳风·七月》）

（5）绹，绞也。（《尔雅·释言》）

"缰索"，指绳索，为同义连文，先秦只见几例。例如：

（6）"观其所举，或在山林薮泽岩穴之间，或在图圄缧绁缠索之中，或在割烹刍牧饭牛之事。"卢文弨曰："'缠'当作'缰'。"（《韩非子·说疑》）

这个时期，"绳"在"绳子"语义场中占主导地位，其使用情况可参见表1：

表1　"绳子"义名词在先秦时期的使用情况

	绳	索	绹	缰索
《诗经》	1	0	1	0
《仪礼》①	1	1	0	0
《墨子》	10	6	0	0
《韩非子》	0	0	0	1
总计	12	7	1	1

由表1可知，先秦时期"绳"的使用频率最高，是"绳子"义的主导词，"绳"比"索"使用得更早，到了《仪礼》《墨子》时期，"索"的用例有所增加。"绹""徽缰""缰索""缰缴"的用例很少。

（二）"绳子"义名词在两汉时期的发展

先秦时期，"绳子"语义场中"绳"占主导地位的局面在西汉开始出现变化。一方

---

① 《仪礼》中有1例"绳带"，《汉语大词典》释为"用麻绳做的带子。古代丧服所用"。引例即《仪礼·丧服》："绞带者，绳带也。"贾公彦疏："'绞带者，绳带也'者，以绞麻为绳作带，故云绞带也。"我们发现，后代用例中，"绳带"可不用于丧服，指用麻绳做的带子。故认为"绳"为修饰成分，可列入单用一列。

面，"索"的用例逐渐增多。如：

（7）庶人即草蓐索经，单蔺蘧蔬而已。（《盐铁论·散不足》）

（8）病热而强之餐，救暍而饮之寒，救经而引其索，拯溺而授之石，欲救之，反为恶。（《淮南子·说林》）

（9）挂芦索于户上，画虎于门阑，何放除？（《论衡·谢短篇》）

（10）上官桀谋反时，广汉部索，其殿中庐有索长数尺可以缚人者数千枚，满一箧缄封，广汉索不得，它吏往得之。（《汉书·外戚列传》）

（11）黄帝书：上古之时，有荼与郁垒昆弟二人，性能执鬼，度朔山上立桃树下，简阅百鬼，无道理，妄为人祸害，荼与郁垒缚以苇索，执以食虎。（《风俗通义·桃梗苇茭画虎》）

另一方面，西汉开始，"绳子"语义场的成员有所增加，如"纠缠/纠墨""缧徽""绳缠""绳索""索绳"等。

"纠缠"亦作"纠墨"，指绳索。"纠"可指多股的绳子。《说文·丩部》："纠，绳三合也。""纠缠"为同义连文，两汉时期已有数例。例如：

（12）夫祸之与福兮，何异纠缠。（《史记·贾谊列传》）

（13）徽以纠墨，制以锧斧，散以礼乐，风以《诗》《书》，旷以岁月，结以倚庐。（《解嘲》）

"缧徽"与"徽缧"是同素异序词，也指绳索，两汉时期仅1例。例如：

（14）酒醴不入口，臧水满怀，不得左右，牵于缧徽。（《酒箴》）

出现于先秦时期的"徽缧"，在两汉时期仅在《周易》的注疏中出现几例。例如：

（15）"上六：系用徽缧，置于丛棘，三岁不得，凶。"郑玄注："系，拘也。爻辰在巳，巳为蛇，蛇之蟠屈似徽缧也。"（《周易·坎》）

"绳缠"为同义连文，两汉时期仅1例。例如：

（16）病者困剧身体痛，则谓鬼持棰杖殴击之，若见鬼把椎镺绳缠立守其旁，病痛恐惧，妄见之也。（《论衡·订鬼篇》）

"绳索"为同义连文，两汉时期已有数例。例如：

（17）"善结无绳约而不可解。"汉河上公注："善以道结事者，乃可结其心，不如绳索可得解也。"（《老子·巧用》）

（18）县度者，石山也，谿谷不通，以绳索相引而度云。（《汉书·西域传上·乌秅国》）

（19）耽将吏兵，绳索相悬，上通天山。（《东观汉记·张耽传》）

（20）"及尔如贯，谅不我知。出此三物，以诅尔斯。"郑玄笺云："及，与。谅，信也。我与女俱为王臣，其相比次，如物之在绳索之贯也。"（《诗经·小雅·何人斯》）

"索绳"《汉语大词典》未收，两汉时期仅1例。例如：

（21）亭长持三尺板以劾贼，索绳以收执盗。（《汉官六种·汉旧仪》卷下《中宫及号位》）

考察两汉时期一批口语程度较高的代表性文献，我们分别统计了"绳""索""纠缥/纠墨""缫徽""绳缫""绳索"的使用情况，见表2：

表2 "绳子"义名词在两汉时期的使用情况

	绳	索	纠缥/纠墨	缫徽	绳缫	绳索
《史记》①	1	0	1	0	0	0
《盐铁论》②	2	1	0	0	0	0
《论衡》	4	5	1	0	1	0
《汉书》③	2	2	1	1	0	2
《东观汉记》	1	0	0	0	0	1
《风俗通义》	3	1	0	0	0	0
总计	13	9	3	1	1	3

据表2可知，东汉早期的《论衡》文献中，"索"的用例超过了"绳"，但在东汉时期的《东观汉记》《风俗通义》中"绳"的用例又多于"索"，之出现这种情况，一是因为作者用词习惯的差异，二是因为"索"的使用频率提高。"纠缥/纠墨"和"绳索"在"绳子"语义场双音节词中用例渐增，"纠缥/纠墨"多用于文雅的史书中，"缫徽""绳缫"用例极少。

（三）"绳子"义名词在魏晋南北朝时期的发展

魏晋南北朝时期，"绳子"语义场变化不大。我们选择了魏晋南北朝时期具有代表性的几种文献，分别统计了"绳子"语义场中各成员的使用情况，见表3：

表3 "绳子"义名词在魏晋南北朝时期的使用情况

	绳	索	绹	缫索	纠缥	徽缫	缫徽	绳缫	绳索	索绳
《三国志》	1	0	0	0	0	0	0	0	0	0
《后汉书》	9	5	0	0	0	0	0	0	1	0
《宋书》	8	1	1	0	1	0	0	0	0	0
《水经注》	3	0	0	0	0	0	0	0	2	0

---

① 《史记》中有2处"绳枢"，指以绳系户枢，形容贫家房舍之陋。

② 《盐铁论》中有1例"绹"，《盐铁论·散不足》："诗云：'昼尔于茅，宵尔索绹。'"此句直接引自《诗经》，故不计入统计。

③ 《汉书》出现1例"徽索"，《汉书·扬雄传》："扬子曰：'范雎，魏之亡命也，折胁拉髂，免于徽索。'"《汉语大词典》释为"拘系罪人的绳索。亦谓以绳索拘系"。考察文献，"徽索"极少用来泛指绳子，故不讨论。

（续上表）

	绳	索	绹	缳索	纠缠	徽缠	缠徽	绳缠	绳索	索绳
《齐民要术》	15	6	0	0	0	0	0	0	0	0
《世说新语》	2	0	0	0	0	0	0	0	0	0
《洛阳伽蓝记》	1	2	0	0	0	0	0	0	0	0
《颜氏家训》	1	0	0	0	0	0	0	0	0	0
《十诵律》	122	0	0	0	0	0	0	0	2	1
总计	162	14	1	0	1	0	0	0	5	1

据表 3 可知，从东晋开始，"绳"的使用频率就远高于"索"，且发展稳定，为"绳子"语义场的主导词。"绹""纠缠""徽缠""缠徽""绳缠""索绳"这些词在后代作品中虽仍有用例，但在口语中几乎不用了。"绳索"偏向于口语化，用例仍在增加，而"绳子"还处于萌芽阶段。

（四）"绳子"义名词在唐朝至清朝时期的发展

唐宋时期，"绳子"语义场出现了新成员"绳子""索子""索儿"。"绳子"，《汉语大词典》引《儒林外史》第二十三回："当下不由分说，叫两个夯汉把牛浦衣裳剥尽了，帽子鞋袜都不留，拿绳子捆起来，臭打了一顿。"例证稍晚，汤传扬（2018）认为可将例证提早至唐五代，并引王梵志诗、《祖堂集》等作为例证。① 这一时期，"绳""索"开始与"子"结合，应与"子"尾词虚化的情况有关。王力（1989）推断："在中古时期，名词词尾'子'字已经很发达了，并且它有构成新词的能力。"《汉语大词典》"索子"条的首例书证为《水浒传》第十四回："我们把索子缚绑了，本待便解去县里见官。"此例证稍晚。汤传扬（2018）认为"索子"在五代后晋僧人可洪的《新集藏经音义随函录》中已见②，此说甚是。"索儿"最早见于宋代，如孟元老《东京梦华录》卷八《立秋》："用小新荷叶包，糁以麝香，红小索儿系之。"但在这一时期仅几例。

随着"绳子"语义场词语越来越丰富，"绳"是否能够保持其主导地位？为此，我们考察了唐宋时期具有代表性的文献，统计了其中"绳子"语义场词语的使用情况，见表 4：

---

① "绳子"晋代已见，如晋葛洪《肘后备急方》卷六："取猪胆白皮，曝干，合作小绳子如粗钗股大小，烧作灰，待冷，便以灰点黳上，不过三五度，即瘥。"但是，"绳子"在同期的其他文献中再无踪影，考虑到《肘后备急方》的成书时代，故不将其视作最早例证。

② "索子"在唐代有 1 例，唐李石《司牧安骥集》卷三《取槽结法》："若放眼脉血，即用走索子于半项中郁起眼脉血筒。"但是此书屡经增补修订，故只做参考。

表4　"绳子"义名词在唐宋时期的使用情况

	绳	索	绹	徽缧	绳索	绳子	索绳	索子
《寒山诗》	1	0	0	0	1	0	0	0
《白氏长庆集》	14	3	0	0	0	0	0	0
《游仙窟》	1	0	0	0	0	0	0	0
《千金翼方》	51	5	0	0	0	0	1	0
《唐律疏议》	6	0	0	4	0	0	0	0
《朱子语类》	8	14	0	0	0	0	0	5
《云笈七签》	12	8	0	0	0	0	0	0
《梦溪笔谈》	2	2	0	0	0	0	0	0
《洗冤录》	19	5	0	0	7	3	0	2
总计	114	37	0	4	8	3	1	7

据表4可知，唐宋时期，"绳"仍然占据着绝对的主导地位。"绳索"的用例增加；"绳索""绳子"和"索子"在口语性较强的文献中用例较多，如《朱子语类》《洗冤录》。

不仅如此，整体看来，在金元明清时期，"绳"也保持着主导地位。金元明清时期，"绳子"语义场出现了新成员"绳儿"，《汉语大词典》未收录。"绳儿"最早见于金代，如丘处机《磻溪集》卷三《离苦海》："虽然欲意学飘蓬，被系脚绳儿缚住。"我们同样考察了这一时期几种具有代表性的文献，统计了"绳子"语义场词语使用情况，见表5：

表5　"绳子"义名词在金元明清时期的使用情况

文献	绳	索	绹	徽缧	绳索	绳子	绳儿	索子	索儿
《董解元西厢记》	0	1	0	0	0	0	0	0	1
《三国演义》	8	21	0	0	8	0	0	0	0
《水浒传》	11	68	0	0	21	1	0	29	2
《西游记》	141	40	0	0	23	22	19	14	2
《金瓶梅词话》	14	10	0	0	1	18	3	6	4
《警世通言》	14	16	0	0	2	6	0	3	0
《醒世恒言》	34	16	0	0	9	5	0	17	0
《海上花列传》	6	1	0	0	1	0	0	0	0
《花月痕》	3	0	0	0	0	1	0	0	0
《孽海花》	18	0	0	0	0	0	0	0	0
《老残游记》	5	1	0	0	0	3	0	0	0
《红楼梦》（程甲本前80回）	8	2	0	0	1	3	0	0	0

（续上表）

文献	绳	索	绹	徽缰	绳索	绳子	绳儿	索子	索儿
《红楼梦》（程甲本后40回）	1	0	0	0	0	2	0	0	0
《儿女英雄传》	28	0	0	0	0	24	5	0	0
总计	291	176	0	0	66	85	27	69	9

如表5所示，金元明清口语程度较高的文献中，"绳"在"绳子"语义场仍处于主导地位，但"绳子"语义场中还出现了一些变化。《三国演义》《水浒传》中"索"的用例多于"绳索"，后者"绳索"多于"绳"，这也说明在口语中"绳"并未替换"索"；清代，"绳子"异军突起，在口语中用例超过"绳索"，开始与"绳"竞争；而"索"的用例骤减，且多用于合成词，"索"已经趋向于语素化了。

三、现代汉语中"绳子"语义场词语的分布情况

现代汉语中，"绳子"义名词以"绳子"为主导词。在汉语方言中表达"绳子"义的词大致可分为"绳"系、"索"系和"绹"系，其分布情况见表6：

表6　"绳子"义名词在现代汉语方言中的分布情况①

类别	词条	方言区	方言点
"绳"系词	绳（如"麻绳""铁绳""纸绳""草绳""皮绳"等）	中原官话	西安、银川、万荣
		吴方言	崇明、上海、苏州、宁波、温州、金华、绩溪
		粤方言	广州、东莞
	绳子	东北官话	哈尔滨
		冀鲁官话	济南
		中原官话	徐州、洛阳、西宁、万荣
		江淮官话	扬州
		西南官话	武汉、成都、贵阳、柳州
		兰银官话	乌鲁木齐
		晋语	太原、忻州
		赣方言	南昌
		吴方言	南京、丹阳
		客家方言	于都
		湘方言	娄底、长沙

① 该表据李荣《现代汉语方言大词典》第3112－3113、5326、6203－6204页归纳。

（续上表）

类别	词条	方言区	方言点
"绳"系词	绳仔崽	赣方言	黎川
	绳儿	胶辽官话	牟平
		中原官话	万荣
		赣方言	黎川
	绳索	中原官话	万荣
	绳绳儿	西南官话	成都
"索"系词	索（如"铁索""麻索""牛索""跳索""苧索"）	吴方言	绩溪、上海、金华
		闽方言	建瓯、福州、厦门、雷州、海口
		赣方言	黎川
		客家方言	梅县
	索子	西南官话	成都
		湘方言	长沙、娄底
		赣方言	南昌
	索仔	闽方言	建瓯、厦门、海口
	索儿	吴方言	杭州
		客家方言	梅县
	索索	西南官话	成都、贵阳
	索嫲	客家方言	梅县
"绹"系词	绹（如"牛绹"）	湘方言	娄底

据表6可见，现代汉语方言中，"绳"系分布范围最广，这与"绳"在历史发展过程中一直处于主导地位有关。"索"系主要分布在长江流域及以南地区，即西南官话和其他非官话区，其口语性更强。从清代末期开始，具有北方官话色彩的文献，如《红楼梦》《儿女英雄传》中已很少出现"索"。"绹"主要分布在湘方言中。

"绳"能在官话中胜出，"索"只分布在长江流域及以南的地区，主要是受词义和词性的影响。词义方面，在先秦时期，"绳"是用丝或麻编的比较细、结实的绳子；"索"是由草、竹篾等粗糙质料编成的绳子；"绹"就是"索"。由于"绳""索""绹"的形制有别，现代汉语方言中，"绳"的应用广泛，可遍布全国；"索""绹"比较粗大，常用来搭桥、拉船、牵牛等，主要在南方使用。词性方面，"绳"主要用作名词，虽有"绳之以法"之类的动词用法，但大多用于固定词组；"索"不仅能用作名词，还能用作动词，且动词词义更具优势，如"索要""索取"；"绹"在部分方言点，如湖北武汉，湖南长沙、洞口等地都有名词和动词用法。概而言之，即"索""绹"的词义负担较重，其表义更加丰富，而"绳"只用作名词指称"绳子"，成为专门指代"绳子"这类事物的专有名词，所以在表示"绳子"义名词时，"绳"便占据了主导地位。

西南官话（成都）兼用"绳子""绳绳儿""索子""索索"；西南官话（武汉）用"绳子"；西南官话（贵阳）兼用"绳子""索索"；中原官话（万荣）兼用"绳""绳子""绳儿""绳索"；吴方言（上海、金华、绩溪）兼用"绳"和"索"；赣方言（南昌）兼用"绳子""索子"；湘方言（娄底）兼用"绳""索子"和"绹"；闽方言（建瓯）兼用"索""索仔"；客家方言（梅县）兼用"索""索儿""索嫲"。有的方言点兼用"绳"系和"索"系词当是受"绳"的书面语对口语的影响；而"绳"系和"索"系内部词兼用，当是受方言小称的影响。

所以，现代汉语中"绳子"义名词与近代汉语的不同在于："绳子"进入书面语，成为书面语和口语的通用词；"绳索"多用于书面语，口语中极少使用。王华的硕士学位论文《五组常用词演变研究》认为："现代汉语的'绳索'义，口语中一般用'绳'或'绳子'来表示，书面语中用'绳索'来表示，而不单用'索'。"此说为是。

四、汉语"绳子"语义场词语演变与分布的情况及原因分析

通过分析汉语"绳子"语义场的词语演变和分布，我们认为"绳子"语义场词语"绳""索""绹""缰索""纠缰""徽缰""缰徽""绳缰""绳索""索子""索儿""绳儿"均是可泛指绳子的，属于同一层次，但各成员在历代文献中的使用情况各不相同。

第一，"绳""索""绳子"在整个语义场中占主导地位，其更替演变的情况是：西汉开始，"索"开始冲击"绳"在先秦时期的优势地位，与之竞争，但仍未撼动"绳"的主导地位；东晋时期，"绳"恢复其绝对优势地位，且发展稳定，这种情况一直延续到宋代；元明时期，"索"的用例增加，又开始与"绳"竞争；清代末期，"绳子"开始与"绳"竞争；最终，在现代汉语中，"绳子"成为主导词，且"索"由词降格为语素。

第二，"绳子"语义场中其他成员"缰索""纠缰""徽缰""缰徽""绳缰""绳索""索子""索儿""绳儿""绹"在整个语义场中处次要地位，其演变概况是：出现于先秦两汉时期的"缰索""纠缰""徽缰""缰徽""绳缰"等词在中古以后口语程度较高的代表性文献中极少出现。初见于西汉的"绳索"，其时还处于词汇化初始阶段，其与"索绳"为同素异序词，它和初见于唐代的"绳子"都是宋代以后才大量使用，并完成词汇化的过程；初见于宋代的"索子""索儿"和初见于金时的"绳儿"则是在明代出现大量用例，这应是口语向书面语的渗透，这些词在现代汉语方言中仍在使用。"绹"仅存于个别方言中。从"绳子"语义场词语的现代汉语方言分布情况看，"绳"占据了绝大部分地区；"索"主要分布在长江流域及以南地区；"绹"主要分布在湘方言区。

我们认为汉语"绳子"语义场词语演变与分布的原因有如下几点：

（1）"绳子"语义场各成员之间的竞争。

第一，词语的能产性不同。从先秦至明清，"绳""索"都能单独成词，用例颇多，还能作为构词语素，能与"绳子"语义场的其他成员构成并列结构，如"绳索""缧索""绳缧"等；与"子""儿"等后缀形成附加结构，如"绳子""索子""绳儿""索儿"等；还能形成偏正结构，如"枭绳""麻绳""牛鼻绳""麻索""布索"等。"徽""缧""纠"也能单独成词，但用例较少，常常需要与"绳子"语义场的其他成员构成双音节合成词来表示"绳子"义。因此，"绳""索"的能产性和使用频率大大超过"缧索""纠缧""徽缧""缧徽""绳缧""绚"等词。现代汉语中，"绳""索"构词地位也有所不同，"索"几乎不能独立成词表示"绳子"义，而是降格为语素，构成"铁索""绳索"等合成。因此，在汉语"绳子"语义场中，"绳""索"一直占据主导地位，其中又以"绳"最甚。

第二，词语的使用语境不同。"绳子"为日常用具，常常出现在口语中，"绳""索"逐渐衍生出"绳子""索子""绳儿""索儿"，也能体现其口语化的趋势；而"缧索""纠缧""徽缧""缧徽""绳缧"在中古之后逐渐退出口语语体的语料，成为古语词。古语词在口语中不再通行时，可能会逐渐消失，如"徽缧""纠缧"；也可能存于方言，如"绚"。

（2）"绳子"语义场各成员的义项竞争。

综观"绳子"语义场的词语，至今仍保留"绳子"义的有"绳""索""绳索""绳子""索子""索儿""绳儿""绚"，现代汉语不再使用"缧索""纠缧""徽缧""缧徽""绳缧"。出现这种不平衡的现象，与诸词义项的保留和消失有关。

一方面，"绳子"义项的保留。"绳""索"的"绳子"义为主要义项，"绳"的"绳子"义沿用至今，"纠正、约束"仅存于成语或典故中，其他义项几乎都已消失，因而"绳"的语用功能单一、表意明确，故在"绳子"语义场中占有明显优势。"索"沿用至今的义项稍多，可指大绳子，也可指搜寻、索要、思考等，还可指孤单、寂寞，这些义项使"索"的语义功能分散了，使其在"绳子"义语义场中的地位稍逊于"绳"。

另一方面，"绳子"义项的消失。"纠"指绞合的绳索，"徽"指三股合编的绳子，在词义演变过程中，"纠""徽"的"绳子"义逐渐消失。

参考文献

[1] 陈淑美. 语言的经济性原则在汉语中的体现 [J]. 韶关学院学报，2008（10）.

[2] 陈怡君. 汉语"休息"义动词历时演变与共时分布 [J]. 汉语史研究集刊，2019（1）.

[3] 冷瑞婧. 量词"帧"的产生及其历史演变 [M]//甘于恩. 南方语言学：第十七辑.

广州：世界图书出版广东有限公司，2021.

［4］ 冯春田，梁苑，杨淑敏．王力语言学词典［M］.济南：山东教育出版社，1995.

［5］ 李荣．现代汉语方言大词典［M］.南京：江苏教育出版社，2002.

［6］ 汤传扬．近代汉语"绳"和"索"的历时演变与共时分布［J］.汉语史研究集刊，2018（1）.

［7］ 王华．五组常用词演变研究［D］.南宁：广西民族大学，2011.

［8］ 王凤阳．古辞辨［M］.北京：中华书局，2011.

［9］ 汪维辉.《百喻经》与《世说新语》词汇比较研究（下）［J］.汉语史学报，2011（11）.

［10］ 温美姬．梅县方言古语词研究［M］.广州：华南理工大学出版社，2009.

A Study on the Diachronic Evolution of the Words with the Meaning of Rope

LING Ying

Abstract：The article is on the diachronic and synchronic study about Chinese nouns which mean "rope". We find that "sheng（绳）" was the pivotal noun in ancient and medieval Chinese. From the Western Han Dynasty, "suo（索）" competed with "sheng（绳）". In Eastern Jin Dynasty, "sheng（绳）" was the pivotal noun again, and this situation continued until the Qing Dynasty. By the later stage of the Qing Dynasty, "shengzi（绳子）" started challenging the dominance of "sheng（绳）". In modern Chinese, "shengzi（绳子）" is the pivotal noun, and "suo（索）" becomes a word.

Keywords：nouns mean "rope", diachronic evolution, synchronic distribution

近70年"所"字研究状况与热点分析[①]

——基于 CiteSpace 可视化图谱分析

张 艳[②]

（暨南大学华文学院 广东广州 510610）

【提 要】本文以中国知网期刊全文数据库收录的近70年来"所"字研究相关文献为研究对象，以 CiteSpace 可视化软件和其他辅助计量工具为分析工具，对发文量、作者、高被引、发文机构统计等基本情况进行了梳理。然后通过关键词分析、研究方向划分、研究热点剖析，指出需要加强研究者和研究机构之间的交流与合作，需要拓宽研究领域和研究视角。同时，也指出了目前研究的不足，提出要丰富研究视角，鼓励前瞻性研究。

【关键词】"所" CiteSpace 研究状况 热点

一、引言

在中国知网 CNKI 用"所字""所字研究"等主题词进行检索，共得到554条记录。去掉重复和无关文献等，共得到447篇有效文献，时间跨越1952—2022年6月。利用文献计量法和 CiteSpace（5.8.R3版本）可视化软件，辅助 Excel 和 CNKI 进行数据整理与操作，以量化、动态的方式对"所"字研究文献进行分析。

CiteSpace（5.8.R3版本）可视化分析软件是由陈超美教授及其团队开发的，该软件"用于分析科学知识中蕴含的潜在信息，通过实证数据揭示论文的关键词词频、作者、发文机构、共现关系、语义类型的分布特征等，分析它们对共词分析方法的影响"（胡昌平、陈果，2014），并可绘制不同的知识图谱，以更加直观的形式反映研究对象及各要素之间的关系。

---

① 因篇幅所限，447篇文献在文末参考文献部分未全部列出，综合根据核心作者、引用度、期刊影响力以及"所"字研究内容和视角，只陈列了在学界影响较大的参考文献。

② 张艳（1988— ），女，博士，暨南大学科尔多瓦国立大学孔子学院公派教师。

二、"所"字研究基本概况

（一）年发文统计

表1　近70年"所"字研究发文量统计

年份	发文量	年份	发文量	年份	发文量
1952	1	1992	6	2008	17
1962	1	1993	5	2009	22
1978	1	1994	9	2010	18
1979	4	1995	10	2011	18
1980	6	1996	9	2012	24
1981	3	1997	5	2013	16
1982	11	1998	12	2014	15
1983	8	1999	8	2015	8
1984	5	2000	7	2016	15
1985	14	2001	5	2017	11
1986	6	2002	16	2018	9
1987	18	2003	8	2019	8
1988	5	2004	8	2020	9
1989	11	2005	9	2021	10
1990	6	2006	13	2022	3
1991	3	2007	11		

从表1可知，年发文量最多的是2012年24篇，其次为2009年22篇，第三是1987年、2010年和2011年的18篇。10篇以上的发文量有19个年份。

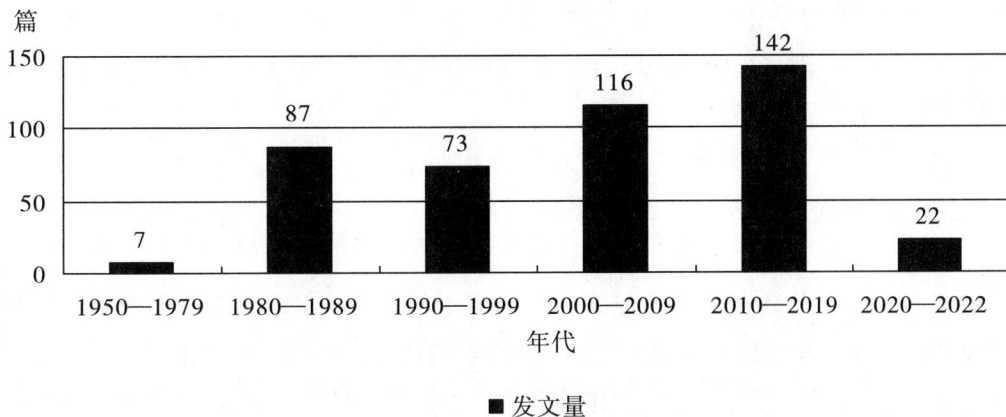

图1　各年代发文量统计

　　我们按照 10 年为一个年代进行统计，因 1979 年前的发文量只有 3 篇，所以放一起统计。由图 1 可见，2000—2009 年、2010—2019 年是"所"字研究的两个高峰期，1980—1989 年和 1990—1999 年的研究量相差不大。1950—1979 年、2020—2022 年与其他时段比，发文量差距很明显。

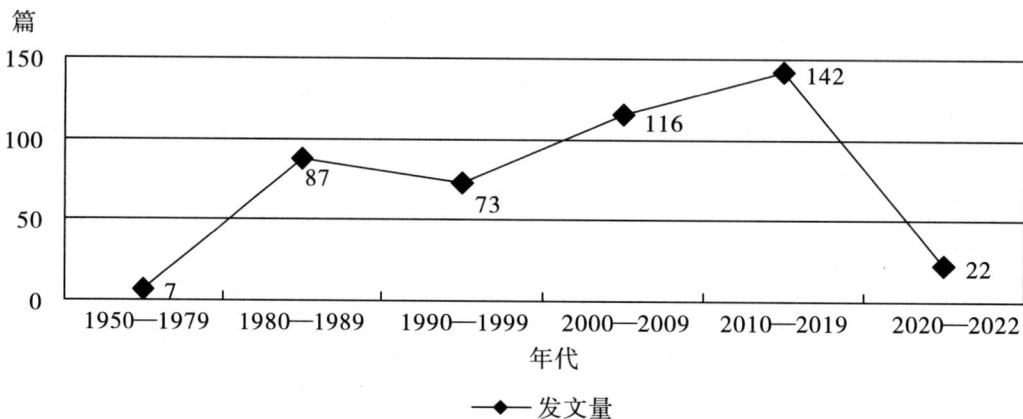

图 2　各年代发文量趋势

　　从图 2 可知，1950—2019 年，"所"字研究呈现总体上升趋势，2019 年之后出现急剧下滑，表明"所"字研究热度在逐渐冷却。其中 1980—1999 年，出现了小幅下降，之后又呈现平稳上升趋势。通过走势图，我们可以大致地将"所"字研究分为四个阶段。

　　第一，起步阶段，1950—1979 年。"所"字研究刚刚进入学者的视野，关注点不是很多。

　　第二，波动阶段，1980—1999 年。"所"字研究逐渐火热，之后进入了冷静期，研究量呈现下滑趋势。

　　第三，高速发展阶段，1999—2019 年。对于"所"字研究的视角增多、范围扩大，更多学者加入了研究队伍，使得研究成果丰硕。

　　第四，衰落阶段，2019—2022 年。研究的热度大减，学术界没有新的理念提出，因此研究进入了僵局。

（二）作者统计

　　在 CiteSpace 软件作者统计功能下，共得到 400 个节点，即 400 位作者，包括某一文章的多位作者，也涵盖了多篇文章同一个作者的情况。$E=41$，即 41 条连线，这些作者之间有 41 个合作关系。可见，合作关系比较多，但是联系不太密切，合作比较分散。图谱中显示的字体越大，则表示作者的发文量越多，该作者的重要性越高。（见图 3）

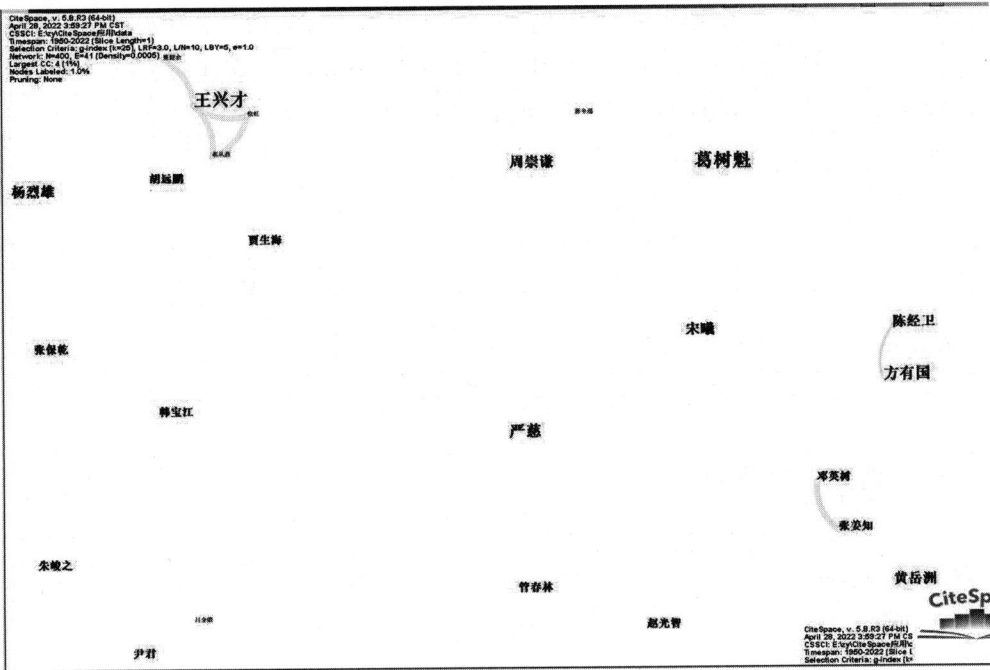

图 3 作者图谱

根据"普莱斯定律",在某一研究领域中,发文数量在 N 篇以上的作者为该领域的核心作者,其中 $N = 0.749$, N_{max} 为该领域发文量最多的作者所发表的文献数量(D. 普莱斯,1982)。"所"字研究领域发文最多的学者是葛树魁(6 篇),计算后得到 $N =$ 1.8,四舍五入后为 2,即在该领域发文在 2 篇及以上的为核心作者,统计后共有 52 人。(见表 2)可见该领域内核心作者的发文量都不是很大。

表 2 "所"字研究核心作者发文量统计

作者	发文量	作者	发文量	作者	发文量
葛树魁	6	段会杰	3	朱峻之	2
王兴才	5	邵霭吉	3	杜克华	2
岳中奇	5	彭国钧	2	马履周	2
杜丽荣	4	张保乾	2	郑益兵	2
方有国	4	韩宝江	2	程书秋	2
蔡英杰	4	于蓓蓓	2	张敏民	2
张其昀	4	杨辉映	2	刘爱玲	2
严慈	4	赵光智	2	尹君	2
陈经卫	3	管春林	2	焦远升	2
宋曦	3	吴正中,李青	2	汪贞干	2
刘瑞明	3	邓英树	2	胡远鹏	2

（续上表）

作者	发文量	作者	发文量	作者	发文量
张长永	3	杨洪升	2	高云海	2
邓盾	3	薛安勤	2	杜宇	2
杨烈雄	3	陈昌来	2	贾生海	2
王红生	3	莫振峰	2	卞仁海	2
徐江胜	3	朱声琦	2	张爱卿	2
黄岳洲	3	冷国俭	2		
周崇谦	3	张姜知	2		

（三）高被引文献统计

被引频次越高，说明文章的价值越高，可信度越高。在 CNKI 检索库中对文献进行被引频次排序，得到排名最前的 10 篇文献见表 3。这也能说明该文的作者在这一领域的影响力。

表 3　被引频次排名前 10 的文献

序号	文章标题	作者	被引频次	下载次数
1	《春秋左传》介词研究	王鸿滨	64	4528
2	重新分析与"所"字功能的发展	董秀芳	53	1917
3	"从来"的词汇化历程及其指称化机制	陈昌来，张长永	52	1603
4	现代汉语多项式定中短语优先序列研究	程书秋	39	2084
5	"由来"的词汇化历程及其相关问题	陈昌来，张长永	38	1948
6	现代汉语附缀研究	张斌	35	1166
7	古代汉语标记被动式研究	曹凤霞	28	3144
8	"所"字结构的转指对象与动词配价——《庄子》"所"字结构的考察	殷国光	25	1497
9	现代汉语表时双音词"×来"的词汇化及语法化问题研究	张长永	24	1092
10	个别性指称与"所"字结构	姚振武	23	841

（四）发文机构统计

发文机构的发文数量越多，说明该机构在相应领域的影响力越大。一般来说，发文机构的发文数量和研究机构在相关领域的研究能力成正比。利用 CiteSpace 统计功能，对发文机构进行统计，得到 $N = 207$，$E = 0$。说明一共有 207 个发文机构，这些机构之

间没有合作关系。值得注意的是，这些机构也涵盖了某一级单位的下属二三级单位。（见图4）

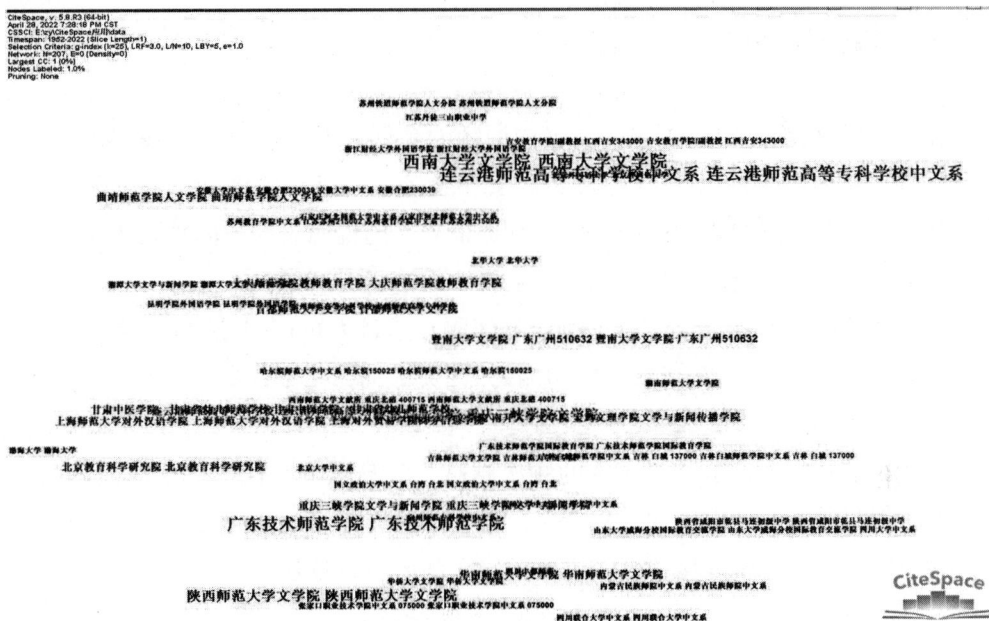

图4　发文机构图谱

通过分析，发现发文机构多为师范类学校或文学院。它们主要集中在南方区域，南北研究区域不平衡。北方院校发文总量不及南方院校的一半。各类学校发文数量总体不多，可见研究比较分散。（见表4）

表4　发文机构排名统计

序号	机构	发文量
1	连云港师范高等专科学校中文系	5
2	西南大学文学院	5
3	广东技术师范学院	4
4	重庆三峡学院文学院	3
5	中国人民大学国际学院	3
6	陕西师范大学文学院	3
7	曲靖师范大学人文学院	2
8	华南师范大学文学院	2
9	大庆师范学院教师教育学院	2
10	首都师范大学文学院	2

三、"所"字研究热点与主题分析

(一) 关键词分析.

"文献关键词反映其研究主题，关键词词频的高低表明某一研究领域热门程度，词频的高低与研究热度成正比。"（赵俊芳、安泽会等，2014）关键词中心性表示该研究方向是否处于整个研究网络的中心，中心性数值越高则说明研究方向越处于整个研究网络的中心位置，具有一定的支配地位和影响力（尹春丽，2008）。

我们以关键词为节点，1 年为时间切片间隔，通过 CiteSpace 绘制了"所"字研究的关键词知识图谱，得出 $N = 558$，$E = 1549$，即关键词 558 个，E 表示连线，即关键词之间有 1549 个连接关系。

关键词的字号越大表示该词出现的频次越高，各圆圈节点代表一个对应的关键词，圆圈越大就说明该关键词出现的次数越多。各节点圆圈与其他圆圈之间形成的连线表示关键词共现的状态，网络连接越紧密说明关键词间的联系越强。

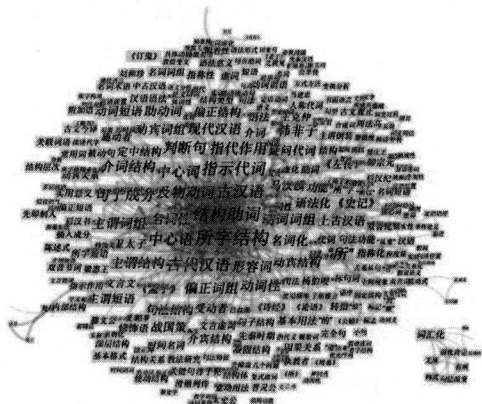

图 5　关键词图谱

在 CiteSpace 软件的"Compute Node Centrality"功能下，可以计算出关键词词频和中心度的数据。这两个数据一般反映该领域研究者关注的热点或焦点。中心性越强的关键词在整个网络中的影响力就越大，其研究的扩散性也越强。笔者分别对这两组数据进行了统计，取排名前 10 的高频关键词和高中心度关键词制作表格。

表 5　高频关键词和高中心度关键词统计

序号	高频关键词	频次	高中心度关键词	中心度
1	所字结构	62	所字结构	0.33
2	结构助词	35	"所"	0.19
3	古代汉语	29	古代汉语	0.15
4	古汉语	25	古汉语	0.14
5	"所"	23	指示代词	0.10
6	指示代词	23	结构助词	0.09
7	及物动词	21	判断句	0.07
8	指代作用	19	上古汉语	0.07
9	中心语	17	句子成分	0.06
10	名词性	17	语法化	0.06

通过图 5 和表 5 可以看到，在选定的搜索范围内，频次最高的关键词为"所字结构"，频次为 62 次，其他出现频次较高的关键词还有"结构助词""古代汉语""古汉语"等。

关键词中心度越高，则说明该词在整个研究中越具有影响力，对整个研究起支配作用，反映了研究者们对某一热点的关注程度（沈索超、包亮，2019）。据表 5 数据，中心度最高的词是"所字结构"，中心度为 0.33，其他相对较高的词还有"所""古代汉语""古汉语"等。

在高频关键词和高中心度关键词的对比中可以发现，中心度和频次之间并不存在严格的正相关和一一对应关系。也就是说，一些高频关键词并不一定是高中心度关键词。比如第二高频词的"结构助词"并不是排名第二的高中心度关键词。而排名第二的高中心度关键词"所"却在高频关键词中位列第五。

这说明了，"所"字研究领域内，高频关键词和高中心度关键词并不具有一致性。许多大类关键词只是出现频率较高，但并不代表是研究者所关注的以及研究热点。一些具有明确指向性的关键词中心度较高，如"古代汉语"，则表示"所"字研究主要是在这一范围内进行的。

（二）研究方向分析

CiteSpace 关键词聚类能准确地反映该领域的研究热点。笔者利用软件的关键词聚类功能，以 LLR 算法（log-likelihood ratio，p-level）对关键词进行聚类操作，生成高频关键词聚类图谱，结合高频词分析，得出近 70 年来"所"字研究领域的 3 个主要研究方向。（见图 6）

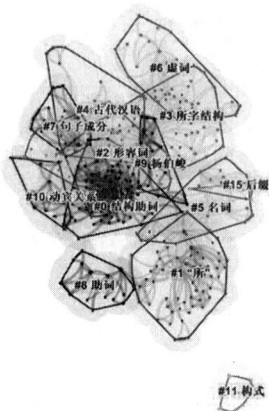

图 6　关键词聚类图谱

第一，"所"字的词类研究，这类在图中的反映是聚类#0、#1、#2、#5、#6、#8。这一部分主要是对"所"字的词性以及不同词性下"所"字的结构、句法特征、语义的探讨，包括"所"字格式探讨、"所"字词组的语法特征、"所"字的词性、"所"字与动宾词组的结合、"所"字的用法和教学等。

第二，"所"字结构，主要是聚类#3、#15。这部分主要研究专书中的"所"字短语、"所"字句式和"所"字的语用功能。比如佛经、《列子》、《吕氏春秋》、《孟子》、《荀子》中的"所"字，"所"与"者"的词性、特点与异同，"所"字结构的源流，"所"字结构的通式以及成分省略，现代汉语"所"字结构的语用功能及句法特征等。

第三，句法成分，由聚类#7、#10、#11 构成。这一块主要是对含"所"字的句式如"为……所 + 动""有所 ×"式与"无所 ×""A 为 N 所 D""所字必具宾次"等提出了质疑和不同的看法。

表 6 中 S 值代表聚类凝聚值，值越高则说明聚类内部文献的一致性越高。数据越接近 1，相关性越高，聚类的质量越高。因而可见助词和名词的呼声在"所"字研究中比较高。

表 6　关键词聚类信息

聚类编号	关键词数量	S 值	聚类标签
0	80	0.683	结构助词
1	59	0.88	"所"
2	57	0.836	形容词

（续上表）

聚类编号	关键词数量	S 值	聚类标签
3	54	0.842	所字结构
4	35	0.893	古代汉语
5	26	0.949	名词
6	24	0.913	虚词
7	19	0.901	句子成分
8	15	0.949	助词

（三）研究热点分析

通过 CiteSpace 软件中的突发性检测（Burst Detection）算法，对"所"字研究中高频关键词变化次数较多的关键词进行捕捉，并按照词频变化趋势对其热点进行梳理。可以得到关键词时间线和关键词突变图谱。关键词时间线显示了关键词的发展过程。（见图 7）

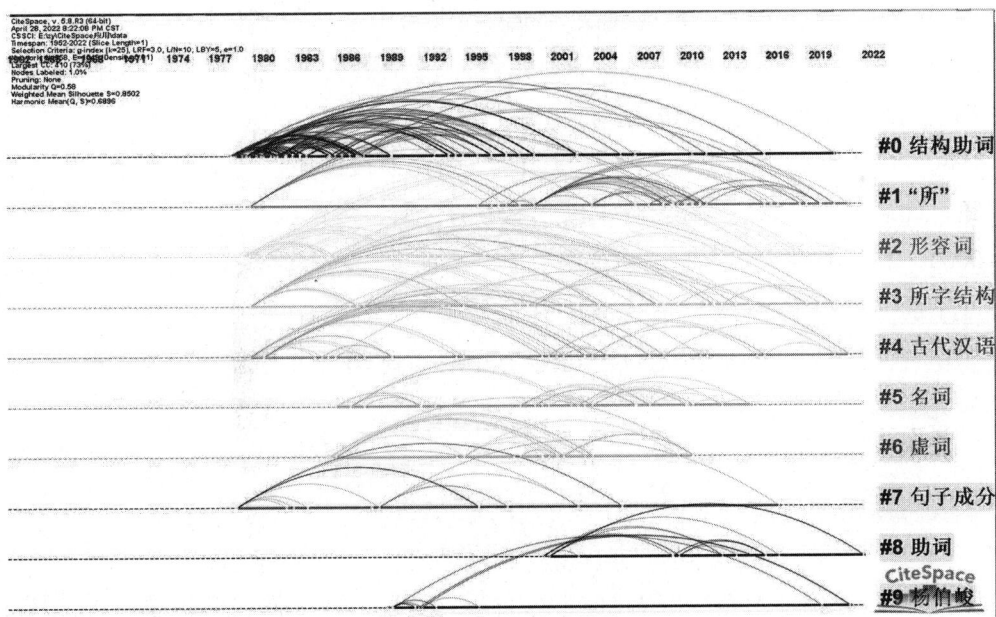

图 7　关键词时间线图谱

利用"Burstness"进行 γ 值的设定，γ 是在 0 到 1 之间。该数值越接近 1，则呈现的关键词项目就越少。本文选定 $\gamma = 0.6$，则显示了 22 个关键词，然后按照突变开始的年份进行排列，得到关键词突变图谱如图 8 所示。在关键词突变检测图谱中，每个突发性关键词后线条深色部分代表该词成为学术热点的历史阶段（沈索超、包亮，2019）。

Top 22 Keywords with the Strongest Citation Bursts

Keywords	Year	Strength	Begin	End	1952 - 2022
中心词	1952	5.57	1978	1990	
主谓词组	1952	4.28	1978	1987	
动宾词组	1952	2.74	1978	1983	
指代作用	1952	4.68	1979	1986	
及物动词	1952	3.65	1979	1986	
形容词	1952	3.29	1979	1985	
现代汉语	1952	3.1	1979	1984	
介词结构	1952	2.87	1979	1985	
结构助词	1952	5.51	1981	1988	
中心语	1952	5.06	1981	1994	
偏正词组	1952	4.93	1981	1984	
名词性	1952	4.35	1981	1994	
动词词组	1952	5.56	1982	1989	
古汉语	1952	3.33	1982	1993	
动词性	1952	2.74	1985	1999	
所字结构	1952	2.8	1986	1996	
韩非子	1952	2.78	1987	1996	
古代汉语	1952	3.21	1995	2005	
语法化	1952	4.24	2003	2011	
"所"	1952	5.58	2006	2022	
助词	1952	3.99	2009	2015	
词汇化	1952	2.59	2013	2014	

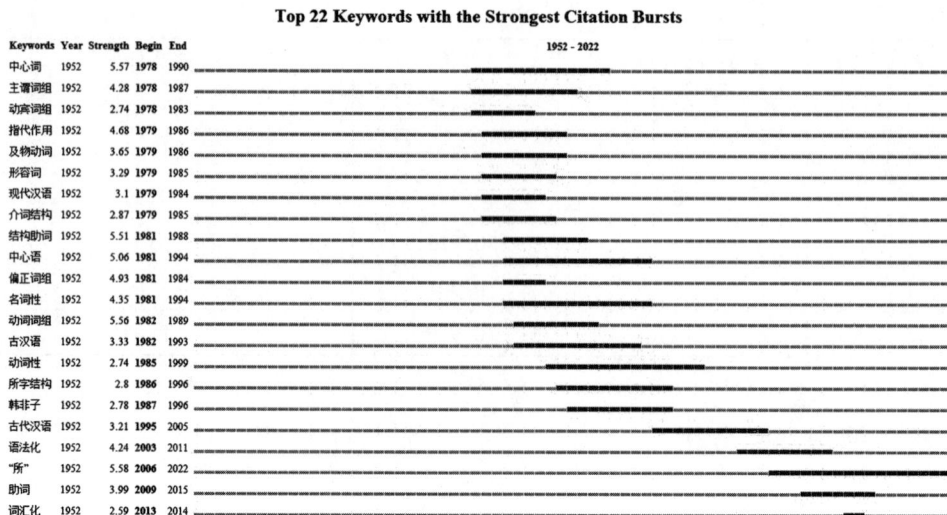

图 8 　关键词突变图谱

根据这些关键词突变出现的时间和持续的时间，可以将研究热点归纳为以下几个方面：

1978—1985 年研究热点是现代汉语和古代汉语中"所"字词性和"所"字词组。这一阶段的关键词为中心词、及物动词、形容词、结构助词、名词性、动词性、主谓词组、动宾词组、偏正词组、动词词组。

1986—1996 年研究热点是"所"字结构。这一阶段的关键词是"所"字结构、古代汉语、韩非子。主要是研究古代汉语专书中的"所"字结构。

2003—2015 年研究热点是新理论的引进，拓宽了"所"字研究的思路，即语法化、词汇化下的"所"字探讨。

2015 年后"所"字研究如图 8 所示没有中断，到 2022 年还在延续，这也表明关于它的研究还将持续进行。

四、结语

通过计量以及 CiteSpace 可视化软件的分析，可见"所"字发文量经历了从高速发展进入低谷期的过程，研究者人数较多，但是合作不够紧密，需要加强合作。发文机构数量大，但存在区域分散的客观现实，各机构之间没有联系，应该考虑加强各区域、研究机构或领域间的作者交流与合作。通过学术交流与合作，互通有无，实现学术共赢，开拓语言文字研究的新局面。该领域研究的主题，更多地集中在"所"字的词性、结构、语法功能上，缺少语言间的对比研究、方言中的研究、二语教学中的"所"字教学与习得等。应该拓宽研究视角，丰富研究主题，鼓励前瞻性研究，尝试跨学科合作。

参考文献

[1] 曹凤霞.古代汉语标记被动式研究 [D].长春：吉林大学，2012.

[2] 陈悦，陈超美，胡志刚，等.引文空间分析原理与应用：CiteSpace 实用指南 [M].北京：科学出版社，2014.

[3] 陈昌来，张长永."由来"的词汇化历程及其相关问题 [J].世界汉语教学，2010（2）.

[4] 陈昌来，张长永."从来"的词汇化历程及其指称化机制 [J].上海师范大学学报（哲学社会科学版），2011（3）.

[5] 程书秋.现代汉语多项式定中短语优先序列研究 [D].武汉：华中师范大学，2009.

[6] D.普莱斯.小科学，大科学 [M].北京：世界科学出版社，1982.

[7] 丁学东.文献计量学基础 [M].北京：北京大学出版社，1993.

[8] 董秀芳.重新分析与"所"字功能的发展 [J].古汉语研究，1998（3）.

[9] 葛树魁."所"字词组的结构类型 [J].淮海工学院学报（社会科学版），2011（21）.

[10] 管春林."所"字的语法化路径及其成因探析 [J].民族论坛，2008（1）.

[11] 胡昌平，陈果.科技论文关键词特征及其对共词分析的影响 [J].情报学报，2014（1）.

[12] 李杰，陈超美.CiteSpace：科技文本挖掘及可视化 [M].北京：首都经济贸易大学出版社，2016.

[13] 李宝贵，孙杰.改革开放四十年来我国华文教育研究的现状分析：基于文献计量学视角 [J].海外华文教育，2019（3）.

[14] 李菲.基于 CNKI 文献计量的客家方言研究趋势概说：以语音分析为主 [M]//甘于恩.南方语言学：第十三辑.广州：世界图书出版广东有限公司，2018.

[15] 马文熙.称代性结构助词"所"功能再探 [J].西南师范大学学报（人文社会科学版），1985（2）.

[16] 沈索超，包亮.近 60 年来华文教育研究现状与热点分析：基于 CiteSpace 可视化图谱分析 [J].海外华文教育，2019（3）.

[17] 王灿龙."有所×"式与"无所×"式及相关问题 [J].中国语文，2014（4）.

[18] 王鸿滨.《春秋左传》介词研究 [D].上海：复旦大学，2003.

[19] 王克仲.关于先秦"所"字词性的调查报告 [M]//中国社会科学院语言研究所古代汉语研究室.古汉语研究论文集.北京：北京出版社，1982.

[20] 王力.中国语法理论 [M].北京：中华书局，1954.

[21] 王兴才，熊健余.《"所"字结构是名词性结构吗》质疑 [J].重庆三峡学院学报，2017（1）.

[22] 王锳. 关于古汉语中"所"的用法与词性 [J].贵阳师范大学学报（社会科学版），1982（1）.

[23] 熊仲儒，郭立萍. 所字短语的句法分析 [J].语言科学，2016（5）.

[24] 严慈. 论类化助词"所"[J].安徽师大学报（人文社会科学版），1989（3）.

[25] 杨辉映. "所"字结构格式探讨 [J].荆州师专学报，1981（1）.

[26] 姚振武. 个别性指称与"所"字结构 [J].古汉语研究，1998（3）.

[27] 殷国光. "所"字结构的转指对象与动词配价：《庄子》"所"字结构的考察 [J].语言研究，2006（3）.

[28] 尹春丽. 科学学知识图谱 [M].大连：大连理工大学出版社，2008.

[29] 岳中奇. 被动句中"所"字的词性与功能 [J].广东技术师范学院学报（社会科学），2010（5）.

[30] 张斌. 现代汉语附缀研究 [D].上海：上海师范大学，2013.

[31] 张其昀. "所"字用法通考 [J].语文研究，1995（4）.

[32] 张长永. 现代汉语表时双音词"×来"的词汇化及语法化问题研究 [D].上海：上海师范大学，2009.

[33] 赵俊芳，安泽会. 我国大学学术权力研究热点及知识可视化图谱分析 [J].复旦教育论坛，2014（5）.

[34] 赵丕杰. 谈"所"字的代词用法 [J].天津师大学报，1986（6）.

The Current Situation and Hot Spots of "Suo" Study in Recent 70 Years: Based on the CiteSpace's Visual Atlas Analysis

ZHANG Yan

Abstract: This paper takes the related research on the word "suo" collected in CNKI journal full-text database in the past 70 years as the research object, and uses the CiteSpace visualization software as the analysis tool and other auxiliary measurement tools. Statistics and other basic information have been sorted out. Then, through keyword analysis, division of research directions, and analysis of research hot spots, it points out that it is necessary to strengthen exchanges and cooperation between researchers and research institutions, and to broaden research fields and research perspectives. At the same time, it also points out the shortcomings of the current research, as well as the necessity to enrich the research perspective and also encourages forward-looking research.

Keywords: "suo", CiteSpace, research status, hot spots

俗字"惚"的考释①

蒋世凤②

(玉林师范学院文学与传媒学院　广西玉林　537000)

【提　要】宝卷中出现了"惚"的相关文例,通过对相关语例的研究,发现"惚"是"懆"的俗字。"懆"具有暴躁或急躁义,在急义上与"燥"或"躁"是同源词。由于"惚"在发展的过程中,本字不常用或不明,造成文义歧出,且与"搊"讹混,并常误释"惚"的词义。

【关键词】惚　懆　搊　搊搜

一、"惚"是"懆"的俗字

光绪丁丑《目连宝卷全集》:"劝人要学柔软好,纤解桥梁要见心;忍气柔弱福之本,性惚【炒】刚强惹祸因。"(《民间宝卷》第六册第11页)

按:【】是字的注音。根据文意,"性惚刚强"与"忍气柔弱"相对,是相反的性格,"刚强"与"柔弱"相对,"性惚"形容的应是不好品性,但语义并不十分明确。

在宝卷中,有不少"惚"的语例,如下:

(1)民国重刊本《众喜粗言宝卷》:"忍气柔弱福之本,性惚刚强惹祸宗。"(《民间宝卷》第六册第571页)

(2)"薛氏夫人幼为养媳,与夫无缘,常受打骂。又有后姑性惚,亦无故寻事。"(《民间宝卷》第六册第578页)

(3)"我本性惚多淫乱,一生制伏道也圆。"(《民间宝卷》第六册第636页)

(4)惜阴本《绘图龙图宝卷》卷上:"那林福听了,一时心中憔惚,说道:'王春呀,以前你家豪富,不胜如我。吾与你在神前罚愿为亲。'"(《民间宝卷》第六册第16页)

---

①　本文是国家社会科学基金重大项目"宋元明清文献字用研究"(19ZDA315)的阶段性成果。
②　蒋世凤(1991—),女,广西博白人,博士,玉林师范学院文学与传媒学院教师,研究方向为汉语史。

（5）"我无櫹柄说不清，就叫家童来拏起，桌上凑品当宝珍，急得小姐心憔惱，拏来放在口中吞。"（《民间宝卷》第六册第 17 页）

（6）民国重刊本《众喜粗言宝卷》："又为事急投忙，少得清闲，故今生性多憔惱，不能安静。"（《民间宝卷》第六册第 635 页）

例（1）、例（2）、例（3）与《目连宝卷全集》宝卷的文例一样，无法从文意上明确其语义，只能确定描述的是人不好的品性；例（4）、例（5）、例（6）之"憔惱"有急躁不安义。

"惱"又见于其他文献，即金刻本《古本董解元西厢记》卷三："白马将军饮了一杯，道：'君瑞何须这般惱憋？'约退杂人把知心话说。"[①]"惱憋"是烦闷气恼义。"惱憋"下文作"憋惱"，即同书卷八："憋惱，憋惱！似此活得也惹人耻笑。"（第 3 页）由此可知，"惱憋"是"憋惱"的倒序同词异写。故"惱"是"懆"的俗字，《说文·心部》："懆，愁不安也。从心喿声。"[②] 憋懆，中华再造善本《新刊合并董解元西厢记》卷下作"憋噪。"（第 51 页）"噪"是"懆"同音替换。"懆"在《字汇》《正字通》里有三个读音，即则到切，音灶；采早切，音草；七各切，音错。《正字通》认为音错非，《洪武正韵》有"采早切"和"则到切"两个切音，《广韵》只有"采老切"一个音，与"采早切"是同一个音。"懆"的俗音"则到切"与"躁"或"燥"同音。在文献中，音"则到切"的"懆"与"躁"、"燥"音同义通。根据《汉语大字典》（2010：2528），"懆"用同"躁"，有急躁义；又由《汉语同源词大典》下册（2018：1601）可知，趮（躁）、燥和懆在急义上是同源词的关系，"躁"有急走义；"燥"本义干燥，引申为焦急、急躁义；"懆"有忧虑、焦急义。

综上，"惱"是"懆"的俗写，"性惱"同"性懆"，是性子急躁或暴躁之义，又《佛果圜悟禅师碧岩录》卷一："设使向声前辨得，截断天下人舌头，亦未是性懆汉。"（T48/0147/a）《佛祖历代通载》卷第十七："不敢望尔出来，性懆把老僧打一掴。"（T49/0654/a）《呆庵庄禅师语录》卷之一："安乐山神，无端性懆鼓合。"（X71/0488/b）由于"懆""燥""躁"音同义通，在其他宝卷中用"燥"或"躁"，有脾气急躁或暴躁之义。例如：光绪癸巳《增补真修宝卷》："古来有个孟日红，他的婆婆性气躁，丝毫无事唠骂他，还有毒打用籈条，刻减饮食不与吃。"（第 82 页）同宝卷："莫倚主人性太燥，男仆女仆善防闲。"（第 84 页）民国抄本《姑嫂双修宝卷》："日日相骂，性子燥淂（得）宅神坐灶界不安。"（《民间宝卷》第十四册第 131 页）在方言口语里也有此说法，《现代汉语方言词典》（2002：2421）记录娄底、海口等方言中的"性躁"是脾气急躁之意。

宝卷中的"惱"是"懆"的俗字，如此，宝卷之"憔惱"则是"焦懆"的俗写，

---

① 北京大学图书馆藏：金刻本《古本董解元西厢记》，中国哲学书电子化计划，https：//ctext.org/library.pl?if=gb&res=4566，第 4 页，下同。

② 许慎. 说文解字［M］. 北京：中华书局，1963：222.

同"焦躁"。在宝卷中，"焦""憔""樵"混用，试举文例如下：

（1）光绪乙亥《重刻真修宝传》："我儿狠心把山归，越思越想越悲泪，蹬足心憔把捶搥。"（第22页）

《重刻真修宝传》有多个版本，书名不同，但内容相同。"憔"在其他版本中写作"焦"，即光绪庚寅《修真宝传因果》《修真宝传因果全集》《修真因果传》均作"焦"。（第24页、第2页、第16页）心焦，心中焦急之义。根据文意，作"焦"是"憔"，由异文可见"憔"是"焦"的俗字。

（2）光绪己亥《梁皇宝卷》："昭明太子心憔怒，如何不接我父身？"（第4页）"心憔"同"心焦"。

（3）民国重刊本《众喜粗言宝卷》："缝补洗换多洁净，养男养女莫憔心。"（《民间宝卷》第六册第449页）"憔心"同"焦心"。

（4）民国壬戌《黄梅宝卷全集》上集："如此修行无懈怠，浑身焦碎要换新。"（第29页）"焦碎"同"憔悴"。

（5）光绪壬午《韩仙宝传》："自从东妆来下嫁，有名无实两分枒，冷落三年贞节大，面容樵粹少光华，休怪为夫无风雅。"（第41页）"樵粹"同"憔悴"。

（6）清抄本《发财卷》："娘儿两个心花开，难得恩人今朝来；为何半夜来到此，心中思想好心樵。"（《中国民间宝卷文献集成》江苏无锡卷第二册第999页）"心樵"同"心焦"。

（7）旧抄本《玉蜻蜓宝卷》下集："为何容颜多樵瘦，莫非有病在夫郎。"（《民间宝卷》第二十册第101页）

《玉蜻蜓宝卷》有不同的版本，"樵"在惜阴本《绘图玉蜻蜓宝卷》卷下作"憔"。（第18页）根据文意，"憔"是"憔"，由异文可知"樵"是"憔"的俗字。

（8）《玉蜻蜓宝卷》："娘娘日夜多悲切，面黄焦搜损花容。"（第112页）

"焦搜"在惜阴本《绘图玉蜻蜓宝卷》卷下作"憔瘦"。（第18页）根据文意，"憔瘦"是"焦瘦"，由异文亦可知"焦"是"憔"的俗字。

综上，"焦""憔""樵"混用，故根据文意，宝卷中的"憔憹"是"焦懆"的俗写，义同"焦躁"。

二、"憹"是"吵"的音借字

"憹"又是"吵"的音借字，见《清至民国岭南杂字文献集刊》13册广东肇庆《杂字撮以》："憹【炒】耳。"①

憹耳，在广东方言中，有声音大、受不了、烦躁之义，今常用"吵"记录

---

① 王建军.清至民国岭南杂字文献集刊：13册［M］.桂林：广西师范大学出版社，2018：242.

"惝"，如：

（1）这个小孩真吵耳，恨不得打他一顿。

（2）（情侣之间的吵架，互相指责对方）你真吵耳，分手吧。

"惝"旧音"炒"，与"懆"音、"草"音近，今在平翘舌不分的方言里，它们音同。"炒"与"吵"音同。在广东方言里，"吵耳"之"吵"音，与"草"同音；又见光绪癸巳《增补真修宝卷》《音注举隅》："吵[草]。"（1 页）实际上与汉语中音"草"的"懆"同音。"惝耳"之"惝（懆）"是同音记录，其本字是"訬"字，今用"吵"表示。

三、"惝"的释义歧出

"惝"在《集韵》《字汇》里解释为"心迫"，是心急焦躁义，实际上是"懆"的俗字。

"惝"在《汉语大字典》（2010：2504 - 2505）有两个义项：

①心迫。《集韵·巧韵》："惝，心迫也。"

②固执；倔强；凶狠。引书证为：张相《诗词曲语辞汇释》卷五："惝，固执之义，转而为刚愎或凶狠之义。"金董解元《西厢记诸宫调》卷三："奈老夫人，情性惝，非草草，虽为个妇女，有丈夫节操。"

《汉语大字典》第②个义项所引《西厢记诸宫调》文例之"惝"在中华再造善本明刻本《古本董解元西厢记》卷四中作"搊"。（第 4 页）根据张相《诗词曲语辞汇释》（1977：596）的解释，此"惝"是固执或刚愎义。张相所言固执义转为刚愎或凶狠之义，是因为在其《诗词曲语辞汇释》里所列举的例子中，"惝"主要解释为固执义和凶狠义。我们认为作"惝"时，是"懆"的俗字，暴躁义隐含着凶狠义，从词义的发展来看，由暴躁义引申出凶狠或厉害义是合理的。根据张相《诗词曲语辞汇释》列举的文例来看，"惝"有表凶狠义，并有写作"懆"的文例，现引用如下：

《石榴园》剧三："那关云长武义高，张车骑情性傄。他杀的你神嚎鬼哭悲风吼，你准备着乱撺东西望风也儿走。"（第 596 页）

《勘头巾》剧二："正厅上坐着个傄憋憋问事官员，阶直下排两行恶哏哏行刑汉字。"（第 597 页）

《盆儿鬼》剧四："只要吩咐那憋憋懆懆狠门神。"其字径作懆，可证。其与惝或傄同义者皆为搊，惟有搊字每合他字而为复词。（第 597 页）

"傄"同"惝"，张相解释为凶狠义，在其他元曲杂剧中，"傄憋憋"同"惝憋憋"，如：《薛仁贵荣归故里》第二折："则见他惝憋憋开圣旨，早諕的来黄甘甘改了面色。"①《便宜行事虎头牌杂剧》第三折："则见他惚憋憋的做样势，笑吟吟的强支对。他那里口口声声道是饶过，只我这里寻思了一会，这公事岂容易！"②《脉望馆钞校本古今杂剧》（六二）·《十探子大闹延安府杂剧》第三折："阶直下威凛凛，列公人书案边，惚憋憋排着吏典。"③ 而在《汉语大词典》中，"憋懆"的第二个义项是凶狠义，引元曲为书证；张相认为固执义或凶狠义的"惚"或"傲"均是"搊"的俗字，这是把"懆"也当作"搊"的俗字。我们认为"懆"才是本字，在其他元曲中亦见"憋憋懆懆"或作"憋憋搊搊"，如：四部丛刊《雍熙乐府》卷之八："黑颈项刮得下垢腻，黄头发扭得下腥油，笑谈间风生席上狐臊臭，涎涎邓邓，憋憋搊搊。"（第655页）根据文意，"憋憋搊搊"是很苦恼烦躁之义。按此，"搊"是"懆"的俗字。由此亦可见，"搊""惚""傲"通用。

"惚"的释义歧出现象还见如下：

《汉语大词典》引《西厢记诸宫调》"不堤防夫人情性搊，将下脸儿来不害羞，欺心业里做得个魁首"之"搊"作刁滑义讲；而《汉语方言词典》（1999：3591）也引《西厢记诸宫调》此例，却作"惚"，解释为固执、执拗义。张相《诗词曲语辞汇释》（1977：595）引《董西厢》作"搊"，解释为乖巧义；《国语辞典》（1948：2821）解释为拘执义。此言夫人"情性搊"，应同上文，作"惚"是"搊"，是"懆"的俗字，凶狠义。

金刻本《古本董解元西厢记》卷四："纸窗儿前照台儿后，一封小简掉在纤纤手，**拆**④开读霸，写着淫诗一首，自来心肠惚，更读着恁般言语，你寻思怎禁受？低头了一饷，把庞儿变了，眉儿皱道：'张兄淫滥如猪狗，若夫人知道，多大小出丑。'"（第7页）此例，张相《诗词曲语辞汇释》引《董西厢》解释为凶狠义；《汉语方言词典》引《西厢记诸宫调》解释为执拗、固执义。从上下文看，此解释恐不妥，应是愁闷烦躁义，即"惚"作"懆"的俗字解。

中华再造善本《古本董解元西厢记》第四本："老夫人心教多，情性傲，巧言花语，将没作有。"（第8页）傲，张相《诗词曲语辞汇释》引《董西厢》解释为乖巧义；《汉语大词典》解释为刁滑义；《汉语大字典》（2010：243）解释为固执、厉害义。由此可见，《汉语大词典》在释义时，是对"搊"进行解释；《汉语大字典》虽然分开立了"惚""傲"两个字目，其释义是把"搊"的固执、执拗义和"惚"的凶狠义并列在一块，这就导致了"搊""惚"不分，其他辞书在引用相同的书证时亦存在着不同的释义，这是其混用之证。"老夫人心教多，情性傲"之"傲"同"惚"，是"懆"的俗

---

① 臧晋叔.元曲选：第一册［M］.北京：中华书局，1958：324.
② 臧晋叔.元曲选：第一册［M］.北京：中华书局，1958：416.
③ 《古本戏曲丛刊》（四集）之《脉望馆钞校本古今杂剧》（六二）［M］.北京：商务印书馆，1958：33.
④ **拆**，此为"拆"字，中华再造善本明刻本《古本董解元西厢记》、《新刊合并董解元西厢记》均作"拆"，分别在卷四第6页、卷下第6页。

字，老夫人心数多，没有花言巧语，文中对老夫人的性情相关描述，是威严的，是使人畏惧的，故"情性儌"是脾性不好，凶狠义比较贴切。又中华再造善本《新刊合并董解元西厢记》卷下："想太君情性劣，往日夸儌共撇。陡恁地不调贴，把恩不顾，信无徒汉子他方说，便把美满夫妻恩情都断绝。"（第48页）"太君情性劣"，这也说明老夫人脾性不好。此"儌"是乖巧义，是"嫋"的俗字，与"情性儌"之"儌"不是同一个字，但张相在《诗词曲语辞汇释》里解释"不堤防夫人情性掫"之"掫"和"老夫人心教多，情性儌"之"儌"均为乖巧义，是因为"掫""儌""憿"混用，把"情性掫"当作"嫋"的俗字"儌"来解释。《说文·女部》："嫋，妇人妊身也。《周书》曰：至于嫋妇。"① "嫋"的本义是妇女怀孕，用于女子，漂亮乖巧义是引申义。《集韵》去声八："嫋，好也。"②

综上可见，"憿"是"懆"的俗字，由急躁、暴躁义引申出凶狠义。"憿""掫"在文献中混用，又见金刻本《古本董解元西厢记》卷四："奈何慈母性憿搜，应难欢偶。"（第6页），《汉语大词典》（第8794页）引董解元《西厢记诸宫调》卷四此例作"掫"，掫搜，固执、顽固义；《国语辞典》引此例作"掫"，解释为拘执义；中华再造善本明刻本《古本董解元西厢记》《新刊合并董解元西厢记》卷下均亦作"掫"。（第6页、第5页）由此可见，"憿搜"与"掫搜"是同词异写，"憿"是"掫"的俗字。"掫搜"的"执拗、固执"义与"凶狠"义均在《董西厢》里出现了。由于"憿"在字书中的本字不明，而在文献中，"掫"的活跃度高，造成在释义时常用"掫"的词义解释"憿"，《汉语大字典》《汉语大词典》《汉语方言词典》以及《国语辞典》等辞书在引用同一例时的释义歧出是其证。

四、"掫搜"的来源

《说文》既无"憿"，也无"掫"，由上可知"憿"是"懆"的俗字，与表示固执、执拗义的"掫"在金、元曲杂剧中出现，在文献中两者混用。

《汉语大词典》收有"掫"，但没有立有"执拗、固执"义的义项。但《汉语大词典》收"掫搜/瘦"一词，并立有"固执、顽固"的义项，从文献来看，见于金元戏曲杂剧，最早不会早于宋代。

"掫搜"或作"邹搜"，见金刻本《古本董解元西厢记》卷二："尽是没意头，邹搜男女觑贼军，约半万如无物，那法总横着铁棒，厉声高呼叛国贼，请个出马决胜负，不消得埋杆竖柱。"（第5页）邹，中华再造善本明刻本《古本董解元西厢记》卷二作"掫"。（第5页）《万松老人评唱天童觉和尚颂古从容庵录》卷三："巍巍堂堂（更穷须道邹搜字）。"（T48/0256/a）"更穷须道邹搜字"之"邹搜"在《林泉老人评唱丹霞

---

① 许慎．说文解字［M］．北京：中华书局，1963：259.
② 丁度．集韵［M］．上海：上海古籍出版社，1985：614.

淳禅师颂古虚堂集》卷五中作"搊搜"。（X67/0362/a）由此可见，"邹""搊"同用。

"邹搜"比"搊搜"出现得早，已见于宋代，有相貌难看之义，如下：

四库全书《鹤林玉露》卷十："子文尽室出蜀，尝自赞云：面目邹搜，行步蹒跚。"（第13页）

《大正新修大藏经》第47册·诸宗部四《大慧普觉禅师语录》卷第十二："邹搜敛似天巡枣，轻轻触着便烦恼。"（第862页）

根据《汉语大词典》可知，"搊搜"有四个义项：①固执，顽固；②勇悍，凶恶；③英俊，威武；④犹猥琐。张海媚在《金代两种诸宫调释词四则》（2013：102－103）一文中指出了"搊搜"的词义来源以及词义之间引申的四个观点，现归纳如下：

（1）"搊搜"来源于"皱搜（瘦）"，"皮肤不光滑、疏松的面皮皱缩在一起，褶皱很多，皱皱巴巴"义、比喻为"相貌丑陋"义的"皱"因为经常用"邹瘦"二作切音，"搜"又与"瘦"音同，因此"皱"用"邹搜"二字取代；

（2）"相貌丑陋"义引申为勇悍、凶狠义；

（3）"相貌丑陋"义进一步引申为猥琐义；

（4）"相貌丑陋"义反向引申为美好，即引申出英俊、威武义。

根据《一切经音义》"皱，邹瘦反"的切音，李开认为"邹搜"是"皱"的合音，由"面皱"引申出相貌丑陋义，反义引申为美好。[①] 在唐代出现了"邹瘦"，是作为"皱"的切音出现，在宋代已见相貌难看义的"邹搜"。笔者赞同"相貌丑陋"义之"搊搜"来源于"皱搜（瘦）"，即发展过程为"皱瘦"—"邹搜"—"搊搜"。在后世的文献中，又见"搊""皱"混用，如：《续藏经》第70册《无准师范禅师语录》第二："数百禅和数十州，褴襂破衲面搊搜。"（第237页）"褴襂破衲面搊搜"之"搊搜"在《希叟绍昙禅师语录》卷一作"皱搜"。（X70/0398/c）《拍案惊奇》卷十："朝奉搊着眉道：'如今事体急了，官人如何说此懈话？'"[②] 从文意看，此"搊"显然是"皱"字。

又由上文可知"搊""惚"混用，"惚"是"懆"的俗字，在文献中亦见"惚"表凶狠义的用例，从词义的发展来看，由暴躁义引申出凶狠、厉害义是合理的，故我们认为"搊搜"的第②③义项来源于"惚"的凶狠义也是合理的；而第④个义项"猥琐"义是"邹搜"相貌难看义的引申义；第①个义项"固执，顽固"义应当是个方言义。

五、执拗义之"搊"是方言记音词

"搊"在固执、执拗义上应当是个方言词。"搊"在扬州话里，用以表示脾气犟这

① 李开.《诸宫调两种》词语考释［J］.古籍整理研究学刊，1991（6）：10.
② 刘世德，陈庆浩，石昌渝.古本小说丛刊：第一、三辑［M］.北京：中华书局，1991：488.

个词，即《现代汉语方言词典》："擿，写法从俗。"[①] 扬州话音 $[ts\gamma u^{35}]$。今在北京官话里用"轴"记录。"擿"又作"抾"，即《集韵》上声六："擿：抾，持也，或从州。"[②] 同书："抾，执也。"[③] 《类篇》十二上："抾，止酉切，执也。又侧九切。"[④] 《康熙字典》卯集中手部："抾，《集韵》：'止酉切，音帚。执也。'又侧九切，篘上声，与擿同，持也。"[⑤] "擿"作"抾"时训释"执也"，"擿"的固执义可能源于"执"的"固执、坚持"义。"执"既有"固执"义，又有"持"义，见字典词典。又言"止酉""侧九"二切，或音"帚"，与方音相近。根据《汉语方言大词典》（第3591页），表示脾气执拗、固执等义时用"惆"记录，在北京官话北京音 $[ts\text{ou}^{51}]$[⑥]，冀鲁官话山东聊城音 $[ts\text{ou}^{24}]$，中原官话江苏徐州音 $[ts\text{ou}^{42}]$，新疆吐鲁番音 $[ts\text{\textschwa}u^{214}]$，晋语山西忻州音 $[ts\text{\textschwa}u^{53}]$，兰州官话新疆乌鲁木齐话音 $[ts\text{\textschwa}u^{51}]$，江淮官话江苏盐城音 $[ts\gamma^{214}]$，西南官话湖北武汉音 $[ts\text{ou}^{35}]$。

六、结语

综上，"惆"是"懆"的俗字，本义是忧虑、不安义；有两读，其读音"则到切"与"燥"或"躁"在急义上是同源词，有急躁或暴躁义，由此引申出凶狠或厉害义。由于"惆"与"擿"混用，而"惆"的本字不识，常用"擿"解释"惆"这个字。

"邹搜"比"擿搜"在文献中出现得早，在宋代时已有相貌难看义；"擿搜"来源于"邹搜"，其"相貌难看"义引申为猥琐义。"擿"的固执、执拗义盖源于"执"的固执义。

文中举例所引宝卷文献如下：

日本早稻田大学馆藏：《绘图目连三世宝卷五》，民国壬戌年，上海宏大善书局；《修真宝传因果》，光绪庚寅十六年；《绘图龙图宝卷》，上海惜阴书局；《增补真修宝卷》，光绪（癸巳）十九年重刊，藜照阁书局；《修真宝传因果全集》；《修真宝传因果》，光绪庚寅十六年；《修真宝传》，北京天华图书馆；《韩仙宝传》，光绪（壬午）八年，蒲市楚汉堂刻字店。

美国哈佛燕京图书馆馆藏：《修行宝杖》，又名《目连三世宝卷》，光绪丙子年，镇江宝善堂书坊藏版；《黄梅宝卷全集》，民国（壬戌）十一年，浙杭西湖慧空经房板存；《目连宝卷全集》，光绪（丁丑）三年，西湖慧空经房；《重刻修真宝传》，光绪己亥年。

① 李荣. 现代汉语方言大词典（全6册）[M].南京：江苏教育出版社，2002：4695.
② 丁度. 集韵 [M].上海：上海古籍出版社，1985：434.
③ 丁度. 集韵 [M].上海：上海古籍出版社，1985：433.
④ 司马光. 类篇 [M].上海：上海古籍出版社，1988：443.
⑤ 张玉书，陈廷敬. 康熙字典 [M].北京：中华书局，1958：18.
⑥ 北京官话里又或用"轴"表示，音 $[ts\text{ou}^{35}]$，引自《汉语方言大词典》第4044页。用"轴"表示，一是音同，二是"轴"是常用字。

参考文献

[1] 车伦锡. 中国民间宝卷文献集成：江苏无锡卷 [M]. 北京：商务印书馆, 2014.

[2] 周燮藩. 中国宗教历史文献集成 [M]. 合肥：黄山书社, 2005.

[3] 殷寄明. 汉语同源词大典 [M]. 上海：复旦大学出版社, 2018.

[4] 许宝华, 宫田一郎. 汉语方言大词典 [M]. 北京：中华书局, 1999.

[5] 李荣. 现代汉语方言大词典：全6册 [M]. 南京：江苏教育出版社, 2002.

[6] 张海媚. 金代两种诸宫调释词四则 [J]. 长江学术, 2013 (4).

[7] 李开. 《诸宫调两种》词语考释 [J]. 古籍整理研究学刊, 1991 (6).

To Make Textual Criticisms and Explanations with Popular Form of Characters of "Zao（懰）"

JIANG Shifeng

Abstract：Relevant examples of "zao（懰）" appear in the treasure scroll. Through the study of relevant examples, it is found that "zao（懰）" is the popular form of characters of "cao（懆）". "Cao（懆）" has the meaning of irritability or impatience. In the sense of impatience, it is a cognate word with "zao（躁）" or "zao（燥）". The word "zao（懰）" is not often used or unknown in the process of development, which leads to the divergence of text meaning and confusion with "chou（搊）", and often misinterprets the meaning of "zao（懰）".

Keywords：zao（懰）, cao（懆）, chou（搊）, zousou（搊搜）

留尼汪顺德话的十个创新词

陈晓锦　　江楚淇①

（暨南大学文学院/汉语方言研究中心　广东广州　510632）

【提　要】在海外华人社区汉语方言研究中，现阶段词汇的研究最能凸显海外汉语方言与祖籍地方言的差异。位于非洲的小岛留尼汪（法语 La Réunion，英语 Reunion Island）是法国的海外大区之一，也是法国下辖的一个省，粤方言顺德话流行于留尼汪首府圣但尼的华人社区，本文分析了留尼汪顺德话中的十个自创词/含自创词义的词，期望能透过这些例子，在展示留尼汪顺德话的造词特点的同时，窥见海外华人社区汉语方言的造词方式。

【关键词】留尼汪　顺德话　自创词

一、留尼汪概况及华人社区语言使用情况

留尼汪，法语名为 La Réunion，英语中称为 Reunion Island，它既是法国的海外大区之一，也是法国下辖的一个省。这是一个位于非洲印度洋西部马斯克林群岛中的火山岛，距离法国本土 1 万多公里，东边距离毛里求斯群岛约 190 公里，西边与非洲第一大岛马达加斯加相距 650 公里。小岛的面积并不大，只有 2512 平方千米，行政区划上分为了 4 个专区，分别是：圣但尼、圣保罗、圣皮埃尔、圣伯努瓦四个城市。

小岛的总人口共有 80 多万，在岛上除了有当地的土著克里奥人，还有欧洲白人、华人、黑人和印度人等移民。其中华人移民留尼汪已有过百年的历史，据当地华人估计，华人移民的总数已达 4 万多人。被当地华人称为"中法学校"的华文学校，在四五

---

①　陈晓锦（1950—　），广东潮州人，暨南大学文学院教授、博士生导师，研究方向为方言学、海外汉语方言；江楚淇（2000—　），广东佛山人，暨南大学文学院 2022 级研究生，研究方向为方言学。

十年前就被禁止继续办学了，直至目前，小岛上既没有华文报纸，也没有华语传媒，缺乏汉语交流传播的公开渠道。

现今华人主要聚居在小岛北部的首府圣但尼和南部的圣皮埃尔这两个城市。圣但尼和圣皮埃尔的中老年华人除了使用官方语言法语和克里奥尔语外，大部分都能比较熟练地使用祖籍地的汉语方言。其中一部分人会使用汉语，还有部分年纪较大的华人，他们在几十年前接受过华文教育，所以可以看得懂汉字。而年青一代的华人大部分都看不懂汉字，也不会使用汉语方言，这是由于 20 世纪 60 年代左右，华文学校陆续停办，年青一代的华人接受的教育以西式教育为主，所以使用汉字和汉语方言的习惯也没有继续保留下来。但是近年来，得益于汉语教育在世界范围内的推广，岛上唯一的大学——留尼汪大学设立了孔子学院，开放了学习汉语的渠道。现在也有一些人开始在岛上，又或者远赴岛外，来到中国学习华语普通话。

在留尼汪不同城市聚居的中老年华人，分别使用不同的汉语方言。聚居在圣皮埃尔的华人，他们的祖上绝大部分是来自广东梅县的客家人，所以使用的汉语方言主要是客家方言，而聚居在圣但尼的华人祖上基本是来自广东顺德，他们使用的汉语方言主要是粤方言的顺德话。

二、留尼汪圣但尼华人社区顺德话的语音

圣但尼的华人主要使用粤方言的顺德话。近几十年来，借助经济优势和影响力强劲的粤语传媒，粤方言广州话影响了世界各地，包括中国国内粤方言流行区域的其他地点的粤方言。广东的顺德话同样也不例外，广东顺德人，尤其是青年人，大部分使用的都是广州话，而不是原来的老顺德话。2017 年笔者进行实地调查发现，留尼汪圣但尼顺德籍中老年华人使用的顺德话颇为完好地保留了老顺德话的原貌。

例如，语音方面：古全浊声母清化后，留尼汪顺德话与祖籍地方言的广东顺德话一致，除部分全浊上声字读送气音：抱$_{并}$［$p^h ou^{13}$］、肚$_{定}$［$t^h ou^{13}$］、坐$_{从}$［$ts^h \mathfrak{o}^{13}$］、徛$_{群}$［$k^h ei^{13}$］等，还有小部分字例外，如常用的定母字"头［$tɐu^{42}$］、甜［tim^{42}]"等读不送气音，其余的全浊声母也和广东顺德话以外的粤方言一样，基本上是平声读送气，仄声读不送气：爬$_{并}$［$p^h a^{42}$］、脾$_{并}$［$p^h ei^{42}$］、鼻$_{并}$［pei^{22}］，病$_{并}$［$pɛŋ^{22}$］、地$_{定}$［ti^{22}］、抬$_{定}$［$t^h\!ɔi^{42}$］，厨$_{澄}$［$ts^h y^{42}$］、住$_{澄}$［tsy^{22}］，残$_{从}$［$ts^h an^{42}$］、杂$_{从}$［$tsap^2$］，葵$_{群}$［$kw^h ɐi^{42}$］、柜$_{群}$［$kwɐi^{22}$］。

有的字保留了中古"舌上读舌头"的特点，如：蟹摄开口一等清母字"菜［$t^h ɔi^{33}$］"、效摄开口一等精母字"早［tau^{35}］"、流摄开口三等知母字"昼［$tɐu^{33}$］"。另外也有个别字，如咸摄合口三等奉母字"帆［$p^h an^{42}$］"，保留了中古"轻唇读重唇"的特点，而广东顺德话读"［fan^{42}］"（詹伯慧、张日升，1987）。留尼汪顺德话的读法应该是从广东顺德移民至留尼汪的华人保留早期老顺德话的读法，"帆"在今日的粤方言顺德话

中，读音已经发生了变化。

留尼汪顺德话中有前半低不圆唇单元音 [ɛ] 韵母，和以 [ɛ] 作主要元音的韵母 [ɛu]、[ɛm]、[ɛn]、[ɛŋ]、[ɛp]、[ɛt]、[ɛk]，这是广东珠江三角洲一带粤方言的特点，但其中读 [ɛu]、[ɛm]、[ɛn]、[ɛp]、[ɛt] 等的很少，调查只记录到了个别例子：掉 [tɛu²²]、嚼 [tsɛu²²]、挠 [ŋɛu⁵³]、荞 [kʰɛu³⁵]、舔 [lɛm³⁵]、间 [kɛn⁵³]、闩 [sɛn⁵³]、煤 [tsʰɛp²]、尺 [tsʰɛt³]。

留尼汪顺德话声调数量达到 10 个，古平、上、去、入四声各依声母的清浊分阴阳，古全浊上声字有少量归阳去。古平声分阴阳后，阴平又再分出上阴平和下阴平，上阴平调值 53，下阴平调值 55。阳平的调值不同于广州话，而是与广东顺德、佛山等地调值相同的 42。留尼汪顺德话是笔者至今调查过的海外华人社区粤方言中声调数量最多的一类。

三、留尼汪顺德话中十个独特的创新词

我们的调查还记录了留尼汪顺德话中保留的 10 个由老一辈华人传下来的独特的自创词/含自创词义的词，这些词有的是完全意义上的自创词，更多的是旧词添加了新义，它们分别是"①跪庙、②契神、③宵朝早、④宵晏昼、⑤黑猪、⑥牛头、⑦街狗、⑧地保、⑨毛求（球）、⑩马加斯"，希望通过对这较具代表性的 10 个词进行分析，从而尝试阐述留尼汪顺德话的造词方法。

词义具有概括性，词和词义的产生是人们对客观事物和现象抽象概括后的结果。调查分析发现，接受教育不多的老一辈留尼汪顺德籍华人在语言实践中，很好地运用了语义关联法、语音指称法、缩略法等造词方式，创造了一些别具一格的自创词，或者是含自创词义的词。

第一类如"①跪庙 [kwɐi²²miu²²⁻³⁵]"一词，这是使用了语义关联法中直指式的组合型造词法创造出来的词，是个完全意义上的自创词，指的是天主教徒到教堂做礼拜、祈祷。从字面意义去理解"跪庙"这个词："在庙里跪着"，是很难与其真正的所指词义"天主教徒到教堂做礼拜、祈祷"构成关联的，必须得结合留尼汪当地的实际情况进行理解。天主教是留尼汪岛民众信奉人数最多的宗教，岛上天主教徒在教堂祈祷时都是跪着的，教堂里整齐排列的每一行长椅子后面，都架着一块便于后排的信徒跪着的长条木板，跪在木板上会使人们比直接跪在地上稍微舒适一些。华人移民到岛上接触到这一现象后，以做礼拜的动作与"跪拜"的"跪"，将天主教堂与在中国祖籍地供奉膜拜对象的庙宇之间的语义关联作为基础，通过组合的手段，来直接指称天主教徒到教堂做礼拜这一现象，从而创造性地产生了"跪庙"这一非常特别的词。

第二类则包括了"②契神 [kʰɐi⁵³sɐn⁴²]""③宵朝早 [siu⁵³tsiu⁵³tu³⁵]""④宵晏昼 [siu⁵³n³³tsu³³]"这三个词。它们是使用了语义关联法中直指式的类推型造词法创造出来

的词。

"②契神"是一个新造词，在留尼汪顺德话中表示信奉天主教的人士接受洗礼入教，敬奉天主教最高的膜拜对象——圣母玛利亚。

"契神"一词的产生，与粤方言中普遍存在的表示"干爹、干妈、干儿子、干女儿"等说法的"契爷、契妈、契仔、契女"等词有关。"契爷、契妈、契仔、契女"中的"契"，指代的是"（与某人）拜为干亲"，这类词的结构一般为"契"+亲属称谓，表示非血缘、亲缘关系的，经社会约定仪式见证承认的干亲关系的称呼。"契神"就是在这个整体的语义关系的基础上进行类义类推而衍生出的新造词。"契"的原有含义，"（与某人）拜为干亲"与"圣母玛利亚"的概念（简称为"神"）进行直接组合后在语义关系上是不合理的，所以"契"实际是与"神"类推成词后引申出"皈依、归属、接受洗礼"的含义，并以"契神"表示天主教徒敬奉天主教圣母玛利亚。调查中留尼汪顺德籍的华人也是将"契爷、契妈、契仔、契女"与"契神"作为一类词提起的。

"③宵朝早""④宵晏昼"指的是吃早餐、吃午餐。这两个新词的创造，与海内外各地粤方言普遍都存在，与汉语普通话表达同样的意思，但构词语素的排列顺序却与汉语普通话的"夜宵"相反的"宵夜（夜宵、吃夜宵）"一词是紧密相关的。在粤方言中，"宵夜"是述宾式的短语，但是它既有名词的意义，即指每日三次正餐以外，于夜间安排的一次加餐，又有动词的意义，指的是吃宵夜。"宵朝早""宵晏昼"显然是留尼汪的华人根据"宵夜"一词通过类义类推的方式创造出来的新词，"宵"在这三个词里充当的都是谓词性的语素，"朝早""晏昼"用于指代用餐的时间。

其实"宵夜"一词也作"消夜"，同样是既有名词的意义，也有动词的意义：

（1）消夜已预备好了，端上来不？（《缀网劳蛛》）

（2）方才我也忘了留史夫人在这里消夜，我不觉得十分饥饿，不必端上来，你们可以自己方便去。（《缀网劳蛛》）

（3）翠翠泪眼婆婆的，赶忙又到灶边去烧火，为帮忙的人办消夜。吃了消夜，老道士歪到死人床上睡着了。（《边城》，第二十章）

（4）"晚上妈请消夜，我一定来吃酒。"觉新匆忙地说。（《秋》，第四章）

而"消夜"一说，也是古已有之，原指的是"消遣夜间时光"。

（5）无酒能消夜，随僧早闭门。（唐诗《冬夜泊僧舍》）

（6）他有那乞巧的泥媳妇、消夜的闷葫芦。（《魔合罗》，第一折）

后来逐渐用作名词，指："夜餐吃的东西"，至于"宵夜"一词使用多于"消夜"的原因，可能是受"元宵"一词出现的影响。"宵"的本义指夜晚，与食物是没有关系的，"元宵"作为汤圆的指称，人们在使用"宵"字时容易与"元宵"进行联想，从而使"宵"字增加了有关食物的语素义，"消"字则更多用于表示"消灭、消除"义，所以使用粤方言时倾向于选择与进食更具有关联的"宵夜"一词来表示吃夜宵，而非选择原本的"消夜"一词（张怡静，2017）。"宵"在粤方言中兼具名词性和动词性。

第三类词包括了"⑤黑猪贬〔hak⁵ tsy⁵³〕""⑥牛头〔ŋɐu⁴² tɐu⁴²〕""⑦街狗贬〔kai⁵³ku³⁵〕""⑧地保〔ti²²pou³⁵〕"四个词。它们的创造方式是语义关联法中的喻指式造词法，留尼汪华人在岛上接触到了新事物与新现象，通过一些概念间的相似与关联创造新词，用来指称事物或现象。

首先是"⑤黑猪"和"⑥牛头"两个词，它们在留尼汪顺德话中的含义并非只是字面上原有的含义"黑色的猪""牛的头"那么简单。"黑猪"含有对警察的贬义称呼的词义，之所以以"黑猪"来指代警察，是因为留尼汪以前的警察身着黑色制服，而黑猪则是一种全身体毛为黑色的猪，二者在"身上的黑色"这一点上存在着相似之处，所以留尼汪的华人以"黑猪"的黑喻指身着黑制服的警察。

而"牛头"一词在留尼汪顺德话中除了本义"牛的头"以外，还被当地的顺德籍人士用于指称在"留尼汪土生土长的华人"，类似于美国华人指称在美国出生长大的华人为"竹升、香蕉人"。"竹升"是两头都有竹节，不能通气的竹筒，比喻对中、西文化都不甚了解的华人；"香蕉人"比喻不懂中华文化的土生华人，像香蕉一样黄皮白心。至于为什么要用"牛头"来指称在留尼汪出生长大的华人，是因为"牛"的脾性"犟"，汉语普通话中就有"牛脾气"一说，粤方言中也有"死牛一便颈（脖子拗不过来）"的说法。顺德籍的老年华人认为在海外出生长大的年轻人不通汉文化，不通情理，性情与牛的"倔脾气"非常相似，很难与他们沟通，于是"牛头"就被用于喻指留尼汪土生土长的华人。无独有偶，我们曾调查记录过的另一个非洲国家，南非约翰内斯堡华人社区顺德籍华人使用的语言中，也有表达相同意思的这个词。

"⑦街狗"不是指代"在街上的狗"，而是与"黑猪"的意义相似，都是用于对警察的不友好称呼。这是源于留尼汪的华人将狗在街上走的行为特征与警察的经常性行为特征——巡街建立了关联，并运用这个特征来借代指称警察，所以由此产生了新造词："街狗"，用于对警察的贬义称呼。

"⑧地保"一词历史较为悠久，在清朝和民国初年的汉语和汉语方言中已经存在，所指的是"在地方上为官府办差的人"（《现代汉语词典》第6版）。但在留尼汪的顺德话中，它被添加了一个特别的含义——"市长"，这是因为"市长"的概念没有"地保"一词出现得那么早，移民至留尼汪的华人认为在这个职位上的人也是管理地方的，为上一级政府办事的地方官员，于是运用了语义引申的方式，将粤方言顺德话中的"地保"一词与此建立联系，继而由此关联衍发出新的词义：一个城市的最高行政长官，用于代替市长一词在语言中的运用。

第四类"⑨毛求（球）〔mau⁴²kʰɐu⁴²〕"⑩"马加斯〔ma¹³ka⁵³si⁵³〕"两个词的创造则较为简单，这是对国家名词"毛里求斯 Mauritius、马达加斯加 Madagascar"运用了语音指称法中的译音型造词法与缩略造词法后产生的新造词。作为马斯克林群岛中的一员，留尼汪岛与这两个海岛近邻国家的关系十分密切，当地华人经常会用到这两个国名的音译词，它们一个是四个音节的音译词，一个是五个音节的音译词，两个词都相对繁难，为了交际的简便省力，华人就直接将它们都缩略为两到三个音节的新造词。

其实，译音型造词法与缩略造词法的结合使用是海外华人经常使用的一种造词方式，尤其是在遇见较为拗口、长串的外国地名时。例如，巴西的华人将巴西5个音节的"里约热内卢"音译后缩略为2个音节的"里约"（因为曾是巴西的首都，华人也称之为皇城），美国使用粤方言的华人将"Los Angeles 洛杉矶"缩略为"罗省"。也有的地名是在缩略之后再加上汉语表示义类的语素，例如阿根廷华人将7个音节的译音词首都"布宜诺斯艾利斯"缩略为两个音节的"布市"，只取音译地名的第一个音节，再加上汉语表示义类的语素"市"，使其简单易讲。同样，英国4个音节的"曼切斯特"被当地的华人缩略为两个音节的"曼城"，"城"也是表示义类的语素。

四、结语

在海外华人社区汉语方言中，因为词汇的灵活多变性，到目前为止，远离祖籍地的海外华人社区汉语方言，相对于语音和语法，在语言要素中变化最大的就是词汇。故词汇研究是目前海外汉语方言中最能反映海外汉语方言与祖籍地方言的差异，也是最能表现海外汉语方言本身的特点的。类似精彩的自创词或是含自创词义的词，在留尼汪顺德话中不止以上提到的，在海外的其他地点方言中更是还有很多，由此可见，海外华人社区粤方言的词汇研究还是极具研究价值的，可以进行更加深入的分析与研究。

参考文献

[1] 陈晓锦. 试论词汇研究在海外汉语方言研究中的重要性 [J]. 暨南学报（哲学社会科学版），2013（9）.

[2] 甘于恩. 南方语言学：第五辑 [M]. 广州：暨南大学出版社，2013.

[3] 罗竹风. 汉语大词典：第五卷 [M]. 上海：汉语大词典出版社，1990.

[4] 彭定求. 全唐诗：第十九册 [M]. 北京：中华书局，1960.

[5] 沈从文. 边城 [M]. 北京：中国对外翻译出版有限公司，2011.

[6] 邵敬敏. 现代汉语通论 [M]. 上海：上海教育出版社，2016.

[7] 詹伯慧，张日升. 珠江三角洲方言字音对照 [M]. 广州：广东人民出版社，1987.

[8] 张怡静. 浅议汉语词义对词形的再选择 [J]. 文教资料，2017（20）.

Ten Innovative Words in Shunde Dialect of Reunion Island

CHEN Xiaojin, JIANG Chuqi

Abstract: In the study of Chinese dialects in overseas Chinese communities, vocabulary research at this stage can best highlight the differences between overseas Chinese dialects and their ancestral dialects. The small island Reunion in Africa, La Réunion in French and Reunion Island in English, is one of the overseas regions of France and also a province under the jurisdiction of France. Shunde dialect, a Cantonese dialect, is popular in the Chinese community of Saint Denis, the capital of Reunion. This paper analyzes ten self-created words or words with self-created meanings in Shunde dialect of Reunion, hoping to show the characteristics of word making in Shunde dialect of Reunion through examples, see the word formation of Chinese dialects in overseas Chinese communities.

Keywords: Reunion, Shunde dialect, self-created words

日本华裔唐通事家传汉语教材的音韵特点①

——以《琼浦》为中心

李 宁②

（暨南大学华文学院　广东广州　510610）

【提　要】本文以日本江户时代华裔唐通事家传汉语教材《琼浦》为中心，结合同时期日本"唐话学者"编写的带有片假名标音的唐话教材，以及其他华裔唐通事家传汉语教材，详细考察了其中存在的大量同音误用字，指出其在音韵方面的若干特点。这些音韵特点与吴语、日语关系密切。

【关键词】日本　华裔唐通事　汉语教材　同音字　音韵特点

日本江户时代（1603—1868）大约相当于我国的明末至清朝前中期的一段时期。为了应对与中国的跨海贸易，日本幕府在九州岛的长崎设立"唐通事"一职充任日汉翻译官。唐通事均由中国人及其后裔担任，实行世袭制。为了帮助家族子弟学习汉语以便更好地从事翻译工作，华裔唐通事编写了不少汉语教材。这些家传汉语教材均为手抄本，藏于日本各图书馆，目前已影印出版的有《译家必备》《小孩儿》《闹里闹》《请客人》《长短话》《小学生》等几种。这些教材的内容均为中、长篇语料，详细记录了当时的汉语口语，且为纯汉语文本，不含日语注释和翻译，对汉语史、日本汉语教学史、中日语言交流史的研究有重要价值。

这个时期日本社会还出现了一批学习、研究汉语的"唐话学者"，比较著名的有冈岛冠山、雨森芳洲、陶山南涛等人。这些唐话学者面向一般社会大众刊刻出版了不少唐话教材。如冈岛冠山的《唐话纂要》系列教材。目前中、日学界对唐话学者所编的汉

① 本文是2020年度广东省哲学社会科学规划项目"日本江户时代华裔唐通事家传汉语教材研究"（GD20CZY02）、暨南大学中华文化港澳台及海外传承传播协同创新中心2023年度项目"日本江户时代唐话的音韵研究"（JNXT2023008）、暨南大学广东语言文化海外传承研究基地2023年度项目"中华语言民俗文化海外传承情况调查的理论与方法"（23GHCY01）的阶段性成果。
② 李宁（1985—　　），山东东平人，暨南大学华文学院讲师、硕士研究生导师，研究方向为汉语方言学、中日比较语言学、中华语言文化海外传承传播。

语教材研究较多，语音、词汇、语法等方面都有涉及，而对华裔唐通事家传汉语教材的研究则很不充分。

本文以华裔唐通事家传汉语教材中篇幅较长、体量较大的《琼浦》为例，通过分析、整理教材中出现的同音误用字，结合古今汉语及日本同时期其他汉语教材，来探讨华裔唐通事家传汉语教材的音韵特点。

一、关于《琼浦》

现存唐通事教材《琼浦》有多种抄本，见诸报告的有两种，一为早稻田大学图书馆藏本，一为日本东北大学图书馆藏本。关于此书的成书年代，いしるのぞむ（2009）认为此书是对中国《西湖佳话》的模仿之作，推测其大概成书于享保四年（1719）到享保七年（1722）。许丽芳（2010）则从书中提到的康熙废太子、阿剌蒲坦侵袭西藏作乱、日本正德舶市新例等，推测《琼浦》的成书年代应以 1718 年为中心，其成书应不晚于康熙五十八年（1719）。综合来看，认为《琼浦》成书于 18 世纪初的看法是比较适当的。

唐通事在学习汉语时，一开始先用《三字经》《大学》《论语》《孟子》《诗经》等练习发音，然后练习比较简短的二字话、三字话、四字话等来学习常用词汇和短语，到了较高级阶段，则学习《养儿子》《译家必备》《琼浦佳话》等长篇教材。《琼浦》即《琼浦佳话》，它作为唐通事的汉语学习教材，极少用日语假名标注唐音，鲜有日语训点和翻译，全书有故事情节一以贯之，是一部纯汉语文本，在较高级教材之列。

早稻田大学图书馆藏《琼浦》一书正文部分共 191 页，每页 10 列、每列 17 字格，有句读。卷一和卷二笔迹相同，卷三和卷四笔迹相同，但卷三、四与卷一、二不同，应是不同人所抄写。

该书名为《琼浦》，"琼浦"即是日本长崎的古称。全书讲述了在长崎一地发生的日本官民与唐人进行贸易的相关事情。卷一从长崎的地名由来、历史沿革到开港与唐人贸易，从德川将军重视长崎港到各项贸易官制的确立，着重叙述了唐通事的培养过程及工作情况，并讲述了伊东到朝鲜走私军器一案。卷二讲述受伊东走私案影响，将军颁发禁令，禁止私人与唐人交易，长崎街面一片萧瑟；后又实行正德新例，规定唐船（中国船）需凭日本官方发放的信牌来长崎做生意；最后唐船终于又来长崎，唐人讲述航海经过，接受唐通事盘问，办理起货手续等事宜。卷三主要讲述唐船到岸后，日方如何仔仔细细清查货物，及唐人进入唐馆（日方专门建造的唐人居住地）后的相关情况。卷四续讲清查货物，并叙述唐通事与唐人讲价的经过。

二、《琼浦》误用字分析

《琼浦》中出现了大量的误用字。这些误用字根据成因可以分为三类。

第一类，纯粹由形近导致的误用。如：

（1）這個是要試深民家歸依邪教不歸依邪教，打深情弊的意思了。（第6頁）①

这里的"深"字应为"探"字。"深、探"二字古今汉语皆未见有音同或音近的，同时期其他唐音、唐话文献中亦未见有同音的。显然这是编写者或抄写者因为字形相近而写了"错别字"。

（2）也有的人說，將軍老爺肚裡陕窄，沒有膽量，捏卵過橋一般，太仔細了。（第7頁）

这里的"陕"字显然应为"狭"字。"陕、狭"二字在古今汉语中声、韵、调皆不同，但字形相近。

根据我们的统计，这一类误用字共15对，如下所示：

持—待　措—借　深—探　陕—狭　棟—揀

各—客　狂—枉　醉—碎　熱—熟　岡—罔

姐—祖　借—惜　活—話　斬—漸　親—襯

第二类，纯粹由音同（近）导致的误用。

第三类，由音同（近）或形近导致的误用。

第一类误用字与本文的语音探讨无关，所以下面我们重点讨论第二类和第三类。

（一）纯粹由音同（近）导致的误用

经统计，这一类误用字共35对，如下所示：

知—初　乙——　因—應　紏—仇　貼—剔　辦—番　若—著　名—命　酩—泯

酊—頂　心—性　扮—辦　執—質　利—理　是—自　還—犯　怪—快　事—是

是—時　真—正　正—真　行—因　邊—遍　所—瑣　檜—將　叫—敲　怕—巴

鞭—辮　得—的　自—是　圖—覷　蹦—碰　時—事　新—性　醜—齊

下面我们举例进行分析。

1. 知—初

（3）當知（初）有一個人，姓叫做長崎，為人公道，頗通文墨。（第2頁）

原文作"知"，右侧标注"初"字。此处的"当知"应为"当初"。

用"知"代"初"，显然不是由于字形接近所致，应是另有原因。从字音上看，在《广韵》，"知"为知母支韵开口三等平声，"初"为初母鱼韵合口三等平声，二者的声母和韵母均不相同。在《中原音韵》和现代汉语普通话中二者也不同音。又由于二者的声母一个为古全清，一个为古次清，有送气与不送气之别，在现代汉语各方言中同音的可能性极小。冈岛冠山编著的《唐话纂要》（下文简称《纂要》）成书于1716年，是

---

① 引文用字悉依原书。如"個"用"个"，"歸"用"帰"等。

当时长崎唐通事学习汉语的教科书。《纂要》中"知"标为ツウtsu,"初"标为ツヲ—
tso/ツウtsu,二字发音相同或相似。长崎地方官中川忠英主持编纂的《清俗纪闻》(下
文简称《清俗》)成书于1799年,该书是长崎唐通事向来日贸易的清朝商人询问清朝
民俗的记录,书中在相关清朝事物名词的右侧使用日文片假名标注了汉语读音。在《清
俗》中,知ツウtsu,初ツウtsu,二字读音相同。

2. 因—應

(4)倘或遇着木字牌一樣不明白的通事,錯過了好機會,或者悮了大事,因該撰
錢的生意,也撒手撒淂不好,大大折本了。(第11頁)

"因該"应为"應該"。将"應該"写作"因該",这一现象在其他唐通事家传汉
语教材中也十分普遍。如:

(5)後來只管要求,不管因該做得因該做不得,妄求非福。——《唐通事心得》
(第26頁)

(6)我這裡是學堂,因該正經些,不該亂七八造,只管放肆。——《小孩兒》(第
20頁)

可见《琼浦》之类唐话教材的作者梗摄韵尾与臻摄韵尾不分。另,《纂要》二者皆
标为インiN,读音相同。

3. 紂—仇

(7)你也不要紂恨他。(第11頁)

这里的"紂"应为"仇"。紂,除柳切,澄母尤韵开口三等上声。仇(雔),禅母
尤韵开口三等平声。《纂要》"仇"标为ギウgiu,未收"紂"字。《清俗》收"紂"
字,标为ヂウʤiu,与《纂要》"仇"音不同。

4. 貼—剔

(8)要是文武兼全,有膽量,有俠氣,臨事敢作敢為,玲瓏貼透乙般聰明的人,
方纔做淂過。(第12頁)

"玲瓏貼透"应为"玲瓏剔透"。检索语料库[1],未发现"玲瓏貼透"的用法。貼,
透母貼韵开口四等入声,中古收p尾。剔,透母锡韵开口四等入声,中古收k尾。以
"貼"代"剔",说明编者古p尾和古k尾入声字相混。《纂要》貼テte,踢テte(《纂
要》无"剔"字,此处列与"剔"同在《广韵》一小韵的"踢"),二字同音。

5. 辦—番

(9)常言說:若無乙辦寒徹骨,怎淂梅花撲鼻香。(第12頁)

"若无一番寒彻骨,怎得梅花扑鼻香""若非一番寒彻骨,怎得梅花扑鼻香",或者
"不经一番寒彻骨,怎得梅花扑鼻香"是汉语中常见的熟语。其最早的源头应该是唐代
黄檗禅师的诗偈《上堂开示颂》:

---

① 语料库在线 http://www.aihanyu.org/cncorpus/,下同。

尘劳迥脱事非常，紧把绳头做一场。

不经一番寒彻骨，怎得梅花扑鼻香。

这里用"辦"字代替"番"字，用作量词，十分难解。但在《琼浦》中，这一特殊用法并不少见，可以说是《琼浦》用字的一大特色之处。如后文：

（10）誰想好事多魔，泰中生否，生出乙<u>辦</u>憂愁来。（第 18 页）

（11）今年生意定靠要賴各位老爹大力周旋一<u>辦</u>。（第 45 页）

（12）若像你的意時，這<u>辦</u>講價講不成了。（第 92 页）

这几处的"辦"字都应解作"番"。如若不然，文意难通。

文中也有使用"番"字的，如：

（13）這一<u>番</u>比此前不同。（第 45 页）

以"一辦"为关键词检索"古代汉语语料库"，仅见一例：

滅蜀之後，就如卿所慮，當何所能<u>一辦</u>耶？——《三國志》、魏晉

这里的"一辦"显然不是"一番"的意思。另外，在与唐话文献叙述风格（近代汉语"白话风"）较为接近的元明清白话小说著作中，也没有发现类似这样的"一辦"的用法。

从发音上来看，办，古作"辦"，蒲苋切，並母山韵二等开口去声，同"辨"。"番"字在《广韵》有五个反切，其中对应量词用法的一个反切是孚袁切，敷母元韵合口三等平声。可见，在中古音中，"辦"与"番"声、韵、调皆异。而在现代汉语普通话中，二字韵母相同，声母、声调不同。

查看唐音文献，《纂要》收"番"字，未收"办（辦）"，番ハン φan。《清俗》收"辦"字，未收"番"字，辦バン ban，用词为"辦理""备辦"。如果忽略声调因素，番ハアン φan、辦バン ban，二者只有声母之别。从日语片假名表记上来看，实质上是浊点有无的差别。江户时代的唐音文献中，有"浊点表记的非积极性"现象。① 这一现象虽然只是书面表记上的问题，但很可能或多或少会影响到唐通事的唐话习得。其结果就是，唐通事在习得ハ φa 与バ ba 类音所表记的汉字时，由于上述表记的相混而产生误判，以ハ为バ，或者以バ为ハ。而ハ φa 与バ ba 的辅音部分虽然一个为擦音，一个为塞音，但都为双唇音，发音部位完全相同，这就更容易引发相混了。

6. 若一著

（14）你看古人怎麼樣用工夫，若實受了許多淒風苦雨的苦楚，埋頭苦讀，方才肚裡精通，乙目了然，無書不通。（第 12 页）

这里的"若實"应为"著實"。《琼浦》中"若實"和"著實"往往混用不分。

---

① "浊点"和"表记"为日语音韵学术语。"表记"即书面写法。"浊点"即在日文假名右上角所加的两个点，表示该假名读同部位清音的浊音。以现代日文为例，カ读［ka］，ガ读［ga］。但在江户时代，给口语中的浊音加上浊点的做法正处于形成过程中，在书面表记中尚未完全普及和规范化，即存在懒于施加浊点的现象，日语史学界称之为"浊点表记的非积极性"。

又如：

（15）着實富庶浔緊。（第 14 页）

（16）說起來若實爽快。（第 15 页）

（17）凡事不講便罷了，一講講出來，若實怕殺人。（第 44 页）

若，而灼切，日母药韵开口三等入声（“若”字《广韵》有三个反切，其他两个反切非常用义，此处不论）。着，直略切，澄母药韵开口三等入声。① 二字在中古音中，只有声母之别，“若”为日母，“着”为澄母。今杭州话中：若 zɔʔ 和 ɹuɔʔ 两读，着 dzɐʔ。今苏州话中：若 zɒʔ，着（衣着）tsɒʔ，着（着手）zɒʔ。《纂要》若ジヤʒia，着ヂヤ ʤia，二者不同音。这里实际上涉及的是日语音韵史上的“四假名”问题，ジ与ヂ在《纂要》唐音中存在对立，分别读［ʒ］和［dʒ］。② 而在另外的一些唐音文献中已经相混，如《忠义水浒传解》（陶冕，1757）中“着”字就有ヂヤ和ジヤ两种标音。从上面的例子来看，ジ与ヂ的区别在《琼浦》中已经比较淡薄，甚至不复存在了。

7. 名—命

（18）講話是通事家的等本，把性名看成，輕慢不浔。（第 12 页）

“名”和“命”二字古今汉语声调皆不相同，此处显然是将“性命”写成了音近的“性名”，是声调相混的表现。

8. 酩—泯　酊—頂　心—性

（19）由此看起來，學文也要學到脫底頭的田地，講唐話也要講到泯頂的地步，更兼有血心，有俠氣的大丈夫，方纔做得大通事。（第 13 页）

①泯頂。

这一句中的“泯顶”的用法十分特殊。使用语料库和百度搜索引擎进行检索，都未见用例。泯，消灭、消失义。这里似乎可以理解成“灭顶、到顶”，即讲唐话要讲到“到顶”的地步、最佳的地步、极致的境界。后文有“酩酊”一词，意思与这个“泯顶”似乎类似。

（20）那時节，管包頭的通事高聲說道：徃年所批的價錢也有几分索價，争來争去一時間撒不得手。今年是一筆批定了，沒有几分套價。賬簿上所開得是酩酊的價錢，大家須要斟酌，今日必定要講得落臺。（第 89 页）

酩酊，大醉貌，检索语料库，未有另外含义的用例。这句中的“酩酊”显然不是大醉的意思，而应与“泯顶”意思相类似。中国商人来到长崎，卸完货，在唐馆（专为中国商人划定的居住场所）安顿好之后，开始进入与日方的讲价环节。这里，通事向中国商人有言在先：往年或许可以讲价，今年因为日本幕府官方有了新的规定，“是一笔批定了，

---

① “着”，古作“著”，在《广韵》有五个反切，其余反切此处不论。

② “四假名”即日语史上的ジ和ヂ、ズ和ヅ两对假名。古日语中ジ和ヂ读音有别，分别读［ʒi］和［dʒi］；ズ和ヅ读音有别，分别读［zu］和［dzu］。现代日语标准语只有ヂ［dʒi］和ヅ［dzu］。关于《唐话纂要》的“四假名”读音，详见李宁（2019a）的论证。

没有几分套价", 账簿上开列的价钱已经是"到顶"的、最高的价格了。显然, 这是通事代表日本幕府的一种讲价策略, 是不希望中国商人再提高价格的一种说辞。

酩酊, 叠韵连绵词。酩, 莫迥切, 明母迥韵开口四等上声。酊, 都挺切, 端母迥韵开口四等上声。泯, 弥邻切, 明母轸韵开口三等上声。顶, 都挺切, 端母迥韵开口四等上声。"顶"与"酊"在《广韵》同在一小韵, 古、今音皆同。而"泯"与"酩"声母、声调相同, 韵母不同, 古今皆然。唐音文献中未见"泯""酩"二字, 但依《纂要》的音韵体系, 二字当同音, 都为ミンmin。《纂要》"民""明"二字的读音可以作为参考: 民(与"泯"字《广韵》同在一小韵)ミンmin, 明ミンmin。

在另一部唐通事家传教材《请客人》中, 使用了"酩顶"一词, 也可以作为参证。
(21) 只是我有毛病, 酒要吃得酩顶大醉, 倒得爽利。——《请客人》(第37页)
②有血心。
"有血心"这样的说法在现代汉语中十分少见。检索古代汉语语料库, 也未见用例。以"血心"为关键词检索古代汉语语料库, 有两例可供参考:
俺們做好漢的, 只要自己血心上打得過, 人言都不計較。——(元明)《警世通言》
差人道:"先生, 象你這樣血心為朋友, 難道我們當差的心不是肉做的?"——(清)《儒林外史》上
常用的说法是"有血性", 这在现代汉语语料库和古代汉语语料库中都可以找到用例。

"心""性"二字在汉语中, 古今韵母、声调皆不相同, 毋庸赘言。然而在江户时代的唐音文献中却多为同音。《纂要》心スインsin, 性スインsin。《清俗》"心"字出现11次, 8次读为スインsin, 1次读为スキンsin, 1次读为シンʃin, 1次读为ジンʒin; 未收"性", 而"姓"字读为スインsin。概而言之, 古臻深摄开口三四等字与曾梗摄开口三四等字大多韵母相同, 读为in, 这在唐音中是一个普遍的现象。

9. 執—質
(22) 当面對執。(第17页)
"對執"应为"對質", 语料库中检索不到"對執"表示"對質"之意的用例。
质, 《广韵》有去声和入声两个反切, 陟利切, 知母至韵开口三等去声; 之日切, 章母质韵开口三等入声。执, 之入切, 章母缉韵开口三等入声。《纂要》执ʧi。《清俗》质ʧi, 用词"天质聪明"。

10. 是—自　事—是　是—時　時—事
(23) 各是発船, 到大洋裡去, 替唐人私下做買賣。(第27页)
"各是"应为"各自"。是, 承纸切, 禅母纸韵开口三等上声。自, 疾二切, 从母至韵开口三等去声。今普通话声母、韵母、声调皆不同。《纂要》是ズウzu, 自ヅウdzu, 不同音。但在江户时代, 假名ズ与ヅ处在合并阶段, 渐趋相混。有的唐音文献已经相混。如《忠义水浒传解》中"是自"二字都标音ズウ。

（24）人命是重情，岂不**是**天大的喜事了。（第 39 页）

"事"应为"是"。事，侧吏切，崇母志韵开口三等去声。是，承纸切，禅母纸韵开口三等上声。今杭州话和苏州话："是、事"皆同音 zɿ 阳去调。《纂要》"是、事"二字同音ズゥ zu。

（25）不多**是**辰，許多鳥船沙船，也有大的，也有小的，隨後簇擁而進來。（第 42 页）

"是辰"应为"时辰"。是，承纸切，禅母纸韵开口三等上声。时，市之切，禅母之韵开口三等平声。《纂要》是ズゥ zu，时ズゥ zu，二字同音。

（26）九媽心下焦燥，欲得把他凌虐，恐怕弄出**時**來。（第 89 页）

"時"应为"事"。

11. 還—犯　怪—快

（27）既有這樣**還**了國法的奸人横行長崎，難道只管疼熱他，不去捉住，坐視不成？除非是斬艸除根，出得滿腔之氣，方才痛**怪**。（第 31 页）

"還了國法"应为"犯了國法"才讲得通。還，户关切，匣母删韵合口二等平声。犯，防錽切，奉母梵韵合口三等上声。二字在《广韵》声母、韵母、声调皆不相同。在今官话中，声母、声调也不同。吴语今杭州话"犯"字读 [vE] 阳去调，"還"（還有）读 [ɦE] 阳平调，"還"（歸還）读 [ɦiuE] 阳平调，二字读音声母、声调皆不同。吴语今苏州话中"犯"读 [vE] 阳去调，"還"（歸還）读 [ɦiuE] 阳平调或 [ɦE] 阳平调。《纂要》二字读音相同，皆读ワン wan。

"痛怪"应为"痛快"。《纂要》二字同音クハイ kuai。

12. 真—正　正—真

（28）這一番比前不同，波恬浪静，風色大好，一連几日順風，**真**到今日進港。（第 45 页）

这里叙述唐船遭遇风暴后，大海恢复平静，"一連几日順風"，"真到"今日进入长崎港。"真到"此处难以讲得通。从字形上看，"真"字可能是"直"字的误抄。然而原书的"真"字写作"眞"，字形上与"直"字还有些差距。此处误用或许另有原因。解释为"正"字（"正到今日进港"）更为合适。下文也有两处"真""正"二字混用不分的例子。

（29）就是一個**正**命天子了。（第 47 页）

（30）雖然如此，這一死不是**正真**死的。（第 55 页）

以"正命天子"和"正真"为关键词检索语料库，未发现用例。以当代中国人的语感，"正命天子"一般说"真命天子"，"正真"一般说"真正"。"真""正"二字古今皆不同音。真，职邻切，章母真韵开口三等平声。"正"字两个反切，诸盈切，章母清韵开口三等平声；之盛切，章母劲韵开口三等去声。今音二字韵母仍不同。即便在有些 in、iŋ 不分的汉语方言中，如今杭州、苏州二字均读 tsən（不考虑声调），二字仍有声调之别（"正"读平声时无声调之别）。而在唐音文献中，二字均同音，如《纂要》

二字同音チンʧɪɴ。在其他唐通事家传教材中，也有将"真正"说成"正真"的。如：

（31）有一個賊，叫做紫火囤，說起来正真咲殺了人。——《闹里闹》（第 63 页）

いしるのぞむ（2009）将"真""正"二字混用不分解释为吴语的特征，没有看到二字在声调上的差别，并不准确。他还结合其他一些误用字的情况推断《琼浦》作者是吴语区出身的中国人。他的论证和观点很值得商榷。

13. 行—因

（32）几年前，千言萬語，方才議定了，把第三個皇子立做東宫。只行後来品行不好，做人傲慢，一味放肆，故此廢了。（第 47 页）

"只行"语意不通，应为"只因"。"行"字有四个反切：（行伍义）胡郎切，匣母唐韵开口一等平声；（行走义）户庚切，匣母庚韵开口二等平声；（次第义）下浪切，匣母宕韵开口一等去声；（行为义）下更切，匣母映韵开口二等去声。因：于真切，影母真韵开口三等平声。今杭州话：行(行船)ɦiɴ 阳平调；因 ʔiɴ 阴平调。今苏州话：行(行为)jiɴ 阳平调(文读)、行(银行)ɦoɴ 阳平调；因 iɴ 阴平调。《纂要》：行ハンɸaɴ、ヒンhiɴ；因インiɴ。《清俗》行：ハアンɸaɴ、ヒンhiɴ、インiɴ；未收"因"字。匣母字读零声母是《纂要》系唐音的特征之一，也是吴语语音特点在唐音中的反映之一。

14. 圖—覩

（33）所以圖物傷情，往往有個客邊的感慨。（第 66 页）

原文作"圖"，右侧注"覩"。"圖物傷情"应为"覩物傷情"。注字正确。《纂要》图ドウdo，赌トウto（《纂要》无"覩"字，此处列《广韵》同一小韵的"赌"），二字清浊有异。

15. 蹦—碰

（34）倘若時運不通，缘法不凑，便是千里馬，劳筋費力，遍走天下，再蹦不着一个伯樂。（第 66 页）

"蹦不着"显然应为"碰不着"。

（二）由音同（近）或形近导致的误用

据统计，这一类误用字共 46 对，如下所示：

晒—洒 論—倫 方—放 辨—辯 楊—揚 撥—潑 脑—恼 張—帳 魔—磨
苟—勾 推—堆 古—固 倍—陪 賣—買 考—拷 赫—嚇 形—刑 蜜—密
精—清 爆—暴 帐—賬 想—箱 傍—榜 經—徑 頓—屯 擦—察 忙—茫
懐—壞 性—姓 照—昭 帐—張 滿—瞞 期—欺 清—情 覆—複 哩—理
炒—吵 篷—蓬 资—姿 簿—薄 低—抵 簾—廉 義—儀 索—素 價—貨
貨—價

下面举几例说明。

1. 晒—洒

(35) 做人脱晒，一举一动，都是随意，散散荡荡，没有一点拘缩。（第 3 页）

此处的"脱晒"应为"脱洒"，洒脱之意。"脱晒"在"语料库在线"的"现代汉语语料库"和"古代汉语语料库"中均未检索到用例。

晒，所卖切，生母卦韵开口二等去声。洒，砂下切，生母马韵开口二等上声。二者在汉语中古今读音皆不相同。现代汉语普通话甚至声母、韵母和声调都不相同，"晒"读 shai 四声，"洒"读 sa 三声。以"晒"代"洒"，或为字形相近而导致的抄写之误。然而《纂要》晒シヤイ ʃiai，洒シヤイ ʃiai，二者标音相同，且未标注声调。可见这一误用也很可能是读音相同导致的同音字借用。

2. 索—素

(36) 難道空身索手、掃興而回去不成？（第 91 页）

"空身索手"应为"空身素手"，空着手的意思。明代酉阳野史着《续三国演义》[万历三十七年（1609）年刊本)] 第一三〇回"赵封仇池陈安反"有：

至营將近，只見陳安掛甲戎裝，空身素手，與一班儒服之人立於道旁等候。

冈岛冠山《唐话纂要》卷二"四字话"有"空身素手"，解释为"身すがら"，意为"孤独，毫无羁绊，孤身一人；（不带行李）单身"。（《小學館中日日中辭典》）

索，苏各切，心母铎韵开口一等入声；又山戟切，生母陌韵开口三等入声。素，桑故切，心母暮韵开口一等去声。《纂要》索ソ so，素ソウ so-u，二字读音相近，仅有音节长短之别。

3. 魔—磨

(37) 誰想好事多魔，泰中生否，生出乙瓣憂愁來。（第 18 页）

4. 腦—惱

(38) 撒酒風，相打相腦。（第 16 页）

5. 想—箱

(39) 後來這一班人的妻子，把家中所蓄的金艮宝貝，傾篋倒想拿出來。（第 38 页）

6. 期—欺　清—情

(40) 期公犯法，聽憑國法處治，清願甘罰。（第 51 页）

由于篇幅所限，仅举上述几例予以说明。绝大多数这一类的误用字一看便知其故，无须过多解释。

这一批字出现误用，可能纯粹因为字形相近所致，也可能纯粹因为发音相同或相近所致，还有可能是由于形、音双方面的原因共同导致。如上所示，这一类字几乎都是形声字，其错误用字与其对应的正确用字几乎都具有相同的形旁。如将"茫天茫地"写成"忙天忙地"。然而，即便是形声字，由于语音演变等原因，相同声旁的字读音未必完全相同。如"箱"和"想"、"清"和"情"、"买"和"卖"等字的声调不同，"推"和"堆"、"精"和"清"的声母不同，古今皆然。

值得注意的是，上述几十对误用字在同时期的《唐话纂要》等唐音文献中几乎都同音。如：箱想スヤンsu-ia-n；賣買マイ ma-i；精清ツイン tsu-i-n 等。如此看来，这一类字的误用仍然与语音关系十分密切，尽管我们无法断定它们的误用仅仅是由于发音上的相同而与字形的相近全无关系。

从以上的分析可知，《琼浦》共 96 个误用字（因笔者研究水平和能力所限，或有未能识别而未收录者）。其中只能理解为音同（或音近）导致的误用字有 35 个，占比约 36%；可以理解为音同（或音近）导致的误用字有 81 个，占比约 84%。

三、《琼浦》的音韵特点

正如我们可以通过古书中的通假字，从侧面了解那时相关字的音韵面貌，我们也可以通过《琼浦》中的同音误用字，窥察该书编者或抄写者的语音情况。又由于该书的同音误用字大量出现，我们甚至还可以看出一些规律性的语音特点。现概括如下：

1. 声调相混

汉语起码自中古以来就有声调的差别，现代汉语各方言均有声调的差别，且其声调格局均可从中古音系推演而来，具有严整的规律性。然而《琼浦》的大量误用字显示其声调混淆的现象十分严重。我们按中古音"平、上、去、入"四声格局将《琼浦》声调相混的情况分类如下：[①]

（1）平、上相混：

苟—勾　倍—陪　箱—想　满—瞒　低—抵　紆(上聲)—仇　是—時　鞭—瓣　圖—覩

（2）平、去相混：

曬—灑　論—倫　張—帳　經—徑　頓—屯　懷—壞　照—昭　悵—張　義—儀　辦—番　名—命　心—性　還—犯　真—正(又平聲)　正—真　邊—遍　槍—將　叫—噉　怕—巴　時—事　新—性

（3）上、去相混：

古—固　賣—買　傍(又平聲)—榜　哩(去聲)—理　利—理　是—自　事—是　自—是

（4）去、入相混：

素—索

（5）阴平、阳平相混[②]：

清—情　行—因

---

① 由于部分音同误用字也可能纯然是由于形近导致误用，所以我们在纯粹由音同导致的例字下方加下划线，以示区别。

② （5）为阴平、阳平相混的例子，这里也一并列出备考。

值得注意的是，同时期的日本唐音文献有的没有标注声调，有的标注了声调。但是，标注声调的文献大都只是照搬《广韵》的"平、上、去、入"四分法，可以说基本上并未反映当时（清代前中期）汉语（吴语、官话）的声调格局，如平声未分阴阳、浊上未归去等。《琼浦》声调相混的语音特点与同时期唐音文献的声调情况可以说是暗合的。

2. 古全清、次清声母送气与否不分

古全清与次清字在现代各汉语方言中基本上仍保持对立，但在《琼浦》中却有不少相混的例子。这些误用字有：

撥—潑　推—堆　悵—賬　悵—張　怪—快　槍—將　叫—敲　怕—巴　蹦—碰

需要注意的是，同期唐音文献中，古全清和次清声母也是一律使用日语清音假名标写其读音，未做任何区分。

3. 声母基本存在清浊的对立

（1）古浊音与浊音相混：

辨—辯　形—刑　倍—陪　懷—壞　期—欺　篷—蓬　簿—薄　紂—仇　是—自　事—是　是—時　自—是　時—事

（2）古清音与清音相混：

晒—洒　方—放　張—帳　苟—勾　推—堆　古—固　考—拷　赫—嚇　精—清　爆—暴　悵—賬　箱—想　經—徑　擦—察　性—姓　照—昭　悵—張　炒—吵　資—姿　低—抵　素—索　知—初　貼—剔　酊—頂　心—性　執—質　怪—快　真—正　正—真　邊—遍　所—瑣　槍—將　叫—敲　怕—巴　得—的　蹦—碰　新—性

（3）清音与浊音相混：

傍—榜　頓—屯　清—情　扮—辦　办—番　鞭—辮

同音误用字可以从很大程度上看出《琼浦》声母的清浊格局，那就是古清音字多与清音字相混，而古浊音字多与浊音字相混，清浊相混的字很少。这说明，《琼浦》语音中很可能仍存在系统的清浊对立。换句话说，18 世纪的日本华裔唐通事家传教材《琼浦》的语音中保留了古代的浊音。

4. 古匣母字与奉母、影母字相混

還—犯　行—因

5. 声母保持尖团之别

即古 ts 类尖音与尖音相混，古 k 类团音与团音相混，未见尖音与团音相混者。

尖音：新—性　精—清　箱—想　性—姓　清—情

团音：叫—敲　赫—嚇　形—刑　經—徑　期—欺

6. 古精庄知章的止摄字与遇摄字相混

知—初

7. 古臻摄开口三等与曾、梗摄开口三等相混

因—應　酩—泯　真—正　正—真　行—因

8. 古 m 尾字与 ŋ 尾字相混

<u>心—性</u>

9. 入声韵尾 p、k、t 不分

<u>贴—剔　执—质</u>

上述若干音韵特点中，"声调相混""古全清、次清声母送气与否不分"两个特点，很难在古今汉语中找到对应。这两个特点最有可能是受日语的影响产生。日语没有类似汉语这样的声调；日语是清浊对立的语言，其辅音系统不存在送气与不送气的对立。日本人学习汉语发音的两大难点恰恰就在于声调和送气声母。华裔唐通事家族内部编写、使用的汉语教材出现了日语的语音特点，这显示 18 世纪初的华裔唐通事很大程度上已经日本人化了。

《琼浦》"声母基本存在清浊的对立"这一特点应是源自吴语。现代汉语方言中存在清浊对立的主要是吴语和老湘语。关于唐通事的中国祖籍地，从《清俗纪闻》（1799）、石崎又造（1967）、若木太一（2013）、宫田安（1979）等的记录来看，有山西、江苏、浙江、福建等各地。另据史料记载，当时的唐通事根据籍贯的不同，可以说几种不同的汉语方言，包括福州话、漳州话、南京话、杭州话等。而江户时代前往长崎从事中日贸易的中国人多来自江浙、福建一带，其中船主、财副等知识阶层多为江浙人。

四、余论

本文主要以《琼浦》为例探讨了日本江户时代华裔唐通事家传汉语教材的音韵特点。通过归纳、整理其中出现的同音误用字，指出《琼浦》的音韵特点有"声调相混""古全清、次清声母送气与否不分""声母基本存在清浊的对立""古匣母字与奉母、影母字相混""声母保持尖团之别""古臻摄开口三等与曾、梗摄开口三等相混"等几种。这些特点与同时期《唐话纂要》一系的唐音文献的音系特点基本一致。[①] 这些特点的形成，当是已经日本人化了的华裔唐通事习得具有强烈吴语色彩的汉语官话的一种结果。

いしるのぞむ认为《琼浦》的作者是中国吴语区人，实际上这是作者未看到其中所体现的日语特点而得出了错误的结论。奥村佳代子将日本江户时代的唐话分成唐通事的唐话、冈岛冠山的唐话、日本人唐话学者的唐话三种，并从词汇和语法的角度进行研究，认为冈岛冠山的唐话具有另外两种唐话的过渡性特征，是"中间的唐话"。本文的研究则发现，在语音方面，唐通事的唐话与冈岛冠山的唐话具有高度一致性。

---

① 对《唐话纂要》《清俗纪闻》音系特点的讨论，可参见笔者相关论文，李宁（2017，2019，2020，2021）。

参考文献

[1] 奥村佳代子. 江戸時代の唐話に関する基礎研究 [M].大阪：関西大学出版部，2007.

[2] 奥村佳代子. 唐话課本五編 [M].大阪：関西大学出版部，2011.

[3] 北京大学中文系语言学教研室. 汉语方音字汇（二版重排本）[M].北京：语文出版社，2003.

[4] 大庭修，王暁秋. 日中文化交流史叢書 [1] 歴史 [M].東京：大修館書店，1995.

[5] 李宁.《清俗纪闻》中的清代汉语与清代民俗 [J].文化遗产，2017（2）.

[6] 李宁.《唐话纂要》中相关假名的音值 [J].日语学习与研究，2019（6）.

[7] 李宁.《唐话纂要》唐音同字异读及其日本特色 [J].东北亚外语研究，2020（2）.

[8] 李宁. 试论《唐话纂要》的音系性质 [J].方言，2021（1）.

[9] 刘丹青. 南京方言词典 [M].南京：江苏教育出版社，1995.

[10] 六角恒广. 日本中国语教育史研究 [M].王顺洪，译. 北京：北京语言学院出版社，1992.

[11] 六角恒広. 中国語教本類集成補集：江戸時代唐話篇 [M].東京：不二出版，1998.

[12] 鲁宝元，吴丽君. 日本汉语教育史研究：江户时代唐话五种 [M].北京：外语教学与研究出版社，2009.

[13] 木津祐子.『唐通事心得』訳注稿 [J].京都大學文學部研究紀要，2000（39）.

[14] 钱乃荣. 杭州方言志 [M].東京：好文出版，1992.

[15] 钱乃荣. 当代吴语研究 [M].上海：上海教育出版社，1992.

[16] 若木太一. 長崎・東西交渉史の舞台 [M].東京：勉誠出版，2013.

[17] 森博達. 近世唐音と『東音譜』[J].国語学，1991（166）.

[18] 石田義光. 小説『瓊浦佳話』解題 [J].図書館学研究報告，1968（1）.

[19] 小屋るみ子. 唐話辞書『忠義水滸伝解』について [J].高知大国文，2000（31）.

[20] 邢万里. 日本近世长崎唐通事浅析 [D].长春：东北师范大学，2015.

[21] 许丽芳. 长崎唐通事教材《琼浦佳话》之研究 [J].彰化师大国文学志，2010（20）.

[22] 叶宝奎. 明清官话音系 [M].厦门：厦门大学出版社，2001.

[23] 有坂秀世. 国語音韻史の研究 [M].東京：明世堂書店，1944.

[24] 张岩红. 汉日比较语言学 [M].北京：高等教育出版社，2014.

[25] 中川忠英. 清俗紀聞 [M].東京：東都書林，1799.

[26] いしるのぞむ. 大浦天主堂藏唐文禁教榜辨釋 [J]. 長崎純心比較文化學會口頭發表配布資料, 2009 (3).

The Phonological Features of the Family
Chinese Textbooks of Totsuji in Japan's Edo Period
——Take *Qiongpu* as an example

LI Ning

Abstract：There are many Chinese textbooks written by Chinese Totsuji in the Edo period in Japan. Taking *Qiongpu* as an example, this article examines a large number of homophone misuses in it, and points out the phonological features of it. These phonological features are closely related to the Chinese Wu dialect and Japanese.

Keywords：Japan, Chinese Totsuji, Chinese textbooks, homophone, phonological features

部件教学法在《国际中文教育中文水平等级标准》初等水平汉字中的应用研究

闫慧颖①

（暨南大学文学院　广东广州　510610）

【提　要】 汉字教学是国际中文教育中的重要内容，学习汉字具有重要的实践意义和文化价值，特别是对于初级阶段的学生来说，掌握良好的学习方法十分必要。部件是构成汉字的基本单位，将汉字的形体、结构、功能等方面内容串联起来，对于初级阶段学生来说更容易习得。为了满足国际汉语教学和助推汉语融入各国国民教育体系的需要，2021 年教育部出版了《国际中文教育中文水平等级标准》。本文以部件教学法为视角，分析《国际中文教育中文水平等级标准》中初等水平汉字的等级情况，制定部件拆分策略，统计其理据性及部件长度、结构、功能，并结合教学实际，探讨部件教学法的应用策略，以期提高汉字教学效果。

【关键词】《国际中文教育中文水平等级标准》　初等水平汉字　部件　策略

一、背景与意义

汉字是记录汉语的文字符号，承载着丰富的文化内涵。汉字教学是国际中文教育的重要组成部分，不仅影响外国学生的读写能力，还影响着运用汉语的交际能力。2021年教育部颁布了《国际中文教育中文水平等级标准》（以下简称《等级标准》），是面向新时代的国家级汉语水平标准，是汉语国际教育学科与国际中文教育事业的顶层设计与基本建设（李亚男，2021）。建立了"三等九级"的国际化新框架，第一次正式提出将汉字的认读与手写适度分离，并将手写汉字进行等级量化，分为初等、中等、高等三个级别。部件大体上是笔画过渡到整字的一个中间单位，给顺利和高效学习汉字提供了有力保障（王汉卫、苏印霞，2015）。本文以《等级标准》初等水平认读汉字为研究对

---

① 闫慧颖（1992—　），女，宁夏石嘴山人，博士研究生，研究方向为海外华语及华文教学、计算与智能语言教育。

象，从部件教学法角度拆分汉字，分析其造字理据、结构特点、组合方式等，探究初等水平汉字教学方法及应用策略。

二、部件教学法的理论依据

（一）部件的定义及功能分类

学者们对部件的定义有所不同，根据教育部、国家语言文字工作委员会颁布的《信息处理用 GB13000.1 字符集·汉字部件规范》，部件是"由笔画组成的具有组配汉字功能的构字单位"，这一定义获得了广泛的认可。

1. 部件定义的辨析

部件经常和偏旁、部首的定义混淆，它们的意义在某些方面有一定的重合，但是划分角度不同，辨别三者之间的差异能够更好地理解部件的含义。"偏旁"在《汉语大词典》中的定义是"汉字合体字的组成部分。旧称左为偏，右为旁。今泛称合体字的左右上下任何一部分为偏旁"，根据作用不同可以分为义旁和音旁。"部件"是直接对汉字进行拆分，根据拆分的层次不同，分为一级部件、二级部件等，直到拆分到最后一级部件，不再拆分。例如"搬"的义旁是"扌"，音旁是"般"。"搬"的部件第一层拆分为"扌"和"般"，第二层拆分为"舟"和"殳"，第三层拆分为"几"和"又"。

"部首"在《现代汉语词典》中的定义是"字典、词典根据汉字形体偏旁所分的门类"，起到归纳和检索汉字的作用。"部件"是从汉字构形角度提出的，二者在某些汉字上出现重合。例如："扌"既是部件也是部首，但是二者的使用范围不同。在字典中，"扌"部可以找到"把"，将与手相关的动作、行为归为一类；分析汉字构形时，"扌"是组成"把"的部件，具有表义功能。

2. 部件的功能

王宁（2002）认为，"构件在构字时都体现一定的构意，构件所承担的构意类别称为这个构件的结构功能"。部件在汉字构成中主要有四种功能：表义功能、示音功能、标示功能、记号功能。表形功能部件随着汉字的演变过程，逐渐消失，可以归并到表义功能部件和记号功能部件中。记号部件无法阐释部件的构意功能，但是在现代汉字中许多表意汉字经过简化和演变成记号字，分析记号部件对于教学来说具有重要价值。

（1）表义功能。

构字时能标示汉字意义或意义的类属。如"氵"表示与液体相关的事物，"木"表示与树木或者木器相关的事物。还有一些表义部件来源于传统象形字中的表形部件。例如"须"中的"页"，"宫"中的"宀"，它们义化成表义部件。

（2）示音功能。

构字时能提示汉字的读音。示音部件的读音与组成汉字的读音相同或相近，主要有两种情况，一是部件与汉字读音完全相同，如"冈"与"刚""钢"。二是部件与汉字读音相近，包括声调不同，如"反""饭"；包括声母不同，如"贩""板"；还包括韵母不同，如"版""汳"。

（3）标示功能。

王宁（2002）认为构件不独立存在，而是附加在另一个部件上，起区别和指事作用，即具有标示功能。它们一般是不成字部件，如：用"一"在"木"上不同的位置来区别字意，"末"上的"一"代表树梢的位置；"本"上的"一"代表树根的位置。

（4）记号功能。

王宁（2002）认为随着汉字的演化，汉字的形体发生改变，有一部分在演变中丧失了构意功能，变得无法解释了，只具有构形作用。如部件"又"代替了"鸡""对""汉""观"原字中的一些部分，简化字形，"又"是记号部件。

（二）《等级标准》初等水平汉字等级情况统计分析

《等级标准》为了改善汉字教学相对于词汇、语法等较为落后的局面，打破既定模式，对汉字教学大力革新。实行"认写分流，多认少写"的汉字教学模式，设置单独的手写汉字表。《等级标准》共收录汉字3000个，初、中等汉字各900个，高等汉字1200个。将初等和中等汉字分为六级，每级300字，高等汉字不再细分级别。手写汉字共收录1200个，按照汉字的常用度、构词能力、书写难易程度等，划分为初等300个、中等400个、高等500个。初等水平手写汉字包含于初等汉字中，具体统计见表1。

表1　初等手写汉字在初等汉字中的分布统计

等级	初等手写汉字	数量/个	所在等级占比/%
一级汉字表	爱、八、爸、吧、白、百、半、帮、包、北、备、本、比、边、别、病、不、菜、茶、差、常、场、唱、车、吃、出、穿、次、从、错、答、打、大、蛋、到、道、得、地、的、等、第、点、电、店、东、动、都、读、对、多、饿、儿、二、饭、方、房、放、飞、非、分、服、干、高、告、哥、歌、个、给、跟、工、关、贵、国、果、过、还、孩、汉、好、号、喝、和、很、后、候、花、话、坏、欢、回、会、火、机、鸡、几、记、家、假、间、见、教、叫、觉、姐、介、今、进、净、九、就、开、看、考、渴、课、口、块、快、来、老、了、累、冷、里、两、零、六、楼、路、妈、马、吗、买、忙、么、没、门、们、面、名、明、拿、哪、那、奶、男、南、难、呢、能、你、年、您、牛、女、旁、跑、朋、票、七、期、起、气、汽、前、钱、请、球、去、热、人、认、日、肉、三、山、上、少、绍、身、什、生、师、十、时、识、事、试、视、是、手、书、树、谁、水、睡、说、四、送、诉、岁、他、她、太、体、天、听、同、外、玩、晚、网、忘、文、问、我、五、午、西、息、习、洗、喜、系、下、先、现、想、小、笑、些、写、谢、新、星、行、兴、休、学、样、要、也、一、衣、医、用、友、有、雨、语、远、院、月、再、在、早、怎、站、找、这、着、真、正、知、中、住、准、子、字、走、昨、作、坐、做	274	91

（续上表）

等级	初等手写汉字	数量/个	所在等级占比/%
二级汉字表	才、长、但、当、该、更、黑、借、酒、可、怕、然、让、所、完、为、向、以、意、因、应、又、助	23	8
三级汉字表	把、每、木	3	1

初等手写汉字在初等一级汉字中占比高达91%，在初等二级、三级汉字中占比分别约为8%和1%，表明初等手写汉字与初等汉字分级具有一致性。学生在掌握认读汉字时要加强手写汉字的练习，重视提高汉字的手写与认读能力。

三、《等级标准》初等水平汉字部件的拆分策略

（一）部件的拆分原则

随着语言文字的发展，汉字的形体和结构发生了变化，以现代汉字的形体为基础，结合汉字构形理据，以教学的实用性、简便性为准则，对《等级标准》初等水平汉字的部件进行拆分，制定了如下原则：

1. 依据汉字理据性进行拆分

具体分为两种情况：第一，字形符合理据的，按照理据进行拆分，如"分"拆分成"八"和"刀"，两者均是表意部件。第二，字形无法分析理据的，按照现代汉字字形进行无理据拆分，如"朋"拆分成"月"和"月"，两者均是记号部件。

2. 按照组合模式进行拆分

具体分为两种情况：第一，部件的组合是平面性的，即部件一次性组合而成，依据组合方式进行一次性切分，如"暴"拆分为"日""共""八""水"四个基础部件。第二，部件的组合具有层次性，即由多个部件按照一定的层次组合而成。拆分时先根据理据性进行拆分，直至不能进行有理据拆分而仍需拆分时，按照形体做无理据拆分。例如"给"拆分成"纟"和"合"（有理据），"合"拆分成"人"和"口"（有理据），"人"拆分成"人"和"一"（无理据）。

3. 遵照形体结构进行拆分

依据汉字笔画、部件之间的位置关系是否有明显的分割沟来判断，主要有两个原则：第一，"接离可拆"，即相接、相离的部件可以拆分。部件之间存在明显的分隔沟，且具有较强的组字功能，如"明"拆分成"日"和"月"。第二，"交重不拆"，即笔画交重，部件之间不存在分隔沟，如"串"不能拆分。但是有少部分汉字的结构和笔

画搭挂，可以进行拆分，如"孝"拆分成"耂"和"子"。

4. 按照适度原则进行拆分

拆分独体字时，有一些特殊原则要注意。第一，独体字的部件和笔画相接、相交，作为整体认读时，不进行拆分，如"东""农"。第二，独体字的部件处于相离的位置关系，但是不具备组字能力时，不能拆分，如"兆""竹"。由于构字原因造成部件相离的，需要将相离部件进行整合，如"乘"不能一次性拆分成"禾""乀""匕"，应该按照层次拆分成"禾"和"北"。第三，独体字拆分后形成多个笔画，本身是整字具有一定的功能时，不能拆分，如"厂""火"。第四，注意拆分下限。每次拆分汉字部件不能得出多于 1 个的单笔画部件，而且拆分出的部件应该具备独立构字能力。

（二）部件的整合原则

部件由于繁简差异、构字需要、笔画空间比例变化等原因造成形体不同，但是可以进行整合，归纳为统一的部件，如表 2 所示。需要遵循以下四个原则：

第一，根据《说文解字》和楷书字体来判断，个别字体参考甲骨文字形。由于系统变异的部件可以与原字统一，如"水"与"氵"，"心"与"忄"等。

第二，由于繁简差异造成部件变形的可以进行统一，如"言"与"讠"。

第三，由于构字需要，不影响识别部件，但形体发生变异、音意不变的部件可以进行统一，如"己"与"卩"，"王"与"王"等。

第四，由于本身形义缺失而改变形体，固化成为另一部件，且二者形体相似可以进行统一，如"票"中的"覀"理据消失，可以与"西"合并。

表 2　初等水平汉字部件拆分归纳统计

王、王	扌、手	讠、言
刂、刀	䒑、羊	亻、人
灬、火	忄、心	犭、犭
丯、丰	钅、金	氵、水
⺮、竹	衤、衣	丷、八
木、朩	止、龰、疋	土、士

（三）初等水平汉字部件的拆分和统计

查阅《说文解字》《汉语大字典》对汉字字理的阐释，并结合上述部件拆分原则，对《等级标准》初等水平汉字是否保留造字理据进行判断，标注汉字的结构类型、组合方式，归纳部件的功能价值，建立初等水平汉字库。

1. 汉字理据性及部件拆分情况

据统计，900 个初等水平汉字中，保留理据的有 647 个，占比 72%；不保留理据的有 253 个，占比 28%。不同等级汉字是否保留理据情况见表 3。

表 3 初等水平汉字理据性统计

等级	一级	二级	三级	总计/个	初等水平汉字中的占比/%
保留理据	201	202	244	647	72
不保留理据	99	98	56	253	28

按照"理据性优先"的原则，据统计，拆分《等级标准》中初等水平汉字得到部件 297 个，其中成字部件 218 个，约占拆分部件总数的 73%；非成字部件 79 个，约占拆分部件总数的 27%，见表 4。

表 4 初等水平汉字中成字部件、非成字部件统计

	成字部件	非成字部件
内容	一、口、囗、女、矢、又、巴、八、父、日、白、土、王、刀、舟、几、木、必、不、半、办、巾、已、不、立、田、皮、竹、毛、亦、户、册、二、小、心、力、更、人、采、止、丰、才、乡、尸、羊、工、产、厂、士、十、车、及、戊、乙、寸、由、疋、发、石、卜、囟、幺、丁、大、带、弋、也、电、甲、虫、勹、氏、广、东、头、重、廿、豆、屯、页、夕、儿、发、习、贝、亥、己、旡、干、个、艮、刀、而、方、非、夫、父、火、几、六、乂、文、月、甫、画、之、中、果、子、丂、黑、勿、互、七、久、川、其、鸟、米、豖、戈、聿、井、隹、且、罔、皮、象、斤、尤、矛、斗、毛、为、面、民、目、年、事、牛、农、爪、夭、兔、九、上、开、永、壬、年、耳、雨、亡、亚、四、天、西、匕、身、下、水、午、犬、手、乃、了、见、门、飞、母、山、申、垂、求、夬、乐、万、歹、两、马、已、片、瓦、气、三、书、五、平、其、王、世、予、彡、生、史、韦、衣、与、用、鱼、禺、弓、长、乍、角、千、来、生、书、斤、牙、业、巳、自、中、正、夊、厶	艹、丷、冖、宀、丿、阝、殳、癶、毌、亠、廾、夂、圭、艮、门、卄、丁、𠂉、夫、冫、罒、丬、六、彐、𭕄、弟、氵、丶、卜、𡗗、𭕄、尹、东、乚、爿、申、耂、一、乚、丰、乏、扌、旦、土、乚、刂、凵、川、𠃌、尸、𣥂、灬、羊、氏、冂、廾、㐅、乀、戈、疒、丩、亦、𠃊、皀、罒、干、宀、丂、月、彐、㠯、㇉、㠯、冂、𠤬、灬、龰、少
数量/个	218	79
总量/个	297	

2. 部件长度统计分析

在 900 个初等水平汉字中，部件长度为 1 的汉字占甲级字的 15.0%，它们是组字能力强、经常使用的成字部件。部件长度为 2 的汉字占甲级字的 40.4%，占比最高，见表 5。

表5　初等水平汉字部件长度统计

部件长度	等级				
	一级	二级	三级	总计/个	占比/%
1	73	39	23	135	15.0
2	118	108	138	364	40.4
3	76	110	99	285	31.7
4	29	32	30	91	10.1
5	3	10	9	22	2.4
6	1	1	1	3	0.4

3. 部件组合统计分析

汉字的结构是部件组合的规则，有平面组合和层次性组合两种类型，根据第一层的拆分结果，分析初等水平汉字的结构。据统计，共有14种结构类型，其中左右结构、上下结构、独体结构的汉字数量最多，见表6。

表6　初等水平汉字部件组合类型统计

部件组织类型	等级			
	一级	二级	三级	总计/个
独体结构	74	40	29	143
上下结构	71	78	75	224
上中下结构	0	6	9	15
左右结构	111	142	150	403
左中右结构	5	1	5	11
全包围结构	3	2	3	8
上三包围结构	8	3	1	12
下三包围结构	0	1	0	1
左包围结构	1	0	1	2
左上包围结构	15	10	9	34
右上包围结构	1	4	0	5
左下包围结构	10	13	15	38
右下包围结构	0	0	2	2
框架结构	1	0	1	2

4. 部件功能统计分析

按照部件在汉字中组合的功能，统计和分析初等水平汉字的部件功能及构字能力。

（1）表义部件。

表义部件和整字在意义上具有一定联系，起到提示意义的作用。归类原则：部件意义符合整字众多义项中的一项，并且隶变造成部件变形、位移的，归为同一个部件。统计表义部件构字数量前10位，见表7。

表7　初等水平汉字中表义部件构字数量前10位统计

部件组合类型	构成汉字	构字数
口	啊、吧、唱、吃、吹、啡、各、哈、号、合、后、加、叫、句、咖、咳、哭、吗、名、哪、呢、嗯、如、喂、问、响、向、言、右、员、咱、知、只、虽、喝、和、啤、喊、啦、占、湖、嘴、告、器、听、信、右、语、吵、味、否、品、台	53
人、亻	便、代、倒、候、们、你、他、体、停、信、休、亿、作、做、色、负、假、健、件、借、例、使、伟、像、但、何、什、位、低、化、任、住、会、保、传、份、付、价、仅、修、优、值、众	43
木	板、杯、概、根、机、集、检、楼、桥、术、本、树、相、校、休、样、桌、床、村、束、困、极、椅、楚、标、材、末、格、架、李、某、木	32
言、讠	词、调、读、访、该、话、记、计、讲、评、请、让、认、设、识、试、谁、说、诉、谈、讨、误、许、语、课、论、谢、订、训、议、证	31
氵、水	法、海、汉、河、活、济、酒、渴、流、漂、汽、清、汤、游、澡、派、满、没、深、洗、消、演、泳、注、温、油、浪、汁	28
扌、手、龵	把、搬、报、持、打、掉、挂、换、技、拉、拿、拍、排、批、提、推、握、看、举、挺、抬、播、指、接、找、按、抓	27
心、忄	懂、感、快、慢、忙、您、怕、情、忘、息、意、忽、愿、怎、志、惯、念、态、想、意、总、急、恐、性、怪	25
辶（辵）	过、还、近、进、连、适、通、远、运、边、道、送、迎、这、起、选、达、赶、迷、追、造	21
纟、系	红、经、级、绩、继、纪、结、练、绍、系、纸、组、续、绿、紧、累、绝、约、终、线	20
日	时、晚、昨、晨、冒、明、暖、晴、星、阳、早、是、旧、朝、间、春、但	17

（2）示音部件。

示音部件和整字在读音上具有一定联系，起到提示读音的作用。有些汉字形体发生变化，但是读音不变，可以归为同一类；有些汉字古音和今音存在一定差异，但是只要对整字读音起到一定作用的都是示音部件。统计示音部件构字数量前10位，见表8。

表8　初等水平汉字中示音部件构字数量前10位统计

部件	构成汉字	构字数
青	睛、精、清、晴、情、请	6
元	院、远、玩、完、园	5
佳	准、谁、睡、推、蕉	5
方	访、房、放、旁、防	5
尚	常、掌、堂、躺	4
巴	爸、把、吧、爬	4
且	姐、祖、租、组	4
艮	跟、根、很、银	4
佥	检、脸、险、验	4
舌	刮、话、活、适	4
亥	孩、咳、刻、该	4

（3）标示部件。

标示部件不能单独存在，需要附加在另一个部件上，它所在的位置表达一定的信息，具有区别和指事的作用。统计标示部件的主要类型，见表9。

表9　初等水平汉字中标示部件构字能力统计

部件	构成汉字	构字数
、	太、术、义	3
丿	少、丢、系	3
一	本、末、未、士、百、上、下、辛、正	9
丨	旧	1

（4）记号部件。

记号部件与整字在意义和读音上都没有联系，它主要用于区别字形。大部分记号部件由于字符演变简化，造成意义缺失。有些部件本来具有功能性，但是现在无法解释其价值，从而变成记号。统计记号部件构字数量前10位，见表10。

表10　初等水平汉字中记号部件构字数量前10位统计

部件	构成汉字	构字数
又	对、观、欢、鸡、难、双、戏	7
夂	冬、务、条、备、处	5
木	条、茶、亲、杂	4

（续上表）

部件	构成汉字	构字数
八	只、黄、真、具	4
冖	带、受、营	3
乂	风、希、网	3
十	卖、朝、古	3
月	朋、能、服	3
曰	易、复、者	3
斤	听、新、所	3

四、部件教学法在初等水平汉字教学中的应用策略

（一）培养部件意识，分阶段组织教学

教师要提升对汉字的认知，树立部件教学法的意识，分阶段、有重点地开展教学。优先构字能力强的部件，以常用部件延伸至常用汉字。万业馨（2001）指出，由于充当意符的字比较常用，故可先行给出。与形声字同音且常用程度高的声旁字可以先行讲授；与形声字不同音或常用程度不如形声字的声旁字，则应采用由整字到部件的做法。非常用汉字、复杂的字体尽量与已学过的知识联系起来，灵活运用多种方法，拓展学生识记汉字的能力。在教学过程中，多做汉字部件拆分和组合的练习，归纳整理常用部件的名称和意义；对比形近部件，提高学生对形似部件的辨识度和区分度（石亚坤，2015），减少书写偏误。

（二）优化教材内容，丰富教学活动

在《等级标准》引领之下，开发新时期国际中文教育的课程标准/课程大纲，在此基础上进行新的课程开发和教材编写（刘英林，2021），并以部件教学法为视角，完善教学内容。一是优化编写教材内容。参考《等级标准》顺序编写教材，优先选择形体简单、构字能力强的成字部件为教学内容。增加部件功能、组字的附录表，方便学生查询汉字结构。二是灵活设计教学内容。部件教学法符合初级阶段学生学习汉字的特点，减轻记忆负担。结合部件组合、功能等知识，串联汉字知识点，丰富教学内容。三是增加课堂活动练习。教材一般以摹写汉字等基础型练习为主，较为简单枯燥。可以制作构字频率较高的字卡、部件卡，组织学生参与"拼字"游戏，提升教学互动性与趣味性。

（三）采用多种手段，提高学习兴趣

设计灵活多样的教学活动，主要从读、写、悟三个方面入手。第一，读，增强学生字感。借鉴古人对儿童识字教育的方法，诵读经典的识字教材，例如《三字经》《百家姓》《千字文》等。这些启蒙教材重视音律的特点，采用韵语编排，读起来朗朗上口，帮助学生更好地认读汉字。第二，写，加深字形认知。通过对手写汉字的练习，开展书法观摩、书法比赛等活动，加强学生对汉字结构的认知和理解，引起更多感觉运动信息与汉字认知的交互作用（李辉、王晶颖，2016）。第三，悟，体会构字能力。通过课堂练习，提高学生对部件组字能力的认识。例如"找朋友"的游戏，"跑"拆分为"足"和"包"，"足"的朋友是"跳""踢""路"，"包"的朋友是"泡""饱""抱"。在练习部件拆分和组合的过程中，体会部件的功能和价值。

（四）利用技术手段，拓展教学方式

信息技术的发展为汉字教学提供了形式多样的手段和方式。一是运用多媒体教学手段。线上汉字教学面临巨大挑战，结合部件教学思路，设计多媒体辅助教学工具、开发移动学习 App 等，多元化拓展教学方法，降低汉字陌生感。二是研究多种输出汉字的途径。数字化时代，越来越多的学生使用"拼音打字"，借助拼音选择正确汉字，可以加强"用"字能力。朱朝霞等（2009）的研究表明，拼音输入汉字不仅能促进汉字语音的加工，还会出乎意料地促进汉字字形的加工。设计部件、字形输入法，采用"拼形打字"，强化学生对汉字形体的认识。三是开发智慧学习汉字工具。随着国际中文教育智慧教育的发展，以《等级标准》为纲，深入挖掘汉字本体知识，开发智慧学习汉字的平台、教学资源等，不断提升教学效果。

五、结语

汉字是汉语的灵魂，汉字水平的提高对国际中文教育事业有着重要的意义。由于汉字本身的特点，越来越多学者意识到汉字教学不能照搬其他语言作为外语教学的规律和方法（梁彦民，2018）。随着研究的深入，《等级标准》的公布为汉字教学提供了参考和依据。部件作为学习汉字的桥梁，统筹汉字学习的知识点，特别对于初级阶段的学生来说，具有积极影响。期待在国际中文教育智慧教育背景下，部件教学法能够拓展汉字教学的思路。

参考文献

［1］ 汉语大词典编辑委员会．汉语大词典［M］．上海：上海辞书出版社，1986.

［2］ 国家语言文字工作委员会．信息处理用 GB13000.1 字符集·汉字部件规范［S］.北京：语文出版社，1997.

［3］ 王宁．汉字构形学讲座［M］.上海：上海教育出版社，2002.

［4］ 中国社会科学院语言研究所词典编辑室．现代汉语词典：2002 年增补本［M］.北京：商务印书馆，2002.

［5］ 黄伯荣，廖旭东．现代汉语［M］.增订 3 版．北京：高等教育出版社，2011.

［6］ 许慎．说文解字［M］.北京：中华书局，2012.

［7］ 李禄兴．现代汉字及其对外汉字教学研究［M］.北京：中央编译出版社，2012.

［8］ 苏培成．现代汉字学纲要［M］.3 版．北京：商务印书馆，2014.

［9］ 王宁．汉字构形学导论［M］.北京：商务印书馆，2015.

［10］ 王汉卫，苏印霞．基于定量分析的对外汉字学［M］.北京：清华大学出版社，2015.

［11］ 王宁．汉字构形理据与现代汉字部件拆分［J］.语文建设，1997（3）.

［12］ 苏培成．汉字的部件拆分［J］.语文建设，1997（3）.

［13］ 崔永华．汉字部件和对外汉字教学［J］.语言文字应用研究，1997（3）.

［14］ 李亚男．《国际中文教育中文水平等级标准》解读［J］.国际汉语教学研究，2021（1）.

［15］ 万业馨．文字学视野中的部件教学［J］.语言教学与研究，2001（1）.

［16］ 朱朝霞，刘丽，丁国盛，等．拼音输入法经验对汉字字形和语音加工的影响［J］.心理学报，2009（9）.

［17］ 梁彦民．论汉字教学大纲与字表及其在国际汉语教学中的应用［J］.国际汉语教育（中英文），2018（3）.

［18］ 刘英林．《国际中文教育中文水平等级标准》的研制与应用［J］.国际汉语教学研究，2021（1）.

［19］ 李辉，王晶颖．汉字加工神经机制的特异性与一般性问题［J］.当代语言学，2016（4）.

［20］ 闫慧颖．部件教学法在初级阶段非汉字圈汉字教学中的应用研究［D］.宁夏：宁夏大学，2018.

A Study on the Application of Component Teaching Method in Elementary Chinese Characters of *Chinese Proficiency Grading Standards for International Chinese Language Education*

YAN Huiying

Abstract: Chinese character teaching is an important part of international Chinese education. Learning Chinese characters is of important practical significance and cultural value. Especially for students in the primary stage, they should master good learning methods. The component is the basic unit of Chinese characters. It is easier for students to acquire the form, structure and function of Chinese characters. To meet the needs of international Chinese language teaching and promote the integration of Chinese into the national education system of various countries, in 2021 the Ministry of Education published *Chinese Proficiency Grading Standards for International Chinese Language Education*. From the perspective of component teaching method, this paper analyzes the grade of elementary level Chinese characters in *Grade Standards*, formulates component splitting strategy, counts its motivation and component length, structure, function, and discusses the application strategy of component teaching method in combination with teaching practice, to improve the teaching effect of Chinese characters.

Keywords: *Chinese Proficiency Grading Standards for International Chinese Language Education*, elementary level Chinese characters, components, strategy

黑龙江方言对于俄语语音习得的负迁移影响及教学策略研究①

李 慧②

（华东师范大学国际汉语文化学院 上海 200062）

【提 要】在黑龙江地区的俄语教学中，黑龙江方言对学生俄语语音的学习产生了负面的影响。在辅音方面，表现为俄语浊辅音错读成清辅音，俄语 C 错读成汉语声母 ch 以及俄语 Φ 错读成 v 或 f。在元音方面，主要表现为俄语元音［a］和［э］相混，俄语元音［y］和汉语复韵母 uo［uo］混读。此外，受方言负迁移影响的学生在发音过程中也会出现节律不标准和音调改读的问题。针对这些问题，教师要提升自身专业水平，增强使用意识的确定性；教材编写部门要减少疏漏，修正教材中有问题的语音标注；学生要及时改正语音错误，提升自我检验与自我监控的能力；教学相关部门要通力合作，尽可能给学生营造充分练习俄语的语言环境。

【关键词】黑龙江方言 俄语语音习得 负迁移影响 俄语教学

近年来，随着中俄两国交流合作次数的增加，中国和俄罗斯的国际关系持续高质量发展。语言是国家间沟通交流的主要工具，加速培养通晓两国语言的人才对于提升中俄伙伴关系具有重要的实践意义。语音在人际交流中起着不可忽视的作用，语音是进行语言学习的第一步，人们只有习得了语言中的语音规律，才能正确地理解所接收的声音信息，从而进行交流合作。中国的黑龙江省毗邻俄罗斯东南部，由于地理位置临近，跨国交流方便，所以每年双边都会有大量的人才交流。黑龙江地区的中学教育更是将俄语作为一门中考选考的科目，所以黑龙江地区学习俄语的人数一直很多。黑龙江全省属于东北官话区，黑龙江方言属于北方官话方言，是普通话基本方言之一，也是最容易理解的方言之一，同时也是最容易被学者忽略的方言之一。在黑龙江地区的俄语学习中，黑龙江方言会对俄语语音的习得产生一些负面影响，但目前学界对这种方言影响的研究非常

---

① 本文为作者主持研究的中央高校基本科研业务费专项资金资助项目（YBNLTS2023 – 024）的阶段性成果。

② 李慧（1996— ），女，黑龙江黑河人，博士研究生，研究方向为现代汉语语法、修辞学。

少。在中国知网中，以"俄语语言"为主题词进行搜索，截至 2022 年 8 月，共可得到 2260 条结果。以"俄语语音"为主题词进行搜索，仅可得到 193 条结果，俄语语音研究文章的数量还不到俄语语言研究文章的十分之一，说明学界应该加强有关俄语语音的研究。以"俄语语音习得"为主题词进行搜索，可搜索到的文章微乎其微，近三年来的文章仅有 9 篇，近十年来的文章仅有 17 篇，尚未发现有关黑龙江方言对俄语语音习得影响的研究。从个位数的数据可以发现学者们对俄语语音习得的研究不够重视，研究存在不细致、不深入、不广博的问题，所以本文希望通过对俄语语音习得的研究，弥补前人研究的不足，尤其是通过分析黑龙江方言对俄语学习者在学习过程中的负迁移影响，来探索有效解决方言导致的俄语语音习得问题的教学手段，期望为俄语语音教学工作提供一些参考价值。

一、研究现状

（一）有关黑龙江方言语音方面的研究

姜文振（2002）对黑龙江方言中特殊的语音现象如语音脱落现象进行了研究。① 文章例证翔实，虽年代久远，但仍对我们概括黑龙江方言的语音特点有启发意义。石峰、黄彩玉（2007）考察了哈尔滨话单字音声调的主体分布和极限分布，借助语音实验对各声调曲线的稳定段和动态段进行了描写，② 文章对调位变体会产生不同变异的动因机制的分析较少。李英姿（2008）对前人有关东北方言的研究做了总括，总结出东北方言具有"十里同音"的通用性③，但其对东北方言语音方面的概述有些片面。刘砾泽（2013）指出黑龙江方言在声母上存在舌尖前音与舌尖后音混淆、送气音与不送气音混淆、鼻化等现象，在韵母方面存在复韵母混读、复元音韵母间相互替代等现象。黑龙江方言各调类的调值与普通话的声调存在差异。④ 文章例证翔实，启发我们从微观角度思考黑龙江方言的特点，但文章最后所得结论过于宏观，与分析和论证有些脱节。

可以看出，学界有关黑龙江方言的研究不是很多，有关黑龙江方言语音的专门研究则更少。在有限的研究中，多是比较黑龙江方言和普通话相异点的对比研究。我们可以从这些相异点中找出黑龙江方言的语音特点，借助语音特点总结出方言的语音规律，帮助我们进行方言对第二语言学习负迁移影响的研究。

---

① 姜文振. 试谈黑龙江方言中的一种音变现象：脱落 [J].学术交流，2002（6）：119 – 122.
② 石锋，黄彩玉. 哈尔滨话单字音声调的统计分析 [J].汉语学习，2007（1）：41 – 51.
③ 李英姿. 东北方言研究综述 [J].现代语文，2008（10）：95 – 98.
④ 刘砾泽. 浅谈黑龙江方言的语音特点 [J].黑龙江教育学院学报，2013，32（10）：124 – 126.

（二）有关方言对语音习得负迁移影响的研究

徐来娣（2013）通过对比俄汉语音词，揭示俄汉语音词在词汇词连读发音方式、音位组配方式上的各种差异，分析了中国学生在俄语语音词发音习得中的常见偏误，包括加音、减音、断词、添加次重音等。① 文章启发我们从语言类型学的角度对比汉语和俄语的异同，并从韵律节奏的角度分析母语对第二语言学习的负迁移影响。黄兴华（2013）指出汉语学习者由于没有明晰俄语清浊音与发音部位的关系，导致出现混淆俄语清浊辅音的情况。② 文章对俄语重音这一教学难点进行了详细分析，启发我们从重音位置、重音长度等方面对含重音的俄语单词进行教学，但文章对有关重音的教学方法的详细论述还有待加强。王玲玲（2014）系统对比了汉俄辅音和元音的异同点，并指出了汉语声调在语音体系中的独特价值。与俄语相比，汉语语调变化多，音乐性较强。③ 文章提出了许多语音教学的策略，启发我们从变更教学方法、丰富教学活动、培养学生语感、提高语音教学要求等方面科学地对学生进行语音教学。郭凌宇（2020）基于语言迁移理论，分析了中阿语言在字母语音学习和语调层面的异同，主张学习者在最初学习阿拉伯语时必须建立一个全新的语音系统。④ 文章详细分析了汉语方言对阿拉伯语习得的影响，为我们研究以东北方言为背景的第二语言习得者的习得情况提供了思路方法的借鉴。

从以上研究中可以看出，学界多是从母语负迁移的角度分析母语汉语对俄语学习的负迁移影响，很少有文章分析方言对二语习得的影响，所以我们的研究将丰富有关语音习得研究的不足，具有一定的研究价值。

二、黑龙江方言造成的负迁移影响

黑龙江方言地区的中国学生，周围人群绝大多数都是东北口音，受到周围环境的影响，他们在生活中或课堂学习中会无意识地习得一些东北方言，这些带有方言色彩的语言词汇会在同学之间传播，进一步加深了方言对于学生的影响程度；所以学生在黑龙江学习俄语时，极有可能会受到东北方言的影响，这种影响有正、负两种，本文只探讨负面影响，下文将从辅音、元音、节律和音调四个角度来分析黑龙江方言对学生俄语学习造成的负迁移影响。本文中俄语错读的语料部分来自前人研究论文，部分为笔者自学俄语后所积累的错用、误用语料。

---

① 徐来娣. 中国学生俄语语音词发音习得常见偏误分析［J］. 中国俄语教学，2013，32（4）：64 – 69.
② 黄兴华. 中国人学习俄语发音的难点解析［J］. 湖北科技学院学报，2013，33（11）：205 – 206.
③ 王玲玲. 汉俄语音对比分析及对俄汉语语音教学策略［D］. 长春：吉林大学，2014.
④ 郭凌宇. 东北方言对于阿拉伯语语音学习的负迁移影响及教学策略研究［J］. 河北能源职业技术学院学报，2020，20（2）：37 – 39.

（一）辅音方面的负迁移

黑龙江方言对学生俄语辅音学习方面的负迁移主要表现为：①俄语浊辅音错读成清辅音；②俄语 C 错读成汉语声母 ch；③俄语 Ф 错读成 v 或 f。

1. 俄语浊辅音错读成清辅音

俄语中清浊辅音字母一共有六对，中国学生常会出现将俄语浊辅音读成清辅音的情况。在黑龙江地区，大多数黑龙江方言背景的学生本身就会出现清浊音混读的情况，这种浊化的语言习惯会导致学生在阅读俄语单词 Бар［bar］（酒吧）和 пар［par］（汽）时，非常有可能出现清浊音混读不分的情况，如将俄语浊辅音［б］和清辅音［п］相混，若没有上下文语境，可能很难将 Бар（酒吧）和 пар（汽）两个单词区分开来，这种混读影响了言语交际和日常生活。

俄语有许多辅音开头和辅音结尾的单词，在语流阅读中，前单词的尾辅音和后单词的头辅音会发生噪辅音联音，有时还会发生清浊同化。比如 Иди к бабушке［'dʲik 'babпskʲi］（去外婆家），к 和 б 之间连音时，к 浊化。俄语这种特殊的发音规则在汉语中不存在，所以学生的习得难度很高。对于方言区的学生来说，习得俄语清浊同化规则时，首先要克服母语方言中清浊音混读不分的负迁移影响，其次要把握俄语清音和浊音的标准读音，然后要熟悉语流阅读中清浊联音的语言规则，最后才能将清浊同化规则熟练运用于文本阅读和交流对话中。

2. 俄语 C 错读成汉语声母 ch

在黑龙江方言区，常会出现将古音中的齿头音和舌上音相混的情况，也就是将现代的舌尖后音错读为舌尖前音，这种现象在东北方言区也被俗称为平翘舌不分。比如"睡觉"一词，常被错读为（suì jiào）。这种混用的语言环境会对学生的俄语语言学习造成不利影响，导致学生出现俄语清辅音如［C］的误读，尤其是读"Салат［seʲlat］（沙拉）"和"Сила［'sʲilə］（力量）"等词时，误读现象更为明显。因为俄语清辅音［C］本身为擦音，气流强烈，在语图上表现为乱纹，当其后紧跟的是元音时，发生音征互载，［C］响度增大，气流也相应增强，听起来很像汉语声母"ch"，所以极易被本就分不清汉语声母"c"和"ch"的黑龙江方言区的学生错发成汉语声母"ch"。

另外，有些黑龙江方言区的中国学生也会出现将俄语清擦音［C］和浊擦音［3］相混的情况，因为［C］和［3］是对偶型清浊音，仅以有无噪音相区别，两者的发音很相似，［3］和汉语中的"z、zh"发音也很相似，极易造成混读或误读。这就需要教师在教学时特别提醒东北方言区的学生注意。

3. 俄语 Ф 错读成 v 或 f

在俄语辅音的发音方法系统中，没有送气与不送气的对立，只有清音和浊音的对立。这种无送气音的发音情况让中国学生短时间内很难适应。因为汉语声母中的浊音数量非常少，只有四个，其余都为清音，而且清音又都是送气音和不送气音成对出现，所以一旦提到清音，中国学生就会有送气或者不送气的意识。中国学生在面对俄语的清辅音时，非常容易将汉语中送气的发音习惯带进俄语清辅音中。处于黑龙江方言区的中国学生，还存在将送气音发成不送气音的情况。受黑龙江方言母语负迁移的影响，黑龙江地区的学生在学习俄语辅音时，会出现将 Физика［'f'iz'ɪkə］（物理）中的"Ф［ф］"发成既有点儿像浊辅音［в］，又有点儿像汉语送气清擦音［f］的奇怪读音。也可以说，黑龙江地区的中国学生在习得俄语时会出现无法意识到错误发音的情况，所以索性将错就错，形成了带有东北味的俄罗斯语，这种俄罗斯语和标准俄罗斯语相差甚远。

（二）元音方面的负迁移

黑龙江方言对学生俄语元音学习方面的负迁移主要表现为将俄语元音［a］和［ə］相混以及将俄语元音［y］和汉语复韵母 uo［uo］混读。

1. 俄语元音［a］和［ə］相混

在黑龙江方言中，常会出现将单韵母 a［A］与 e［ɤ］相混的情况，因为单韵母 a 与 e 在舌位图上位置较为接近，极易混淆，且东北人性格豪放，发音粗犷，a 比 e 响度大，所以许多黑龙江人尤其是 50 岁以上的人群，常会选择将 e 错发成声音更响的 a。黑龙江学生在学习俄语元音［a］和［ə］时，由于俄语［a］和［ə］发音相似，［ə］开口度稍窄，［a］开口度大，响度大，所以就极易发生类似黑龙江方言中以 a 替 e 的代替混读情况，还容易发生俄语［a］［ə］和汉语［ɤ］三者混读的情况。这种母语负迁移情况在拼读 Балет（芭蕾舞）等元音靠前的单词时表现得最为明显，黑龙江学生常将 Балет（芭蕾舞）中的"Ба"读成"bāi"，这是一种很明显的将［ə］与［a］混读的现象。

2. 俄语元音［y］和汉语复韵母 uo［uo］混读

在黑龙江方言中，常会出现将韵母 uo 和 u 混读的情况，如将"唾沫"（tuò mo）读成（tù mo），将"塑胶"（sù jiāo）读成（sùo jiāo）。黑龙江学生在学习俄语时，很容易将这种带有方言色彩的含混韵母读音的习惯带入进俄语学习中。比如，将带有元音［y］的单词读为汉语 uo，将 Университет（大学）中的"y"读成"wò"。

除了上述两种比较明显的混读外，还有一些中国学生将俄语元音［и］和汉语韵母 -i 相混，这种相混虽可能受到黑龙江方言平翘舌不分的影响，但这种负迁移的影响比较小，这实际上是一种普遍存在于中国各地区俄语学习者中的汉语母语负迁移现象，故不展开论述。

（三）节律不标准

黑龙江地区的中国学生受到母语方言负迁移的影响，在发俄语单词时会表现出发音不标准、节律奇怪的问题，比如没有掌握好俄语音节的快慢、强弱，重读音节没有加长、加重，重读强度不够，句子连读不畅，节奏起伏频率奇怪等。

相对普通话的音节节奏来说，黑龙江方言的发音起伏度比普通话小，音节之间的变化程度比普通话小。因为黑龙江方言的整体调值比较低，黑龙江哈尔滨人的阴平调调值整体比北京人阴平调调值低一度左右，约为44。阳平调调值大概为24，去声调调值大概为53，也就是说，黑龙江人存在高音上不去，低音降不下来的问题，黑龙江方言的音域比普通话窄得多。

俄语是一种欢快连奏型的无声调语言，节奏感很强。当多音节词发音时，每个音节的快慢和强弱各异。在俄语中，还存在重音，俄语重音并不是简单地对音节进行重读，而是在加强发音器官紧张程度的同时，还增加元音的长度，所以重读的俄语元音音节不仅响度大，音长长，音色也更为清晰。学生在习得俄语时，要时刻注意对重音增加音节强度，对音节增长长度这种特殊的音节韵律规律，同时还要注意整体的语音规则。在俄语中，非重读元音和重读元音相比，弱变化程度很大，起伏明显。需要注意的是，俄语重音有一些特殊的规则，有些时候，常作重读词形的实词也可能失去重音，重音被实词前的单音节前置词或否定语气词获得，此时的单音节前置词或否定语气词拥有长度重音和力重音双重特征，比如：Нé данных（没有数据）中是否定语气词 He 获得了重音。中国学生在习得俄语时，不仅要克服方言对元音的误读，还要在正确阅读的基础上把握音节的节奏规律。对黑龙江学生来说，这些发音要求难度很大，需要学生在习得俄语时特别注意。

俄语中还存在颤音［p］和［p'］等发音难点，黑龙江方言区的学生在阅读 Пушкин（普希金）、Россия（俄罗斯）、Ручка（钢笔）等词时，常常会受母语负迁移的影响，出现调型不对、重音不明显、颤音不标准、将颤音发成汉语边音 l 等问题。这种节奏生硬的问题在阅读俄语组合语音词时表现得最为明显。如"Ваша-организация"（您的组织），学生会出现 a-o 之间断音，重音不够长，颤音［p］发不出来，发出来的所谓的颤音类似汉语边音 l 或者鼻音 n，整个音节节奏无起伏或起伏奇怪等问题。

（四）音调改读

黑龙江方言地区的学生在阅读和日常生活交际时，常会出现音调改读的现象，如将"橘子"（jú zi）发成（jū zi），"干啥"（gàn shá）发成（gà há）。这种音调改读的语言习惯非常容易被学生带入俄语学习中，从而给学生的俄语学习带来不利影响。

俄语是无声调语言，在俄语中，有一种自由重音，就是俄语的词重音，它在不同的词中可以落在不同的音节、不同的词素上。① 这种自由重音可以区别不同的词或词形。

---

① 信德麟，张会森，华劭. 俄语语法［M］.2 版.北京：外语教学与研究出版社，2009：55.

比如 Мýка（苦恼）和 Мукá（面粉），两者仅重音位置不同。需要注意的是，俄语中还有一种重音异读现象，就是同一个词的重音可以落在不同位置上而不区别词义，如 Творóг 和 Твóрог（奶渣）仅为标准语和方言的区别。这种受到俄语方言影响的重音异读现象让本就很难掌握重音规律的学生变得难上加难。所以黑龙江学生必须克服随意改读的语言习惯，这样才不会造成俄语读音之间的混读，才能有效区别不同重音下的不同单词，才不会影响交际。

总之，对于俄语初学者来说，汉语母语自身的发音系统会对第二语言的学习造成很大影响，习得母语和俄语时方言环境对学生的感染力也很强。俄语初学者在学习初期可能很难转换母语语音系统，且时常会受到黑龙江方言对俄语学习负迁移的影响，所以还需要教师、学校等多方面来综合保证学生的学习效果，帮助学生修正发音部位及发音方法方面的不足。

三、教学策略探析

（一）教师提升自身专业水平，增强使用意识的确定性

教师是学生学习俄语的领路人，学生在初学俄语的阶段都是从听教师的发音开始的，所以教师首先要努力提升自身专业水平，克服方言对自身的负迁移影响，准确发出俄语的字母或单词，尤其是特殊读音，比如颤音。教师要准确地掌握发音规律，明晰发音特征，这样才能给学生进行良好的示范，才能恰当充分地讲解目的语知识，让学生快速巧妙地习得俄语。

其次，教师要懂得根据教学实践和学生反馈不断调整自己的教学计划，探索出最适合学生的语音教学方法。教师可以有效利用中俄语音中的相似点加强记忆，比如在语流交际中，俄语有逻辑重音，俄语句子中逻辑重音的位置往往就是汉语句子句重音、话语焦点的位置，两者具有相似性。俄语教师可以通过讲解中俄逻辑重音相似点的教学手段来帮助学生掌握俄语逻辑重音的发音规律，提升学生阅读俄语的准确性。在黑龙江地区，存在以元音 a、e 开头的零声母字前加鼻音 n 的现象，比如将"棉袄"读成（mián nǎo），"很饿"读成（hěn nè），这种加 n 的语言习惯有可能是受到了连读的影响。教师可以利用这种连读的习惯来解决学生在读俄语时出现的断音、减音问题。在俄语中，经常出现辅音结尾的单词和元音开头的单词连读的情况，这种组合语音词会自然地发生拼读关系，但由于中国话多是以元音结尾的词，几乎不存在词和词之间连续拼读的情况，所以黑龙江地区的有些中国学生不会连读。面对这种情况，教师就可以用类比讲解的方法，让学生有效地利用方言优势来改善俄语断音的语言阅读情况，冲破学生不会连读的语言障碍，加强学生的口语能力。

再次，教师也可以借助多媒体技术创新教学方法。比如可以将标准读音反复播放，

让学生沉浸式记忆；可以将易相混的两个或多个读音进行对比教学，强化学生对于语音区别特征的掌握。教师自身在反复多次教学实践的过程中也要减少对不确定的俄语使用的意识，明晰俄语使用规约，增强俄语使用意识的确定性，科学地进行示范。

最后，教师要补充纠正教材中错误的或者不恰当的知识点，对于教材中没有讲解充分的知识要及时补充。要特别提醒学生注意东北方言中的错误发音，减少语言环境中的不利因素对学生的影响。教师作为学生学习路上的启发者，不要一味求成果，不同学生的学习能力和理解能力不一样，对于任何一位学生都要有耐心。

（二）教编部门减少疏漏，修正教材中有问题的语音标注

教材是学生学习的主要依凭工具，为了让学生更科学地学习第二语言，教材编写部门需要编写一套适合中国人学习俄语的科学的语音教材。尤其需要注意标注出俄语不同类型的形态变化，不同形态下重音的变化；但目前，比如人教版初一学生的俄语教材在标注俄语元辅音的发音时，不标注国际音标，尤其在单词表中只列出了俄语单词和汉语对照意思，对语音没有做任何讲解，更有些辅导书会选择标注和俄语字母发音极为相似的汉字。这些不严谨的标注行为非常容易造成学生只记诵汉语读音而忽略俄语本来读音的情况，学生口中的"汉式俄语"也就此形成。长此以往将不利于学生对俄语相似读音的区分，尤其是当连读和辅音清浊同化现象发生时，学生常常无法选用正确的俄语读音来表达想要传达的意思。

另外，有些语音教材中有过多的省写和兼职字母的规定，这极易造成学生思维的混乱。比如有些教材为了学生记忆方便，往往不标注移动重音，造成俄语单词的单数一格、复数一格和复数五格没有形式区分。

（三）学生及时改正语音错误，提升自我检验与自我监控的能力

语音学习具有一旦固化就不易更改的特点，语音学习不会必然地随着学生学习阶段的提升而变得越来越正确。若学生在学习的前两个月没有在教师的帮助下掌握正确的读音，自身又抱着得过且过的态度，那么随着时间的增长，学习阶段的提升，学生所掌握的错误的语音只会越来越固化，变得越来越难以改正，甚至会发展成永久性语音偏误。故而在语音学习的最初阶段，学生一定要掌握正确的读音，提升自我检验与自我监控的能力，及时纠正自身的语音偏误。在条件允许的情况下，教师要采取一对一纠正学生读音的方式，根据不同学生的发音特点，进行专门性的训练，找到学生语音负迁移的规律；但要注意，在进行语篇练习时，为了保证朗读效果，可以在学生朗读或跟读后再纠正。教师纠正应以不影响交际为原则，纠正过多也会影响学生学习俄语的积极性，造成学生不敢开口的情况。学生要懂得把握初期学习阶段这一黄金时刻，准确掌握俄语正确

的读音，及时改正错误的读音。

受到满族、蒙古族等少数民族语言的影响，黑龙江学生容易将普通话中的常规音发成儿化音，这种发音习惯非常容易被带入俄语学习中，这就需要教师在教学初期就及时纠正，尤其要让东北方言区的学生注意加强舌头的紧张程度。如此，学生才会尽可能地、较早地、及时地改正自己错误的读音，才会在未来学习阶段在正确发言的基础上正确地习得新学习的语法、词汇。

俄语虽是波浪形语言，和发音平缓的汉语有诸多不同，但人们习得任何一种语言都需要经过时间的积累，在反复实践练习之后才可以将这种语言熟练运用。语音学习必然也要经历一个厚积薄发的过程，学生在学习时需要树立自信心，作出积极的心理暗示。既然可以学好母语，那么就要相信自己也可以学好第二种语言。

（四）多方协同，营造充分练习俄语的语言环境

偏误是一种有规律的错误，教师或学校在学生学习俄语的过程中，需要给学生营造良好的学习氛围，为学生创设可以充分练习俄语的语言环境，比如可以采用竞赛促学，奖励促学的方式让学生在活动竞赛中练习俄语。学生在良好的正确读音的语言环境下进行语音听说学习后，教师也可以总结出学生所犯偏误的规律，从而更有针对性地进行纠偏。大量正确的练习才能使学生收获良好的学习效果，才会使学生准确习得俄语语音。学生只有在经过大量练习后，才会逐渐改正错误的发音习惯，更新错误的语音体系，逐渐形成正确的、可以让自己理解的语音系统，为其他知识的学习打下坚实的语音基础。

语言学习的目的是使学生能够自如地运用语言工具进行学习、工作和生活。学生学习语音知识最终还是要将语音融入语流对话中。前文指出，学生在俄语学习过程中常会出现断音严重，不敢说长句子的障碍问题，但是日常对话多数都是成串的句子，很少会出现单个单词，所以学生归根结底还是要多加练习，教师也要注意培养学生连贯听说的语言能力，让学生在语流对话实践中切实提升交际能力。

其实，除了课本中的语音知识外，学生也应该去了解日常真实对话中各情境下的大众口语，或者多听一些歌谣谚语中的语音，以此全方位地丰富自身的语音知识和文化知识。

总之，教师、学生、家长、学校及教学管理部门要共同努力，从多个角度、多个侧面解决学生学习中的问题，减少方言对学生二语习得的负迁移影响，帮助学生找到最合适的学习俄语的方式。

四、结语

本文通过对比分析，从辅音、元音、节律和音调四个方面找出了黑龙江方言背景的

学生在二语习得时所受的方言负迁移的影响，并提出了一些教学策略。语音在语言系统中起着至关重要的作用，学好语音将为词汇、语法、修辞等其他语言知识的学习打下坚实的基础。语音知识的学习是培养学生听说读写能力的关键一步。俄语作为印欧语系的无声调语言，语音规则众多，和汉藏语系的汉语有着诸多不同。汉语学习者在学习俄语时，必然会面临许多困难，并受到来自各方面负迁移的影响。母语方言作为学生习得第二语言负迁移影响的来源之一，很少被学界重视，因此本文对方言负迁移的探讨将有助于俄语教师或者学校教管部门从汉语方言角度出发去思考俄语教学中的问题，从方言负迁移的视角探讨学生学不好俄语的原因，从而更有针对性地制定一些改善学生俄语语音问题的教学策略。

参考文献

［1］郭凌宇．东北方言对于阿拉伯语语音学习的负迁移影响及教学策略研究［J］.河北能源职业技术学院学报，2020，20（2）．

［2］黄兴华．中国人学习俄语发音的难点解析［J］.湖北科技学院学报，2013，33（11）．

［3］姜文振．试谈黑龙江方言中的一种音变现象：脱落［J］.学术交流，2002（6）．

［4］李英姿．东北方言研究综述［J］.现代语文，2008（10）．

［5］刘砾泽．浅谈黑龙江方言的语音特点［J］.黑龙江教育学院学报，2013，32（10）．

［6］石锋，黄彩玉．哈尔滨话单字音声调的统计分析［J］.汉语学习，2007（1）．

［7］王玲玲．汉俄语音对比分析及对俄汉语语音教学策略［D］.长春：吉林大学，2014.

［8］信德麟，张会森，华劭．俄语语法［M］.2版.北京：外语教学与研究出版社，2009.

［9］徐来娣．中国学生俄语语音词发音习得常见偏误分析［J］.中国俄语教学，2013，32（4）．

The Influence of Heilongjiang Dialect on the Negative Transfer of Russian Phonetics Acquisition and Teaching Strategies

LI Hui

Abstract: In Heilongjiang, Heilongjiang dialect has a negative impact on students' Russian phonetics learning. In terms of consonants, it is manifested as mixed pronunciation of tongue, misunderstanding of unvoiced consonants, and unvoiced mixed pronunciation. In terms of vowels, the main manifestations are the mixing of Russian vowels [a] and [ə], and the mixing of Russian vowels [y] and Chinese compound vowel uo [uo]. In addition, students affected by the negative transfer of dialects also have problems with irregular rhythms and tonal changes during pronunciation. In response to these problems, teachers must improve their professional level, the textbook compilation department must correct the problematic voice annotations in the textbook, students must promptly correct voice errors and establish self-confidence in learning, relevant teaching departments must work together to create as much as possible the Russian language practicing environment for students.

Keywords: Heilongjiang dialect, Russian phonetic acquisition, influence of negative transfer, Russian teaching

"双减"背景下粤语童谣语类关系建构研究①

陈　倩　陈金诗②

（广东技术师范大学外国语学院　广东广州　510665；
广东外语外贸大学外国语言学及应用语言学研究中心　广东广州　510420）

【提　要】粤语童谣是用粤语表现的歌谣，它既体现了粤方言区的语言特点，又表现了岭南的风土人情和文化，是岭南人的集体记忆。本文阐述了系统功能语言学的语类理论概念和发展，采用悉尼学派的语类理论，对《老广新游之广府童谣》③收录的64首粤语童谣进行语类划分和结构解读。据统计分析，粤语童谣共分为故事语类、解释与报告语类和口语语类3种语篇类型，结合创作目的和纲要式结构，还可以细分为讲述文、轶事文、说教文、观察文、叙事文、因素解释文、描述报告文、劝说文、调侃文和游戏类10种子语类。本研究从宏观上考察粤语童谣语类之间的关系，推动了悉尼学派语类理论的发展和完善，为优秀中华文化课程教材编写和方言童谣创作提供了学术依据。

【关键词】粤语童谣　语类理论　语类关系　体系建构

一、引言

（一）粤语童谣的定义

童谣是一种口耳相传，或以文字形式记载下来，在民间传唱的儿歌，在古代亦被称

---

①　本文是2022年度广州市哲学社会科学规划学科共建项目"粤港澳大湾区文化记忆中的粤语童谣语类关系建构"（编号：2022GZGJ231）的阶段性成果。

②　陈倩（1982—　），女，广东广州人，广东技术师范大学外国语学院副教授，硕士研究生导师。广东外语外贸大学博士生。研究方向为法律语言学、系统功能语言学、语类教学、语篇分析等；陈金诗（1970—　），男，河南固始人，广东外语外贸大学外国语言学及应用语言学研究中心教授，博士，博士生导师。研究方向为法律语言学、语言教育。

③　广州市越秀区文联，大话国.老广新游之广府童谣［M］.广州：广州出版社，2014.

作"孺子歌""小儿谣""小儿语"等，在一定程度上反映了一个民族或一个地区人民的风土民情、文化习俗、方言俚语等，是这个民族或者地区历史、文化、语言的珍宝，是十分宝贵的非物质文化遗产。由于童谣传播"口口相传"的特点，随着时间的推移，或因地域的差异，一首童谣会产生各种不同的版本，这体现了民间童谣的丰富性、多样性。粤语童谣主要是粤语区的儿童之间相互传唱或者是母亲等女性亲人唱给儿童的歌谣，用粤语传唱，极富粤语语言特色，是研究粤语和广府文化的重要资料（邵兰珠，2015）。

（二）粤语童谣的研究现状

多元文化是当今世界儿童发展的主题，粤语童谣作为岭南文化的瑰宝应该受到更多的重视和传播。我们借鉴了其他方言童谣的研究成果，归纳总结了粤语童谣研究几个方面的内容：

粤语童谣的文化内涵研究。傅春鸣（2010/2011）通过对广州传统童谣的创作形式与其对真、善、美价值追求的研究，彰显这一文化的独特审美价值。彭咏梅（2012）针对传统广府童谣中有代表性的儿童游戏词语，分型分门别类地归纳，并对每种游戏的来源、玩法和价值意义等进行解读，激发人们对地方传统儿童游戏文化的关注和保护。

粤语童谣的语言语音特点研究。粤语是粤语童谣的承载者，粤语童谣的研究首先离不开方言词汇特色，甘于恩（2010）指出粤语童谣的语言学价值表现在具有浓郁的粤语色彩、保留了童谣产生年代的社会生活的词语、彰显了儿童语言特色、反映了各地的方言差异，有助于粤语词源考释。邵兰珠（2015）总结了粤语童谣的语言特点：通俗易懂、方言重叠词多、善用修辞和富有音乐性。吴宇媚（2017）对童谣中的语音进行分析，发现粤语童谣大量运用平仄声与押韵，形成了一种较为随意的自由格律体。

粤语童谣语用特征研究。刘蕾（2008）从语用角度出发，结合儿童读者在心理特点和审美意识方面的特殊性，分析粤语童谣在通俗性、趣味性、形象性、音乐性和动作性等方面的修辞语言特色。

粤语童谣的叙事风格研究。甘于恩（2010）从语体风格出发，将粤语童谣分为偏书面语体的典雅风格、偏口语体的通俗风格以及文白风格兼具三种语类。从粤语童谣反映的内容来看，典雅风格的粤语童谣又细分为励志类、生活场景类和儿戏类，后两类用语偏口语化；通俗风格的粤语童谣贴近口语。

粤语童谣通俗易懂、善用修辞、音乐性强等的语言特点固然值得研究总结，但随着语言学研究逐步由语法研究向语篇研究发展，语言研究的重心开始向更大的单位和更高的层次转移，许多语言研究者开始把注意力转向代表语篇整体的"语类（genre）"

研究（张德禄，2002）。我们也不妨把粤语童谣的研究目光从语言层面转向高一级的语境层面，根据粤语童谣的语篇特点来进行语类探讨，试图建构粤语童谣的语类研究模型。

（三） 粤语童谣研究的意义

2021 年教育部发布"双减"政策，各级教育部门积极落实，加大素质教育的培养力度，促进学生全面发展和健康成长。2022 年 1 月 1 日实施的《中华人民共和国家庭教育促进法》以法律的形式明确学校和家庭不同的教育责任，真正实现学校教育和家庭教育相互配合，为青少年全面发展和健康成长营造良好环境。广州市教育机构正积极探索有效保护和发展粤语的长效机制，建构和谐语言，粤语童谣的教学传承是一个很好的载体，既丰富了课外活动，又保护传承了粤语方言。

语言学家一致认为，语类与文化密不可分，语类具有很强的文化属性，它是某种文化特有的产物（方琰，1998）。对广府这一特殊文化群体流传至今的语篇类型进行研究，对粤语童谣保护和发展有着积极的意义。首先，建构粤语童谣语类模型，能概括总结该类语篇的宏观语义模型（即语篇类型），固化现有的非物质文化遗产，有利于保护、传承和发展具有两千多年历史、受到社会密切关注的粤语语言资源。其次，对粤语童谣的各种语篇类型特征进行研究，能更加系统科学地建构相关话语范围的知识，建立相关语类的语篇模式，有助于提高孩子的记忆力和想象力，对日常教学、童谣创作和传播等都起到正面的推动作用。最后，从宏观语境角度出发，对粤语童谣的阅读不仅是解释语言形式特征（词汇和语法），得出它们表达的意义的过程，而且还涉及文化语境和情景语境，以及与读者之间所预设的共知信息等（张德禄等，2005）。粤语童谣的阅读吟唱过程是重建意义的过程，通过结合读者的经历、语言直觉和一定的语境，重建粤语童谣的语篇意义，打造普通话与粤语方言共存分用格局，建构和谐的语言生态环境。

（四） 拟解决的关键问题

粤语童谣的史存价值和鲜明的时代色彩不容置疑，但是还未见有学者对其语类展开系统研究。粤语童谣的语篇体裁模式和其他的语篇类型是否有不同？能否建构属于粤语童谣这类有悠久历史、反映广府文化、兼具口语化特色语篇的语类模型？粤语童谣的语类模型是如何通过纲要式结构层层推进而体现的？

带着以上问题，本文拟采用系统功能语言学悉尼学派 J. R. Martin 教授提出的语类理论，对《老广新游之广府童谣》一书中收录的广府地区最具代表性的 64 首粤语童谣进行语篇分析。结合悉尼学派的语类理论，对粤语童谣的语类划分进行归纳整理，并从宏观上建构粤语童谣的语类框架模型，从微观上细分不同语类框架模型下的纲要式结构，这一方面可以显示粤语童谣这一语类的文化特征，另一方面也可以为童谣学习者、语言研究者提供一个认识粤语童谣历史、文化和语言特点的窗口。

二、系统功能语言学的语类理论

语类是系统功能语言学里的一个重要概念，包括 Halliday，Hasan 和 Martin 等学者都对此有过讨论和深入研究，并在独立的思考观察后提出各自的看法和理论，人们称之为悉尼学派。这一流派关于语类的研究传承了伦敦学派 Firth 关于话语预测性（predictability）的思想（丁建新，2007）。在长达 30 多年的探索研究中，语类理论得到了巨大的发展和不断的修正。

（一）Halliday 的"语类结构"概念

Hymes（1969）在他的文章中使用了语类（genre）这个概念，还提到另外两个概念——渠道（channel）、声调（key）。Halliday（1978）在讨论语域的三个变量——语场（field）、语旨（tenor）和语式（mode）时，借鉴了 Hymes 的观点，将语式的内容大致概括为 Hymes 提出的 genre、channel 和 key 三个子变量。

Halliday（1978）在讨论语篇本质（the nature of text）时，论及了语类结构（generic structure），即一个语篇作为所属体裁而固有的形式。他认为语类结构是"语言系统之外"的结构，"是更高层次的符号学结构所投射的语言"。Halliday（1978）还认为语类结构这个概念可以放在语域概念这个大框架之下，而且语类结构（generic structure）、语篇结构（textual structure）和衔接（cohesion）是区分语篇和"非语篇"的三大因素。因此，语类就成了语域管辖下的一个概念。

（二）Hasan 的"语类结构潜势"理论

Hasan（1977）是系统功能语言学者中研究口语语类的第一人，关于语类理论研究的成果颇丰。她关于语类的核心思想是"语类结构潜势"（generic structural potential）（Halliday & Hasan，1985）。Hasan（1977）在描述语类结构潜势概念时指出，genre 是语篇的类型（types of discourse）。"语类结构潜势"是一个语类中所有语篇产生的源泉和系统，它包括必要成分、非必要成分和重复成分。在讨论语篇结构成分时，Hasan 认为"语类是由语篇的必要成分来定义的"（Halliday & Hasan，1985）。

在语类理论研究中，Hasan 除了提出"语类结构潜势"这个思想以外，她还以 Halliday 提出的语场、语旨和语式为出发点，提出了另外一个概念——"语境配置"（context of configuration），简称 CC。在语境配置的三个变量中，语场在确定语类的必要成分时起到关键作用，而语旨和语式则影响语类的非必要成分。非必要成分的差异导致属于同一语类语篇的多样化（Martin & Rose，2008）。由于必要成分主要与语境配置当中的语场有关，因而语类的确定主要取决于语场（方琰，1998）。

（三）Martin 的"语类纲要式结构"理论

Martin（1992）对语类的定义和看法与 Hasan 有些不同。Martin 受 Bakhtin（1986）言语语类（speech genre）理论的影响，将语类定义为"有目的倾向的、分阶段实现的社会过程"（Martin，1992；Martin & Rose，2003；Martin & Rose，2008；Martin & White，2005）。

在 Martin（1992）的理论中，"语域配置"（register of configuration）代替了"语境配置"，"纲要式结构"（schematic structure）代替了"语类结构"。语类与语域的关系被描述为语类语域配置，即"语域是语类的表现形式"，语类通过语域配置得到实现。他认为语类与由语场、语旨和语式这三个语域变量配置所产生的总体目标密切相关，而不是"只取决于语场"（方琰，1998）。因此，语类不属于语域层，而是属于语域层之上的一个符号层。语类通过语域体现，语域通过语言体现。（如图 1 所示）

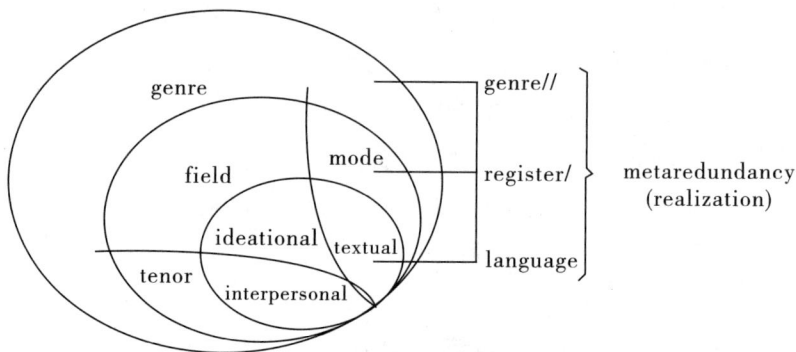

图1　语类，语域和语言（Martin & Rose，2008）

（四）本文拟采取的语类理论

总结上文三位学者的语类概念和语类理论，Halliday 认为语类是语域管辖下的一个概念，由语域的其中一个变量语式决定。Hasan 认为语类和语域属于同一范围，主要由必要成分定义，而语场则在确定语类的必要成分时起到关键作用，语旨和语式则影响语类的非必要成分。因此语类主要由语域的语场变量决定，但是同时受语域的另外两个变量语旨和语式制约。Martin 则认为语类比语域高一个层次，同属语境层，通过语义、词汇语法、音系字系等语言层体现，而且语域的三个变量同时对语类起作用。

现代社会中很多语类还有待悉尼学派深入研究，对我国学者来说，应用语类理论来研究中华文化的特有语类是大有可为的一个领域。方琰（1998）曾指出，日常生活语类在社会生活中广泛使用，但在过去没有受到足够的重视，今后语言学家应当在这方面进行更深入的系统研究。Martin 提出的语类理论经过多年对各类文本和体裁的深入探究，形成了完整、系统、科学的研究体系，本文拟采用悉尼学派 Martin 提出的"语类纲要式结构"理论，对粤语童谣进行深入分析。

三、粤语童谣基于语境的语类划分

Halliday 认为，儿童语言的发展从一开始就是通过说话实现某种目的的产物。儿童学会语言的过程，就是认识世界并与世界进行交往的过程，就是学习如何通过使用语言表达各种意义（learning how to mean）的过程，就是使自己不断社会化的过程。上文提到，Martin 认为语类由语域的三个子变量同时起作用，以粤语童谣为例，童谣语篇的语场即主题，记录了广府地区日常生活、岭南风情、民俗活动；语旨则为长辈与孩童之间闲暇时候的亲密交流；语式为口语形式，是具有节奏感和韵律感等语言特点的歌谣。但只是从语域的角度分析还不能体现粤语童谣的语篇结构特点，我们根据 Martin 对宏观语类的划分模式，对 64 篇收录在《老广新游之广府童谣》一书中的粤语童谣进行宏观语类划分，一共可分为三大宏观语类，以及十个微观语类文体。

（一）故事语类

Martin & Rose（2008）认识到故事在各种文化和人们日常生活中拥有核心地位。具体表现为它对于成人和孩子都具有极大的吸引力，在社会群体中被用来解释生活的混沌与节奏、评价彼此的行为，并被用来教育、娱乐孩子。本研究采用的 64 首粤语童谣语料，故事语类占了 43 首，比例高达 67.19%，这个统计结果真实地反映了故事语类的本质特征和粤语童谣所记述的岭南地区人们日常文化生活、身边发生的小故事契合度一致。

悉尼学派的学者运用系统功能语言学的理论，基于儿童故事、交谈、小说、诊疗故事以及语言家族中的传统故事等大型口语和书面语料，从故事类型、社会角色以及各语言体现三个方面进行完善，并最终确认了讲述文（recount）、轶事文（anecdote）、说教文（exemplum）、观察文（observation）、叙事文（narrative）等传统故事语类（Martin & Rose，2008）（如图 2 所示）。通过结合语料对比，我们发现在这个故事语类的系统下能找到对应的粤语童谣语篇实例，下面将分别详细描述各微观语类。

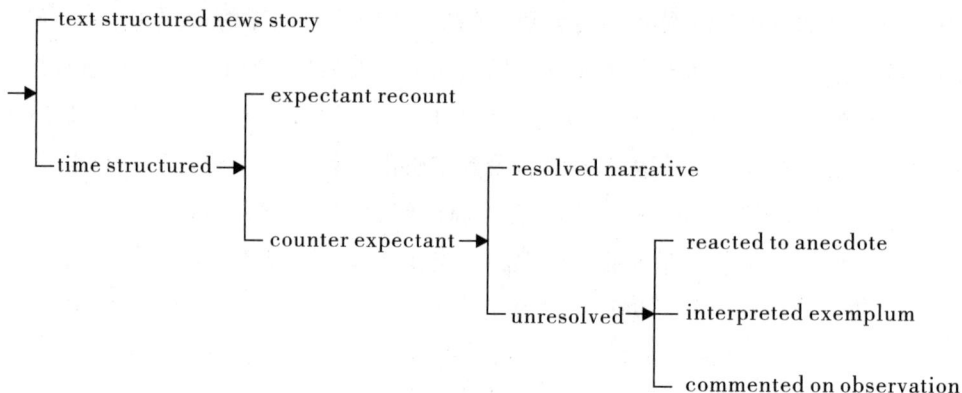

图 2　故事语类系统（Martin & Rose，2008）

1. 讲述文

讲述文记述个人经历，目的是共享个人经历和态度。讲述文只按时间顺序记述无重大曲折的事件，对事件的评价则韵律型地融于事件记述过程中（Martin & Rose，2008）。讲述文的纲要式结构为"记述"（record）。

讲述文语类下的粤语童谣，作为最简单的故事语类，用孩子们熟悉的诙谐的语言平铺直叙地讲述生活趣事，帮助孩子们建立对客观世界的初步认知。如：

大笨象，揸支枪

大笨象（大象），

揸①（拿）支枪（臭松香），

去打仗（揸支竹仔去打仗）。

打完仗，

返嚟②（回来）食碗辣椒酱，

隔篱屋企（隔壁的家里）烧炮仗，

问你响唔响，

唔响升（掌掴）你两巴掌。

《大笨象，揸支枪》以大象为主人公，运用拟人的手法，记述了它去打仗，完了回来吃辣椒酱，听到隔壁烧炮仗，却无辜被掌掴的经历。语言鬼马风趣，用粤语来朗读句句押韵，朗朗上口，帮助孩子打开这扇语言之门。通过以大象为原型，运用幽默的语言和无厘头又有点儿搞笑的故事内容，能很好地吸引小孩子的兴趣和提高口语能力。据观察，还有不少的粤语童谣讲述文将广州特色地名、广州地道饮食文化、传统习俗等融入

---

① 揸，应作"渣"，意思为"拿"。

② 嚟，应作"黎"，相当于普通话的"来"。

童谣语篇当中，如《又喊又笑》《大食懒》《初一人拜神》等，让孩子们在吟唱中潜移默化地吸收岭南悠久的传统历史文化。

2. 轶事文

轶事文记述一系列奇异事件以及主人公对事件的反应，其目的是共享对事件的情感反应（emotional reaction）。与讲述文相比，轶事文的事件有重大曲折，但曲折没有得到解决而只是对其作出反应，事件可以是悲剧或者喜剧，情感反应也可以是正面或负面。轶事文的纲要式结构为："奇异事件"（remarkable event）＾"反应"（response）。

该语类下的粤语童谣，相对于讲述文故事更加离奇吸引，而结构的"反应"部分更像是自问自答，教会孩子们对事件作出一定的反应，比单纯讲述事件更进一步。如：

九月九

九月九，

是重阳；

放纸鹞（风筝），

线爱长。

纸鹞飞得高，

个个乐洋洋。

九月初九"九九"谐音是"久久"，有长久之意，寓意健康长寿。《九月九》生动描绘了中国传统节日重阳节放风筝的情景，童谣的最后一句表达了人们对于这项传统文化活动的喜爱之情。该粤语童谣将广府过重阳节的习俗潜移默化地传递给下一代，在细细品读中传承了中国民间的传统文化。轶事文的比例在粤语童谣中比较低，原因是童谣的对象是小朋友，他们对故事情节、人物特点更感兴趣，而情感反应一方面具有主观性，作为童谣创作的内容不太合适，另一方面，情感可通过吟唱童谣由孩童意会，这样能更加直达心灵。因此，这类体裁的语篇偏少。

3. 说教文

说教文记述曲折事件并对其所涉及的任务在性格、行为方面做诠释、判断，不是对事件作出反应，其目的是共享这些道德判断。事件所涉及的行为可能值得赞赏或应受谴责，而对行为的判断也可以是钦佩、批评、褒扬或谴责。说教文的纲要式结构为："事件"（incident）＾"阐释"（interpretation）。

通过吟诵说教文语类下的粤语童谣，将正确的道德观传授给孩子们，从小培养明辨是非、爱憎分明的价值观。如：

懒人唔中用

懒人唔中用（没有本领，不顶用），

种蔗种生虫。

种萝卜，似天冬；

种番薯，似柠檬；

种菜细过芫茜①葱。

懒人懒人你快改，

嘀②起心肝（下定决心）变条龙。

该童谣言简意赅：由于工作懒惰，得过且过，没有精心耕作，导致粮食作物营养不良。整首童谣对懒人行为的批判运用暗喻的修辞手法，指出做事不能偷懒，真心付出才能有所收获。在行文中运用了明喻的修辞方法，形象生动地将萝卜比喻成天冬、番薯比喻为柠檬、菜比作芫茜葱，通过列举事例，让孩子更容易接受理解。和轶事文相似，说教文语篇在粤语童谣中占的比例较低，童谣的功能最主要是讲求音韵和节奏，说教类不太符合小孩的心理年龄，所以数量偏少，还有《河边有只羊》《鞠咕咕，淋慈姑》《卖懒》共4首。

4. 观察文

观察文描述重要事件并对其发表个人评论，目的是共享对事件的个人评论。其评价意义主要是对事件某方面正面或负面的鉴赏。观察文的纲要式结构为："事件描述"（event description）＾"评论"（comment）。如：

三更灯火五更鸡

三更灯火五更鸡，

正是男儿用功时。

少年不知勤学早，

老来方恨读书迟。

劝学自古以来是长辈对晚辈悉心教导的重要内容，该童谣对此进行了客观评论，说明只有年少时发愤图强，勤奋好学，长大后才不会悔不当初，表达了对孩子努力学习的殷切期盼。观察文出现的比例较高，对老百姓日常生活中的所见所闻，加上自己的评论，编成歌谣一代代传诵，符合孩童认识客观世界的规律。《排排坐，食粉果》《萝卜头》《木棉花》《煮饭仔仔》等12首也属于观察文童谣。

---

① 芫茜，应是芫荽，芫荽是香菜的学名。

② 嘀，意思为"提，拿"。

5. 叙事文

叙事文记述曲折事件并进行评价，但曲折本身被主人公解决，其主要目的是记述主人公如何解决生活中的曲折，其评价内容可以是个人情感、对人物的道德判断或对事物事件的鉴赏。叙事文的纲要式结构为："曲折"（complication）^"评价"（evaluation）^"结局"（resolution）。如：

打开蚊帐

打开蚊帐，

打开蚊帐，

有只蚊，

有只蚊，

快啲攞（快点拿）把扇嚟，

快啲攞把扇嚟，

泼走佢（扇走它），

泼走佢。

打开张被，

打开张被，

有只猫，

有只猫，

快啲攞支竹嚟，

快啲攞支竹嚟，

吓走佢，

吓走佢。

岭南地区气候炎热潮湿，容易滋生蚊虫，故此蚊子和蚊帐也成了粤语童谣描绘的对象。这首童谣把百姓日常生活的场景作为创作体裁，除了描写对象颇具岭南色彩外，情节也生动有趣，叙事结构完整，是一篇短小精干的叙事文。整首辅以曲子哼唱，韵律感很强，很接地气，通俗易懂，仿佛一边唱，一边在听故事，孩子们很快就能跟着唱。《濑尿虾》《月光光，照地堂（年卅晚，摘槟榔）》《黐塘蜢》《落雨潋潋》《日光日白，偷人萝卜》等9首也属于叙事文童谣。叙事文和讲述文同属故事语类，两者的区别为前者的纲要式结构更加复杂，一般包含开端、发展、高潮、结局，接近短篇小说；后者的纲要式结构较为单一，只有讲述这个过程，亦称"流水账"，故事没有高潮、结局的都属于讲述文。

（二）解释与报告语类

解释语类解释过程是如何发生的，它隐含着因果序列关系，其基本结构为"现象"（phenomenon）＾"解释"（explanation），解释语类包含四个小类：顺序解释文（sequential explanation）、因素解释文（factorial explanation）、结果解释文（consequential explanation）和条件解释文（conditional explanation）。报告语类主要对现象进行分类和描述，其主要结构包含"分类"（classification）＾"描述"（description），报告语类分为三个小类：描述报告文（descriptive reports）、分类报告文（classifying reports）和结构报告文（compositional reports）。

1. 因素解释文

在深入分析了 64 首粤语童谣后，我们发现了一篇属于因素解释文语类的语篇。因素解释文着重解释导致某事件的各种因素，其纲要式结构是："结果"（outcome）＾"因素"（factors）。如：

麻鹰飞

折纸机，

麻鹰飞，

飘嚟飘去唔落地（不会掉到地上），

麻鹰有条尾。

折纸是小朋友很喜爱的游戏之一，这首童谣是幼童在玩放纸飞机时唱的，一边玩一边唱，运用了比喻的方式，把纸飞机在空中飞行和麻鹰做类比，通过歌谣解释了纸飞机能一直在空中飘浮而不掉落地上的原因，解释客观事物的规律。

2. 描述报告文

描述报告文目的相对简单，对现象进行特征描述，其纲要式结构为："描述"。如：

菱角

菱角菱角，

尖尖角角，

菱肉好食，

菱壳难剥。

菱角是水乡常见的水生植物，在广州，它与莲藕、马蹄、茭笋和慈姑并称"泮塘五秀"，在七夕、中秋等节日家家户户买来作为小吃，边赏月边饱口福。这首童谣将菱角的外形和特点仔细地描绘了出来，让没有见过菱角的读者也能略知一二。该类童谣还包括《落雨大，水浸街》《秋蝉喊，荔枝熟》和《大西瓜》等。

（三）口语语类

粤语童谣源自百年前流行于粤语地区的童谣，因此具有口语化的特点，但如今汇编成册固化成了文字。根据部分粤语童谣的这一特点，可将其归纳成口语语类，还可以细分成劝说文、调侃文和游戏类。由于悉尼学派的语类理论主要基于书面语分析，因此没有涵盖口语语类，但本研究通过对粤语童谣的分析，发现了部分偏口语化童谣也可以归纳成一类，因此新创设口语语类，作为语类理论的补充扩展。

1. 劝说文

劝说文通过讲道理，让听话者接受说话者的观点并贯彻执行。它的纲要式结构为："景物描写"＾"劝说"。如：

月光光，照地堂

月光光照地堂，
虾仔（对小孩的昵称）你乖乖瞓①（睡觉）落床，
听朝（明天早上）阿妈要赶插秧啰，
阿爷睇（看）牛佢（他）上山岗。
虾仔你快高长大喔，
帮手（帮助）阿爷去睇牛羊。

月光光照地堂，
虾仔你乖乖瞓落床，
听朝阿爸要捕鱼虾啰，
阿嬷织网要织到天光。
虾仔你快高长大啰，
划艇撒网就更在行。

月光光照地堂，
年卅晚摘槟榔，
五谷丰收堆满仓啰，
老老嫩嫩喜洋洋啊，
虾仔你快啲眯埋眼啰，
一觉瞓到大天光啊。

————————————

① 瞓（睡觉），应作"瞓"或者"睏"。

该童谣脍炙人口，一直流传至今，配合着柔和的曲调，很多在粤语地区成长的人小时候听着妈妈轻声哼着这首摇篮曲，进入甜甜的梦乡。在寂静的夜色中，月光洒在地上，妈妈劝小孩早点儿入睡，明天还有很多事情要忙活，童谣的第二、第三节开头重复了景物描写，但对未来的期盼进一步升华，不只着眼于明天，而是更远的将来，体现了老百姓对下一代健康成长的殷切盼望和对未来美好生活的无限憧憬，主题积极向上。

2. 调侃文

一般四句以上才能称作"谣"，但在《老广新游之广府童谣》里有几首童谣只有两句话，非常简短。其突出的特点是上半句和下半句押韵，所以说起来朗朗上口，听起来也顿觉有趣。老广喜欢逗趣，在童谣里也不忘调侃，喜欢用最简短的语言戏谑取闹，本文把这类体裁称为调侃文。由于篇幅太短，多为老百姓脱口而出，因此没有固定的纲要式结构，句子押韵即可。如：

食嘢唔做嘢

食嘢唔做嘢（只会吃东西却不会做事），
做嘢打烂嘢（形容什么事情都做不好）。

还有很多这类的童谣语篇，如《喊包》《地上执到宝》《丑丑丑》《牙刷刷》《肥婆跳舞顶第一》等9首，方言俚语虽然简短但充满了浓厚的广府味道，使人会心一笑，起到缓和气氛、舒缓情绪的作用。调侃文语类虽然只有两句话，但句与句之间都押韵。如：

地上执到宝

地上执到（捡到）宝，
问天问地攞唔到（拿不到）。

3. 游戏类

对于小朋友而言，还有什么比一边唱童谣一边做游戏更好玩的呢？游戏除了令人开怀，还有实用功能，身体做动作，口中唱歌谣，双眼做协调，注意力、记忆力、感觉统合能力、节奏感和韵律感同时得到了训练。如：

点虫虫

点虫虫，
虫虫飞。
飞到荔枝基（种荔枝的地方）。
荔枝熟，
摘满屋，
屋满红，
伴住个细蚊公（小孩子）。

"点虫虫"这个手指游戏几乎每个小老广都玩过。大人边唱边把着孩子的手，教他双手食指相对，一触即分，做虫儿飞起状，小朋友每每被逗得咯咯笑。《猜呈寻》《伏匿匿》《点指兵兵》《咕噜咕噜》《跂跛跛》等 6 首童谣都属于此类。

四、粤语童谣的语类建构

（一）粤语童谣语类统计和分析

表 1　粤语童谣语类统计表

具体语类	故事语类					解释与报告语类		口语语类		
	讲述文	轶事文	说教文	观察文	叙事文	因素解释文	描述报告文	劝说文	调侃文	游戏类
篇数	15	3	4	12	9	1	4	1	9	6
比例	23.44%	4.69%	6.25%	18.75%	14.06%	1.56%	6.25%	1.56%	14.06%	9.38%
排序	1	8	6	2	3	9	6	9	3	5

基于 Martin 的语类理论，结合粤语童谣实际语料分析，我们将 64 首收录在《老广新游之广府童谣》的童谣划分为 3 个大语类：故事语类、解释与报告语类和口语语类，其中故事语类占比最多，一共有 43 首，口语语类次之，共有 16 首，解释与报告语类数量最少，只有 5 首。（见表 1）

故事语类数量庞大，说明粤语童谣的创作源自民间故事，有人物、情节、逻辑，富含人生哲理和价值观，其中讲述文、观察文和叙事文分别有 15、12 和 9 首，占了总体数量的 56.25%。文学创作源自生活，讲述文类似于记录日常生活的流水账，记录了老百姓的日常琐事、乡土风情，搭建了儿童对身边事物的感知。观察文与讲述文相比，思想深度进一步提升，增加了对事物的评价，赋予了儿童是非曲直的辨别能力。叙事文内容更趋完整，有开端、发展和结局，运用叙事手法，故事性更强，展现了广府人民的智慧，滋润了儿童的心灵。

解释与报告语类着重对事物的描述和解释其因果关系，分为因素解释文和描述报告文，数量最少，只有 5 首。解释与报告语类涉及因果逻辑关系，孩童由于年龄结构特点，对逻辑关系的认知还比较弱，因此为了避免造成理解困难，这类粤语童谣偏少。

口语语类是根据对粤语童谣的观察研究创造命名的新语类，是采用 Martin 语类理论对汉语和汉语方言研究的新突破。由于童谣语篇兼有口语和书面语的特点，我们总结了 3 个微观语类，劝说文、调侃文和游戏类，后两者分别有 9 首和 6 首。调侃文将老广逗趣、乐观、爱开玩笑的性格展露无遗，通过口耳相传，将这种开朗的性格也传递给了下一代。游戏类寓教于乐，拉进了两代人的关系，给儿童留下了美好温馨的回忆。

综上所述，粤语童谣语类统计和分析，为研究现存的粤语童谣语篇类型提供了一个科学、系统的参考，也为日后创作新的粤语童谣，将蕴含着九声六调的古老粤语薪火相传，奠定了理论基础。

（二）粤语童谣语类关系和建构

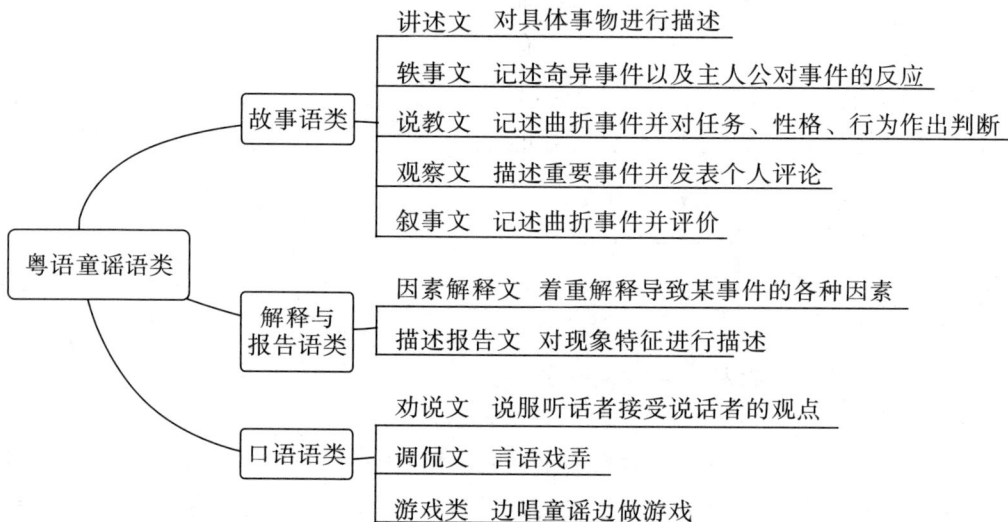

图3　粤语童谣语类关系图

粤语童谣语类关系如图3所示。语类之所以一直以来引起广泛的关注，是因为其本质就是人类社会活动的类型（Swales，1990；Miller，1984；Martin，1992）。个体总是在与他人的交往中学习其社会文化环境中的社会活动类型，并在此基础上进行个人创新。研究语类就是研究人类社会活动的类型，探索人类社会活动的本质规律。

建构粤语童谣语类模型，概括总结该类语篇的宏观语义模型（即语篇类型），固化现有的非物质文化遗产，建立相关语类的语篇模式，有助于提高孩子的记忆力和想象力，对日常教学、童谣创作和传播等都起到正面的推动作用。粤语童谣的研究体现了多种社会目的，包括对孩童的教育引导、岭南地区文化风俗的传播、人们生活习惯的记录和粤语方言的传承。用一定的社会约定俗成、通俗易懂的口语语言帮助儿童感知事物，建构客观世界。

五、结语

（一）创新粤语童谣理论基础

本文从语类角度研究粤语童谣，通过细化童谣语类的结构，扩大语类研究的范围，充分展现了系统功能语言学研究理论的适用性。研究以我国三大方言之一的粤语地区的粤语童谣为研究对象，能填补该语类研究的空白，作为方言童谣研究的补充，为以后开展各类方言童谣的研究奠定理论和实践基础。

对于粤语童谣这一领域的研究，不仅有助于进一步解释语言与方言文化的关系，而且语类意识的建立对今后粤语童谣语篇的文体分析、语域配置、语法结构、语言特点、童谣创作和童谣教学等方面的研究均有着重要的实际指导意义。

（二）建构中华文化课程体系

本文基于语类理论对各类型粤语童谣进行科学划分，可为建构中华文化课程和教材体系，编写粤语童谣教材和传授知识提供科学参考。中华优秀传统文化蕴含着丰富的道德理念和规范，体现着评判是非曲直的价值标准，潜移默化地影响着中国人的行为方式。越来越多的学校普及推广"粤语讲古""粤语童谣"等课程，越来越多的出版社编写中华文化幼儿读物，越来越多的作者创作系列绘本、童谣、儿歌、动画等。本研究建构的粤语童谣语类关系图提供了学术理论基础，有助于促进更加高效、严谨、有逻辑地传承粤语方言和岭南风俗，推动粤语童谣的广泛传播和发展。

（三）粤语童谣未来研究展望

本研究从宏观视角出发，对粤语童谣的语类进行了整理、归纳和研究。但粤语童谣还保留了很多粤语语言资源，粤语童谣里的词汇充满了岭南风情，如蔗、柠檬、荔枝等都是热带、亚热带地区特有的作物。炎热潮湿的气候容易滋生蚊虫，故蚊虫和蚊帐也成了粤语童谣描绘的对象。粤语还有很多象声词，如咯咯脆、嗡嗡声，用作形容词的叠字，如肥嘟嘟、面青青，以及顶针等修辞手法。因此笔者未来将继续对粤语童谣语篇的各种词汇和语音特征进行研究，更加系统科学地建构相关话语范围的知识，以有利于保护、传承和发展具有两千多年历史、受到社会密切关注的粤语语言资源。

参考文献

［1］丁建新. 体裁分析的传统与前沿［J］. 外语研究，2007（6）.

［2］方琰. 浅谈语类［J］. 外国语，1998（1）.

［3］傅春鸣. 广州传统童谣的审美价值［J］. 大众文艺，2010（11）.

［4］傅春鸣. 广州传统童谣的审美阐释［D］. 广州：华南理工大学，2011.

［5］甘于恩. 论粤语童谣的语言学研究. 粤语研究，2010（8）.

［6］广州市越秀区文联，大话国. 老广新游之广府童谣［M］. 广州：广州出版社，2014.

［7］刘蕾. 粤语童谣的修辞语用特色［J］. 东莞理工学院学报，2008，15（6）.

［8］彭咏梅. 广府童谣传统儿童游戏词语探析：以佛山童谣为例［J］. 语文建设，2012（24）.

［9］邵兰珠. 论粤语童谣的语言特色及文化内涵［J］. 大众文艺，2015，（9）.

［10］吴宇媚. 粤语童谣的语音特色研究［J］. 岭南文史，2017（4）.

［11］张德禄. 语类研究理论框架探索［J］. 外语教学与研究，2002（5）.

［12］张德禄，苗兴伟，李学宁. 功能语言学与外语教学［M］. 北京：外语教学与研究出版社，2005.

［13］BAKHTIN M M. The problem of speech genres［M］. Speech genres and other late essays. Austin：University of Texas Press，1986.

［14］HALLIDAY M A K. Language as social semiotic：the social interpretation of language and meaning［M］. London：Edward Arnold，1978.

［15］HASAN R. Text in the systemic-functional model［C］//DRESSLER W V. Currents trend in text linguistics. Berlin：Mouton de Gruyter，1977.

［16］HYMES D H. Linguistic theory and the functions of speech［J］. International days of sociolinguistics，1969.

［17］HASAN R. The structure of a text［M］//HALLIDAY M A K，HASAN R. Language，context and text. Geelong：Deakin University Press，1985.

［18］MARTIN J R. English text：system and structure［M］. Amsterdam：Benjamins，1992.

［19］MARTIN J R，WHITE P R R. The language of evaluation：appraisal in English［M］. London：Palgrave，2005.

［20］MARTIN J R，ROSE D. Working with discourse：meaning beyond the clause［M］. London：Continuum，2003.

［21］MARTIN J R，ROSE D. Genre relations mapping culture［M］. London：Equinox，2008.

［22］MILLER C. Genre as social action［J］. Quarterly journal of speech，1984，70.

［23］SACJS H，SCHEGOLFF E A，JEFFERSON G. A simplest systematics for the organization of turn-taking in conversation［J］. Language，1974，150（4）.

[24] SWALES J. Genre analysis: English in academic and research settings [M]. Cambridge: Cambridge University Press, 1990.

Study on the Genre Relations Construction of Cantonese Nursery Rhymes under the Background of "The Double Reduction Policy"

CHEN Qian

Abstract: Cantonese nursery rhymes reveal the local customs and culture of Lingnan, characterized by the Cantonese dialect, and are the collective memory of Lingnan people. This paper interprets the concept and development of the genre theory of systemic functional linguistics, and adopts the genre theory of the Sydney school to classify and explain the genre and outline structure of 64 Cantonese nursery rhymes collected in *Cantonese Nursery Rhymes from the New Tour*. Cantonese nursery rhymes can fall into three text types: story family, explanatory family and spoken family. Combined with the purpose of creation and outline structure, they can be further subdivided into recount, anecdote, exemplum, observation, narrative, factorial explanation, description, hortatory text, ridicule text and game text. This study investigates the relations between the genres of Cantonese nursery rhymes from a macro perspective, promotes the development and improvement of the genre theory of the Sydney School, and provides an academic basis for the compilation of Chinese culture curriculum and the creation of dialect nursery rhymes.

Keywords: Cantonese nursery rhymes, genre theory, genre relations, system construction

后扶贫时代少数民族语言资源的保护与开发

——以石棉木雅语为个案

杨振法[①]

（安阳师范学院文学院　河南安阳　455000）

【提　要】 随着脱贫攻坚任务的如期完成，我国进入了以消除相对贫困和特殊贫困为特征的后扶贫时代。少数民族语言是我国的宝贵资源，在后扶贫时代进行保护与开发，有利于促进语言和谐与民族团结，对铸牢中华民族共同体意识有着重要意义。石棉木雅语属汉藏语系藏缅语族羌语支，是四川省石棉县木雅藏族使用的语言，不但语言稳固性好，语言活力较高，还具有独特的经济属性与产业价值，不仅对我国濒危民族语言的保护有借鉴价值，而且对少数民族语言资源的开发有样本意义。文章在入户访谈、问卷调查的基础上获取第一手材料和数据，描写木雅藏族的语言生活，并提出木雅语的保护及开发策略。

【关键词】 石棉木雅语　语言生活　语言保护　语言开发　中华民族共同体意识

一、引言

2021 年 2 月，习近平总书记在全国脱贫攻坚总结表彰大会上宣布，我国脱贫攻坚战取得了全面胜利。随着绝对性贫困和区域性整体贫困的消除，我国进入了以消除相对贫困和特殊贫困为特征的后扶贫时代。后扶贫时代是自脱贫攻坚目标提出到 21 世纪中叶，使贫困对象实现可持续稳定脱贫、消除相对贫困的时间段（余昕、汪早荣，2021）。语言资源在后扶贫时代如何助力乡村振兴，这一问题迫切需要我们的回答。笔者以四川省石棉县蟹螺乡猛种堡子的木雅藏族为对象开展研究，站在社会语言学的角度，采用入户访谈、问卷调查的方式，从语言现状、语言能力、语言态度等方面入手，对木雅藏族的语言生活作全面的调查分析，旨在通过描述木雅藏族的语言生活变迁，介

---

① 杨振法（1988—　），男，河南新乡人，安阳师范学院文学院校聘副教授，研究方向为石棉木雅语。

绍石棉木雅语保存完好的原因，并着重探讨后扶贫时代石棉木雅语的开发路径，为巩固拓展脱贫攻坚成果、乡村振兴及铸牢中华民族共同体意识提供理论参考。

二、猛种堡子木雅藏族的语言现状

（一）猛种堡子木雅藏族概况

猛种堡子的地理坐标为东经 102°17′，北纬 29°23′，位于贡嘎山以东、大渡河中游，海拔约 1800 米。"猛种堡子"是当地汉族对它的称呼，木雅语称 $mɯ^{33}ndʐyu^{55}qa^{55}$。村寨人口有 180 人左右，主要为木雅藏族，自称 $mu^{55}ŋɛ^{55}$，他称 $o^{21}dzu^{21}$。木雅藏族在石棉县不足 3000 人，所占比例约为 2.6%，属于人口较少的民族。猛种堡子无工业，农业以种养殖业为主，种植枇杷、李子、蔬菜等经济作物，养殖牦牛、猪、羊等家畜。2019年农民人均纯收入 1. 237 万元，低于全国平均水平。2019 年实施生产便道脱贫攻坚项目 1 个。旅游业发展水平低，发展潜力较大。

2021 年 7 月，我们以猛种堡子为调查点，以猛种堡子的居民为调查对象，通过入户访谈、调查问卷的方式展开调查，发放问卷 120 份，收回有效问卷 116 份，有效率 96.7%。为确保调查的顺利进行，调查问卷当场发放、当场收回，以确保调查真实有效。猛种堡子木雅藏族的样本信息如表 1 所示。

表 1　猛种堡子木雅藏族调查样本信息表（$N = 116$）

样本类型		人数	比例
性别	男	64	55.2%
	女	52	44.8%
年龄	60 岁以上	18	15.5%
	41~60 岁（含 60 岁）	41	35.3%
	21~40 岁（含 40 岁）	38	32.8%
	20 岁及以下	19	16.4%
户籍	土著	115	99.1%
	非土著	1	0.9%
文化程度	小学及以下	65	56%
	初中	24	20.7%
	高中	20	17.2%
	大专、本科及以上	7	6%

（续上表）

样本类型		人数	比例
职业	在家务农	31	26.7%
	外出务工	62	53.4%
	无业	14	12.1%
	事业单位	6	5.2%
	兵役	3	2.6%
经济收入	0～1000 元（含）	18	15.5%
	1001～2000 元（含）	38	32.8%
	2001～3000 元（含）	30	25.9%
	3001～5000 元（含）	24	20.7%
	5000 元以上	6	5.2%

问卷样本情况如下：

性别：男性 64 人，女性 52 人。人口性别比为 1：0.8，男性数量较多。

年龄：我们将样本人群的年龄分为四个层级——20 岁及以下的有 19 人，占比 16.4%；21～40 岁的有 38 人，占比 32.8%；41～60 岁的有 41 人，占比 35.3%；60 岁以上的有 18 人，占比 15.5%。其中，中青年人的比例较大，构成了人口的主体部分；60 岁以上的人口比例超过 10%，表明猛种堡子已进入老龄化社会。

户籍：非土著人口仅有 1 人，表明迁入人口极少，主要与木雅藏族的族内通婚制度有关。

文化程度：小学及以下，65 人，占比 56%；初中，24 人，占比 20.7%；高中，20 人，占比 17.2%；大专、本科及以上，7 人，占比 6%。小学及以下的数量最多，表明地区基础教育不发达，人群受教育水平偏低；其中含文盲 32 人，所占比例几乎近半，多属于女性老龄人群，表明以前妇女的家庭及社会地位偏低。

职业：木雅藏族的就业方式以外出务工为主，占比 53.4%，这部分人群多为初高中文化程度；在家务农的在其次，占比 26.7%，均为小学及以下文化程度；无业的多属于老龄人群，占比 12.1%，均为小学及以下文化程度；事业单位的有警察、教师等，共 6 人，均为大专、本科及以上文化程度；服兵役者 3 人，均为高中文化程度。表明木雅藏族的就业方式单一，就业水平偏低，与文化程度呈正相关性。

经济收入：此处指月收入。收入在 1000 元以下的有 18 人，占比 15.5%；1001～2000 元的 38 人，占比 32.8%；2001～3000 元的 30 人，占比 25.9%；3001～5000 元的 24 人，占比 20.7%；5000 元以上的 6 人，占比 5.2%，从经济收入数据得知，木雅藏族的收入差距较大，低收入水平群体比例大。

(二) 木雅藏族的语言使用

石棉木雅语属汉藏语系藏缅语族羌语支，主要在村寨及家庭内部使用，语言活力高，稳固性强，上至耄耋老人，下到总角孩童，皆能言木雅语。除了会说木雅语，木雅藏族还精通灌赤片西南官话，属于典型的双语者。我们对二语能力的测试采用被试自我评估的方法①，木雅藏族的木雅语能力如图 1 所示，熟练使用程度达到了 99.1%；西南官话能力如图 2 所示，比木雅语能力略低一点，熟练使用程度为 96.6%。

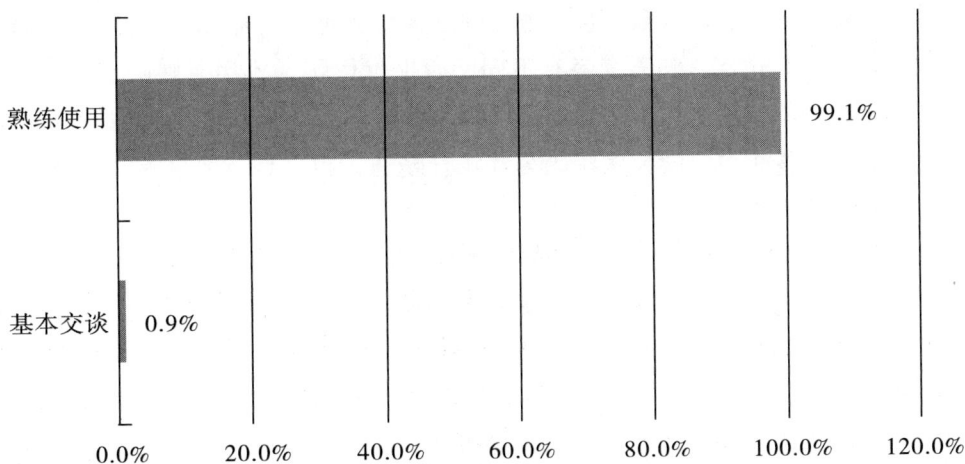

图 1　木雅藏族木雅语能力图

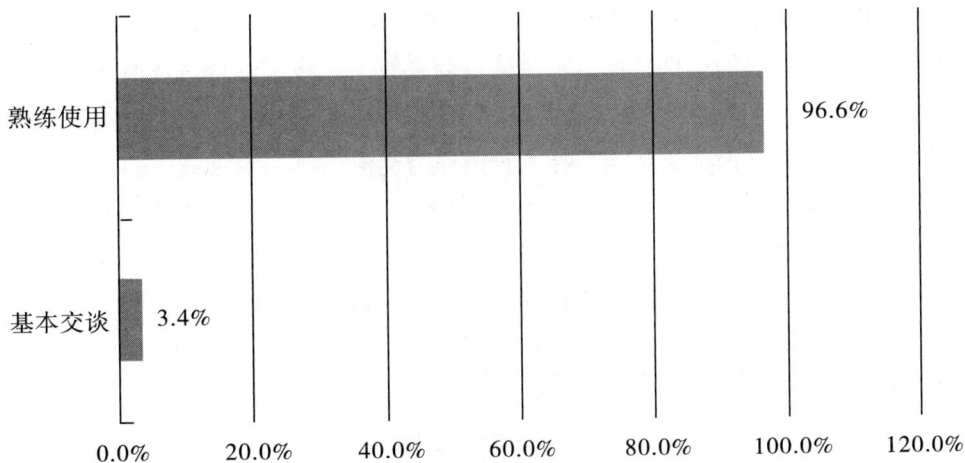

图 2　木雅藏族西南官话能力图

---

①　我们根据猛种堡子居民语言使用的具体情况，将语言能力划分为熟练使用、基本交谈两个等级。熟练使用指日常生活中能够使用该语言自如交际，听说能力熟练或良好；基本交谈指听说能力一般或者听说能力较差。猛种堡子居民以此对自我语言能力进行评价。

调查数据显示，木雅藏族对木雅语及西南官话的熟练程度很高，也侧面反映了这两种语言的绝对优势。木雅语能力较差者分布在外族群体中。在走访中我们发现，彝族妇女商学珍嫁到猛种堡子已经十多年了，但还是说不好木雅语，她认为木雅语太复杂，不如彝语简单好说。彝语缺乏形态变化，容易掌握，而木雅语的形态变化却十分丰富，动词就有趋向、时体、示证等范畴，学习难度相对较大。商学珍只会使用木雅语进行简单交谈，与家人、村民交流时使用西南官话。

木雅藏族根据不同的交际场合及对象，选择不同的语言模式。通常来讲，木雅藏族在木雅村寨及家庭内部，或与同族人交谈时使用木雅语。木雅语除了分布在蟹螺乡的猛种、木耳、俄足堡子及木耳沟外，还在先锋乡（现划入安顺场镇）保持活力。为了满足日常生产生活的需要，木雅藏族也与外族群体有社交活动，周围除了有木雅藏族，还杂居着汉、彝及尔苏藏族，其语言各有不同，如果仅依赖木雅语，则必然无法互相通话。这时，木雅藏族灵活地转换语码，使用西南官话交谈。西南官话有效地发挥了沟通桥梁的功能，在商场集市、学校医院等公共场合畅通无阻，是当地很重要的交流工具。交际场合及对象是木雅藏族语码转换的决定性因素。

虽然民族、语言背景各异，不同群体却能毫无障碍地沟通交流，和谐共处，这种以西南官话为核心、民族语为支系的语言模式是关键因素，二者互补共生，和而不同，实现了不同民族杂居区的语言和谐，形成了宽松有序的语言生活。

近年来，随着与外界交流的不断加强，说普通话的人越来越多，普通话逐渐成为交流工具之一。木雅藏族外出务工、上学或服兵役，往往会面对陌生的环境或交际对象，此时使用普通话成为最佳选择。再者，随着猛种堡子知名度的扩大，天南海北的游客陆续造访，讲普通话成为主宾双方共同的沟通方式。随着时间进程的推移，普通话的使用人群日益壮大，成为木雅藏族言语社区不可忽视的部分，总体上呈现低龄、高文化程度、脑力劳动、高收入的类别特征。不过从目前来看，相较于木雅语及西南官话，木雅藏族普通话的使用频率仍然偏低，使用领域狭窄。除了在公共场所或与外族交流时使用，人们在村寨或家庭内部仍然会选择木雅语作为交流工具。木雅藏族的语言使用情况如表 2 所示。

表 2　木雅藏族的语言使用（多选）

单位：人

语域	家庭内部	村寨内部	公共场所	本族交流	外族交流
木雅语	116	116	0	116	0
西南官话	0	0	116	0	116
普通话	0	0	26	0	43

（三）木雅藏族的语言能力

由上文可知，木雅藏族能够熟练使用木雅语及西南官话，也开始接触普通话，那么其普通话能力如何，这是一个有趣的议题，接下来我们调查其普通话能力。调查数据来自调查对象的自我评估。

1. 木雅藏族的普通话能力

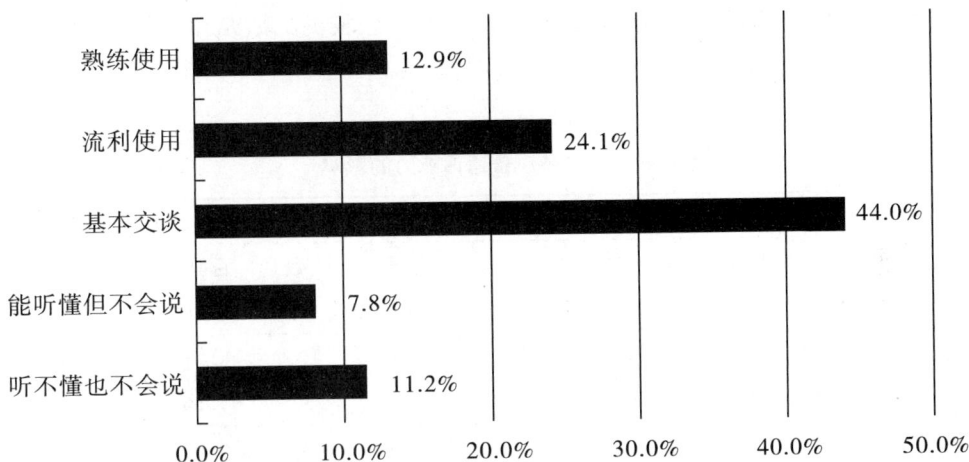

图3　木雅藏族普通话能力图

图3清楚地反映了木雅藏族的普通话能力，可以分为5种基本类型（"听不懂也不会说"及"能听懂但不会说"的人群，在下文论述语言能力的影响因素时合并，合称为"不会交谈"的人群）。其中，"熟练使用"的比例仅为12.9%；"流利使用"的比例较高，为24.1%；能够"基本交谈"的比例最高，达44.0%；"能听懂但不会说"的比例最低，仅为7.8%；而"听不懂也不会说"的比例比前者略高，为11.2%。由此可知，木雅藏族的普通话能力参差不齐，存在不平衡、不充分的问题。通过访谈得知，"听不懂也不会说"及"能听懂但不会说"的多属于老年群体，他们平时很少外出，接触广播电视等媒体的机会也不多，缺乏普通话环境的影响，因此，该部分人群的普通话能力偏低；而"基本交谈"的人口比例高达44.0%，表明该部分人群能够接触到普通话，但使用频率不高，从而导致其普通话能力不高；从"流利使用"及"熟练使用"两个选项，可以观察木雅藏族普通话能力的熟练程度，发现二者的比例共占37%，远低于木雅语的99.1%，说明木雅藏族的普通话能力较低，还有进一步提升的空间。

2. 木雅藏族普通话能力的影响因素

影响木雅藏族个体普通话能力的因素有四个，分别是年龄、文化程度、职业及经济收入。具体情况参看表3～表6。其中，个体的普通话能力与年龄呈负相关的关系，与文化程度、职业及经济收入呈正相关的关系。具体来讲，年龄因素对普通话水平有显著影响，年龄越小，其普通话水平越高；反之，则越低。年龄因素与个体所受学校、社会环境的影响有关。文化程度是影响普通话使用的显著因素，高中及以上文化程度的人群没有不会说普通话的；普通话能力低的大多是小学及以下文化程度。职业因素也是影响普通话水平的重要因素，在家务农及无业人群，其普通话使用频率较低，从而导致其普通话水平较低；外出务工群体的普通话水平较高，企事业单位及军人的普通话水平最高。经济收入与普通话能力成正比，收入越高，普通话说得越熟练，反之，则越不熟练。总的来说，年龄、文化程度、职业及经济收入四种因素具有内在联系，普通话能力较强者，其年龄往往偏低，文化程度和经济收入往往较高，所从事职业的岗位要求较高，多属于脑力劳动者。

表3 年龄对普通话能力的影响

年龄	人数	不会交谈		基本交谈		流利使用		熟练使用	
		人数	百分比	人数	百分比	人数	百分比	人数	百分比
低于20	19	0	0	5	26.3%	9	47.4%	5	26.3%
21~40	38	0	0	14	36.8%	16	42.1%	8	21.1%
41~60	41	5	12.2%	31	75.6%	3	7.3%	2	4.9%
60以上	18	17	94.4%	1	5.6%	0	0	0	0

表4 文化程度对普通话能力的影响

文化程度	人数	不会交谈		基本交谈		流利使用		熟练使用	
		人数	百分比	人数	百分比	人数	百分比	人数	百分比
小学	65	22	33.8%	39	60%	4	6.2%	0	0
初中	24	0	0	12	50%	12	50%	0	0
高中	20	0	0	0	0	12	60%	8	40%
大专	7	0	0	0	0	0	0	7	100%

表5 职业对普通话能力的影响

职业	人数	不会交谈		基本交谈		流利使用		熟练使用	
		人数	百分比	人数	百分比	人数	百分比	人数	百分比
务农	31	8	25.8%	19	61.3%	4	12.9%	0	0
务工	62	1	1.6%	31	50%	24	38.7%	6	9.7%
无业	14	13	92.9%	1	7.1%	0	0	0	0
企事业	6	0	0	0	0	0	0	6	100%
兵役	3	0	0	0	0	0	0	3	100%

表6　经济收入对普通话能力的影响

经济收入 （元）	人数	不会交谈		基本交谈		流利使用		熟练使用	
		人数	百分比	人数	百分比	人数	百分比	人数	百分比
0～1000	18	18	100%	0	0	0	0	0	0
1001～2000	38	4	10.5%	34	89.5%	0	0	0	0
2001～3000	30	0	0	17	56.7%	13	43.3%	0	0
3001～5000	24	0	0	0	0	15	62.5%	9	37.5%
5000 以上	6	0	0	0	0	0	0	6	100%

（四）　木雅藏族的语言态度

语言态度反映个体在情感及认知的驱动下对某种语言的基本评价，会对语言使用者的语言能力及语言行为产生深刻影响。刚才我们调查了木雅藏族的普通话能力，下面介绍其对普通话的语言态度，并与木雅语展开对比。我们从亲切度、好听度、有用度及权威度四个维度展开调查，调查数据来自木雅藏族对两种语言的评价，四个维度的值采用百分比形式展示，详情见表7～表8。

在亲切度方面，木雅藏族认为母语——木雅语最亲切，比例高达94%，而对普通话的亲切度则一般，仅有39.7%，比例较低。由此可见，绝大部分木雅藏族在情感方面对母语的认同度高，归属感强，有情感依赖。

在好听度方面，多数木雅藏族认为母语更好听，反映了乡音更顺耳、更可贵。值得注意的是，普通话的好听度也达到了63.8%，这一比例符合普通话的语音美学特征，普通话以乐音特色鲜明、音节分明洪亮、声调抑扬顿挫著称，具有和谐、悦耳的语言魅力。同时也侧面表现了木雅藏族对普通话的仰视态度，这涉及普通话的权威度，下文进行论述。

有用度，指语言语用功能的高低。在有用度方面，木雅藏族认识到普通话有着显著的通用语功能，其有用度达到了71.6%。众所周知，普通话是法定的国家通用语言，使用领域极其广泛，不仅在全国各地通行无阻，在各行各业也普遍应用，还能体现人们较高的社会地位和文化素质，因此，讲好普通话十分重要，能够给人带来很多便利和帮助。另外，在生活中使用普通话可以准确地表情达意，有效消除语言或方言隔阂，具有较好的语用价值及交际功能。与普通话相比，木雅语的有用度略低，只有68.1%，可能与木雅语使用领域狭窄有关。

权威度，指语言社会地位的高低，分为高势语言及低势语言（李宇明，2004）。在权威度方面，普通话作为高势语言要更胜一筹，达到75%的比例。作为国家规范用语，普通话经常出现于电视、报纸等大众媒体，担负着传递信息的功能；在校园里，普通话也是师生的规范语言，承载教书育人、传播知识的重要功能，因此社会地位及权威度高，为人们所尊重和推崇。相比之下，木雅语的使用领域仅局限于木雅藏族聚居区，权威度只有 54.3%，明显不如普通话，属于典型的低势语言。

表7　木雅藏族对木雅语的语言态度

评价	亲切度		好听度		有用度		权威度	
	人数	百分比	人数	百分比	人数	百分比	人数	百分比
同意	109	94%	94	81%	79	68.1%	63	54.3%
中立	4	3.4%	11	9.5%	6	5.2%	13	11.2%
反对	1	0.9%	5	4.3%	24	20.7%	25	21.6%
不表态	2	1.7%	6	5.2%	7	6%	15	12.9%

表8　木雅藏族对普通话的语言态度

评价	亲切度		好听度		有用度		权威度	
	人数	百分比	人数	百分比	人数	百分比	人数	百分比
同意	46	39.7%	74	63.8%	83	71.6%	87	75%
中立	7	6%	12	10.3%	13	11.2%	22	19%
反对	60	51.7%	26	22.4%	15	12.9%	3	2.6%
不表态	3	2.6%	4	3.4%	5	4.3%	4	3.4%

三、木雅语的保护与开发策略

民族地区通常远离国家的经济重心区，区域经济基础薄弱。近年来，民族地区经济普遍有了较快发展，但是伴随着经济增长，一些少数民族语言的使用领域及使用人口却出现了窄化趋势，传承和保护的现状堪忧，做好语言保护工作迫在眉睫。2020 年我国脱贫攻坚任务圆满完成，值得注意的是，在消除绝对贫困后，局部区域尤其是经济基础薄弱的民族地区仍然存在相对贫困。在后扶贫时代这一新发展阶段，如何将巩固拓展脱贫攻坚成果同乡村振兴有效衔接，确保木雅藏族等人口较少民族不返贫，应该成为重要议题。我们认为，要处理和解决民族语言的保护与开发问题，既要学习民族语保护完好的先进案例，又要因地制宜，找到语言资源的开发路径。

2019 年 7 月，习近平总书记在视察内蒙古时指出"要重视少数民族文化遗产的保护传承"。近年来，民族地区的非物质文化遗产日益得到重视，有的成为当地文化和旅游业的著名品牌。例如，四川省石棉县政府积极扶持木雅藏族文化，大力推动文旅融合发展，依托蟹螺乡猛种堡子，建立木雅藏族文化之乡，每年通过举办"晒佛节""祭山王"等传统仪式，打造独具木雅藏族风情的旅游观光地。① 通过有效经营，猛种堡子逐渐成为木雅藏族文化的一张名片，获得"松林河流域国家级生态博物馆""四川省最美古村落"等荣誉称号。

（一）木雅语保存完好的原因

从调查结果可以得知，木雅藏族虽然属于人口较少的民族，但成员的母语能力却极其突出，不论老幼几乎都能熟练使用木雅语。在我国少数民族语言日益濒危的当下，其中原因值得我们深思，这对保护和抢救濒危少数民族语言有着重要的借鉴意义。通过我们的调查，木雅语保护完好的原因如下：

1. 地理位置闭塞，语言保存完好

猛种堡子位于山腰，四周有崇山峻岭，叠嶂重峦；地势崎岖不平，险峻峭拔。环山多羊肠小道，出入只能依靠步行，交通极其不便。与此同时，猛种堡子距离石棉县城有34公里之遥，外人绝少。封闭隔绝的地理环境为木雅语提供了天然屏障。因此，木雅语遭受强势语言的冲击较弱，得以完整地保存下来。

2. 传统的族内通婚制度

族内通婚是石棉县木雅藏族传统的婚姻方式。旧时木雅藏族的婚姻注重门当户对，盛行同族互相通婚，有姑舅表兄弟姐妹优先通婚的习俗。同时，为避免财产落入外姓之手或种姓混乱，妇女丧偶多改嫁至同族男性，因此转房现象十分普遍。这种婚姻现象反映在语言之中，形成了一批形态相同的女性亲属类词汇，如婶母、姑姑或姨母的词汇形式都是 $\varepsilon^{55}me^{55}$。今天猛种堡子的木雅藏族仍然保持着族内通婚的习俗，一般与木雅村寨的木雅藏族通婚。族际通婚的现象十分罕见，我们在入户访谈时仅发现一例，男户主为木雅藏族，其配偶为彝族妇女，二人已结婚十余年。家庭环境是民族语言自然习得的主要环境（和智利，2015），如果家庭内部能够维持该语言的使用，那么它便不会迅速消亡，而族内通婚恰恰是维持家庭内部语言活力的重要基石。世界其他民族的研究结果证明，有流利双语能力的父母对传递少数民族语言有强烈的兴趣（Guessoum，2021），因此，族内通婚能够保障夫妻营造稳固的语言生态，将母语传承给下一代。

3. 强烈的母语意识

木雅藏族对自己的语言怀着天然的深厚感情，有着强烈的母语意识。他们称呼藏语拉萨话为官话，认为木雅先民与青藏高原的藏族同出一源，所使用的木雅语盖因地理阻隔、年深日久，与拉萨话已然不同。木雅藏族十分热爱自己的地脚话②，具有浓厚的母语情结，每逢重大节日，往往会邀请苯教喇嘛使用木雅语诵经。在每年的冬月十五日，

① 石棉县人民政府. 猛种堡子乡村旅游［DB/OL］（2016 - 12 - 05）. http：//www.shimian.gov.cn/gongkai/show/20171225115300 - 062691 - 00 - 000.html
② 石棉木雅藏族称木雅语为地脚话，意为"土语"，以区别于官话——藏语拉萨话。

木雅藏族会将两幅保存有数百年之久的唐卡抬出，放置于展佛台，并在祭台上摆放贡品、柏香及宗教形象造型的面人，以供子孙瞻仰及拜谒祖先，是谓"晒佛节"；每遇到婚丧嫁娶等重大事情，木雅藏族会请出德高望重的老者置台讲经，使用木雅语讲述民族史诗、古老传说，包括《三兄弟探险记》《行猎记》等，向后人述说民族起源和发展的艰辛史诗，培养和熏陶藏民热爱民族语言及文化的兴趣。王召全老人是石棉县木雅藏族文化传承人，曾做过小学语文教师，文化知识十分丰富，他在言谈中流露出对民族语言文化的热爱："我们的历史很古老，以前住在里边（西藏）的格拉沃嘎。后来由于环境恶劣迁到康定，那边的木居村是我们的家，再后来又迁到石棉这边。地脚话的很多词和康定是一样的。"他会说两千多个木雅语常用词，还会使用木雅语讲述历史典故等，被誉为"木雅文化的活字典"。

4. 文化部门的支持与保护

近年来，石棉县藏学研究会发起编写《木雅语音译辅导读本》的活动，广泛收集和挖掘木雅语素材，并对之进行科学整理和精心编印，耗时 4 年，终于编校出版了该读本，其中汉字、拼音及国际音标形式的语音标注为读者学习木雅语提供了巨大的便捷。此外还绘制有《石棉县木雅藏族居住分布图》，全书共收录 114 幅图片，共计八万三千余字，供读者进一步了解和学习。此外，清华大学与石棉县合作的《中国西南少数民族地区濒危文字文献丛书·木雅卷》已付梓出版，其囊括了木雅藏族语言、文献、历史等内容，为木雅语的传承和保护提供了稳固的物质载体。

（二）木雅语等资源的开发策略

语言是一种重要资源，具有经济价值，表现在语言产品和语言服务具有商品性。语言资源也具有产业价值，表现在语言产业发展能够增加就业，提高人民收入，巩固拓展脱贫攻坚成果，辐射带动其他产业。有鉴于此，语言资源应主动融入构建新发展格局，探索新路径。在新的发展阶段，语言扶贫不是消灭方言和少数民族语言，而是在推广普通话和保护语言资源多样性及丰富性之间寻求平衡（李玉红，2019），将资源优势转化为经济优势，共同服务于经济社会发展大局。

通过调查木雅藏族的语言生活，我们发现：第一，猛种堡子普通话的使用频率偏低，使用领域偏小，而且木雅藏族的普通话能力在年龄、文化程度、职业、经济收入等方面呈现显著的异质性特征，存在不平衡、不充分的问题；第二，木雅藏族对普通话有用度及权威度的评价高于木雅语，说明其对普通话有着强烈的学习需求及意愿，普通话的推广有提升空间和潜力。基于木雅语的高语言活力、木雅藏族普通话能力的不足及学习需求的旺盛，我们认为在后扶贫时代既要高质量推广普通话，也要统筹兼顾实施木雅语的保护工程，实现木雅语资源的增值，围绕木雅语实施系列的品牌工程，打造民族风情体验项目和服务，生产相关的衍生产品，同时做好应急语言服务，使之契合于人民对美好幸福生活的追求和向往，巩固拓展脱贫攻坚成果，助力乡村振兴，实现语言和谐与民族团结，为铸牢中华民族共同体意识作出应有贡献。

1. 学用结合，以普通话作为致富造富的工具

高质量地推广普通话，不仅能满足木雅藏族学习普通话的需求，还可以助力乡村振兴。语言是人类最重要的交际工具，是承载知识与机遇的重要平台，"推广国家通用语言在一定程度上能够提高少数民族群众的收入水平"（杨显东、李乐，2021）。因此，高质量推普是乡村振兴的题中之义。我们要采取综合措施，全面提升木雅藏族的普通话能力。结合猛种堡子的实际，可以"依托职业学院积极开展培训活动"（周真刚、崔红伟，2022），要求教师使用普通话讲授职业技能，将蓝莓、核桃、土豆等农业种植技术与普通话学习相结合，激发木雅藏族人民致富造富的动力，达到一石二鸟的效果；寻求与优质企业的合作，加大劳务输出力度，鼓励和支持木雅藏族人民走出去，在普通话的环境中进行学习和掌握，既能够培养普通话的语言能力，又能切实获得经济收入；随着短视频等新媒体的崛起，人们信息交流的手段更加多样化、直观化、便捷化，鼓励木雅藏族人民使用短视频等新兴传播工具，丰富学习普通话的方式和路径。总之，要使木雅藏族人民具备高效沟通的能力，变普通话能力为其人力资本，加快木雅藏族聚居区劳动力的流动，打破其封闭的发展环境，为其他乡村振兴举措的实施提供软件基础。同时，"语言能力具有幸福效应"（张卫国，2022），推广普通话，能使农民获得平等的生存和发展机会（康慧琳，2022），增加就业，提高经济收入，增强木雅藏族人民的幸福感，增强其谋事创业的干劲和动力，推动乡村振兴事业的不断发展，为铸牢中华民族共同体意识提供信念支撑和物质基础。

2. 提供和打造基于木雅语的服务体验项目

旅游业通常使用普通话或外语为游客服务，往往导致出现标准化、同质化现象。然而，如果在旅游业中引入民族语言，或能起到积极的作用。木雅语对游客而言具有异域风情，巧妙运用木雅语可以增强趣味性、历史性和文化性，给游客带来多元化体验。在具体的旅游活动中，可以有意识地引导游客使用简单的木雅语，比如迎来送往等日常用语，使之得以体验木雅藏族的语言文化，感受当地藏民的热情。

将木雅藏族的传说故事打造为富有民族风情的表演性艺术项目，构建创意实景演出，打造驰名木雅文化品牌。木雅藏族的传说故事十分丰富，有《三兄弟》《王毛天官》等，在藏民中一直口口相传，长盛不衰。通过对传说故事加以实景演绎，不仅为游客再现生活场景，也能传播木雅语言历史文化，打造极具木雅藏族风情的亮丽风景线。

利用丰富的民歌资源打造原生态民歌表演或互动型民歌对唱项目。木雅藏族民歌的数量十分丰富，内容分为五大类：爱情歌、苦情歌、祭奠祭祀歌、喜歌和酒歌，其中尤以喜歌、酒歌为最，数量多，篇幅长。可以依托现代传媒技术及手段，多渠道开发利用民歌资源，打造具有木雅藏族特色的系列歌曲产品，生产制作木雅语歌谣音乐 CD、短视频等，将此类产品译制成汉、英、韩、日等语言，尝试多语广告推介，拓展海外市场。值得注意的是，在深入挖掘木雅语资源特色的基础上，要加强内容创新，探索与市场的衔接方式，形成有品牌效益的文化名片。

3. 开发木雅语言文字的衍生产品

木雅语虽然属于无文字语言，但是保存有一种古老的图画文字，只有主祭司"寺迦悟"能够识别，具有较高的语言学和文字学价值（刘楚龙、黄滕宇，2013）。可考虑将这一图画文字发扬光大，在景点指示牌、街道指示牌等公共设施上呈现。开发以木雅图画文字为内容的文创纪念用品，比如以木雅图画文字为主题背景的唐卡、明信片、书签、台历、鼠标垫、画板等。开发以木雅图画文字为内容的家用器具类用品，如花瓶、桌布、地毯、餐具、杯垫等。开发以木雅图画文字为内容的服饰配饰等，如文化衫、围巾、领带等以及雨伞、包袋等生活用品。设计以木雅图画文字为创意源泉的珠宝首饰，将文字符号与珠宝首饰相结合，开发既有木雅风情又有时尚色彩的项链、戒指、耳环、胸针等珠宝首饰。

4. 做好木雅语的应急语言服务

应急语言服务能为处理突发公共事件提供语言支持。石棉县猛种堡子位于安宁河断裂带，地壳运动活跃，属于地震、泥石流高发区，如果不能有效防治地质灾害，可能会给人们带来巨大的经济损失，甚至导致脱贫攻坚的成果付诸东流。因此，如何防治地质灾害对于木雅藏族具有重大意义。我们认为，地质灾害的暴发属于突发公共事件，必须做好木雅语的应急语言服务工作，可以举办地震、泥石流的木雅语防灾减灾专题讲座，加强宣传教育力度，使木雅藏族了解和熟悉周边地理情况，掌握地震泥石流的发生规律和知识，减少相应危害。

通过以上举措，将形成一系列具有木雅藏族特色的语言经济链条，为木雅藏族人才提供更多的就业机会，有利于巩固来之不易的脱贫攻坚成果，有利于社会主义新农村的振兴，有利于民族地区铸牢中华民族共同体意识，对我国少数民族语言资源的开发有样本意义。

四、结语

综上所述，石棉木雅语具有稳固性好及语言活力高的优势，对其他濒危少数民族语言的保护和抢救具有借鉴意义。在后扶贫时代的新发展阶段，我们应发掘语言资源的商品性和产业价值，将语言资源融入构建新发展格局，可以采取高质量推广普通话，提供和打造基于木雅语的服务体验项目、开发木雅语言文字的衍生产品、做好应急语言服务等措施，推动木雅藏族聚居区加快现代化建设步伐，以进一步巩固拓展脱贫攻坚成果，推进乡村振兴，为铸牢中华民族共同体意识作出贡献。

参考文献

［1］ GUESSOUM S B. Transcultural and familial factors in bilingualism and language transmission: a qualitative study of maternal representations of French-Maghrebi Arabic bilingual children［J］. Transcultural psychiatry, 2021（6）.

［2］ 和智利. 论较少族群母语保护与语言和谐的关系: 以维西县汝柯村玛丽玛萨人为例［J］. 贵州民族研究, 2015（12）.

［3］ 兰智奇. 顺势借力, 提升突发公共事件少数民族语言应急能力［J］. 语言规划学研究, 2020（2）.

［4］ 李宇明. 权威方言在语言规范中的地位［J］. 清华大学学报（哲学社会科学版）, 2004（5）.

［5］ 李玉红. 精准扶贫背景下的语言扶贫研究［J］. 人民论坛（学术前沿）, 2019（24）.

［6］ 刘楚龙, 黄滕宇. 藏族支系木雅人历书解读［J］. 语言学研究, 2013（1）.

［7］ 康慧琳. 普通话能力对农民主观幸福感的影响［J］. 语言战略研究, 2022, 7（1）.

［8］ 石棉县地方志编纂中心. 石棉年鉴2020［M］. 成都: 成都时代出版社, 2020.

［9］ 石棉县地方志编纂中心. 石棉县地情文集［M］. 成都: 四川师范大学电子出版社, 2021.

［10］ 杨显东, 李乐. 以"推普"铸牢中华民族共同体意识: 价值维度与实践路径［J］. 民族教育研究, 2021（2）.

［11］ 张卫国. 语言让生活更美好: 普通话能力对居民主观幸福感的影响［J］. 山东大学学报（哲学社会科学报）, 2022（2）.

［12］ 周真刚, 崔红伟. 贵州职业院校职业培训现状与调查研究综述［J］. 贵州民族研究, 2022（1）.

［13］ 余昕, 汪早荣. "后扶贫时代"返贫问题及对策［J］. 中国经贸导刊（理论版）, 2021（1）.

The Protection and Development of Minority Language Resources in a Post-poverty Eradication Era: a Case Study of Shimian Muya Language

YANG Zhenfa

Abstract: With the completion of the poverty alleviation task as scheduled, China has entered a post-poverty alleviation era characterized by the elimination of relative poverty and special poverty. Minority languages are precious resources in our country, the protection and development of minority languages are conducive to the realization of language harmony and national unity in a post-poverty eradication era, which is of great significance to solidifying the consciousness of the Chinese national community. As a Tibetan language spoken by the Muya Tibetan in Shimian County of Sichuan Province, Shimian Muya language belongs to the Qiang language branch of Tibeto-Burman language family of Sino-Tibetan family, and Shimian Muya language is of high vitality, strong stability, economic attribute and industrial value. It not only has reference value for the protection of endangered ethnic languages in China, but also has sample significance for the development of minority language resources. Based on the first-hand materials and data obtained from household interviews and questionnaires, this paper describes the language life of Muya Tibetan, and puts forward language protection and development strategies.

Keywords: Shimian Muya language, language life, language protection, language development, the consciousness of the Chinese national community